UNI-WISSEN

Spanische Literatur des 20. Jahrhunderts

Cerstin Bauer-Funke

Klett Lernen und Wissen

Bibliographische Information der Deutschen Bibliothek
Die Deutsche Bibliothek verzeichnet diese Publikation in der Deutschen Nationalbibliographie; detaillierte bibliographische Daten sind im Internet über http://dnb.ddb.de abrufbar.

Auflage 4. 3. 2. 1. | 2009 2008 2007 2006
Die letzten Zahlen bezeichnen jeweils die Auflage und das Jahr des Druckes.
Dieses Werk folgt der reformierten Rechtschreibung und Zeichensetzung. Ausnahmen bilden Texte, bei denen künstlerische, philologische oder lizenzrechtliche oder andere Gründe einer Änderung entgegenstehen.

Internetadresse: www.klett.de
Umschlagbild: Ullstein Bild GmbH, Berlin
Satz: Kassler Grafik-Design, Leipzig
Reproduktion: Meyle + Müller, Medien-Management, Pforzheim
Druck: Gulde-Druck GmbH, Tübingen
Printed in Germany.
ISBN-13: 978-3-12-939621-6
ISBN-10: 3-12-939621-7

9 783129 396216

Inhalt

Vorwort

Der erste Teil des vorliegenden Bandes ist der Literatur Spaniens von der Jahrhundertwende bis zum Ende des Spanischen Bürgerkriegs im April 1939 gewidmet. Bedeutende Schriftstellergenerationen prägen diesen Zeitabschnitt: die Generation von 1898 *(Generación del 98)*, die Generation von 1914 *(Generación del 14)* und die Lyrikergeneration von 1927 *(Generación del 27)*. Weitere wichtige Bewegungen und Autorengruppierungen sind die avantgardistischen Strömungen des *modernismo*, des *ultraísmo* und des *creacionismo*. Bedeutsam sind ferner die Erneuerungstendenzen im Drama, der sozialkritische Roman der 1920er und 1930er Jahre sowie die faschistische Literatur der Avantgarde. Es folgt ein Kapitel über die während des Spanischen Bürgerkriegs entstandene Literatur.

Der zweite Teil befasst sich mit der während des FRANCO-Regimes entstandenen Literatur. Für diesen und den vorangegangenen Zeitabschnitt ist es kennzeichnend, dass eine tiefgehende Spaltung der Literatur erfolgte: auf der einen Seite eine von progressiv-liberalen Autoren und Gegnern national-katholischer und faschistischer Ideologie verfasste Literatur, die nach dem Sieg FRANCOS zur oppositionellen oder Exilliteratur der „Besiegten" wird; und auf der anderen Seite die national-katholische, teils faschistische, später dann systemkonforme und systemstützende Literatur der „Sieger".

Der letzte Teil behandelt die literarischen Entwicklungen seit 1975: Nach FRANCOS Tod im November 1975 erfolgt der Übergang zur Demokratie – die sogenannte *Transición* –, der mit dem Wahlsieg der Sozialisten 1982 abgeschlossen ist. Waren Bürgerkrieg und Diktatur über lange Jahre dem Vergessen und Verschweigen anheimgefallen, so erfolgt nun auch und gerade in der Literatur in den letzten Jahren eine intensive Aufarbeitung von Bürgerkrieg und Diktatur.

Der vorliegende Band behandelt ausschließlich die kastilischsprachige Literatur des 20. Jahrhunderts; die katalanische, galicische und baskische Literatur können hier leider keine Berücksichtigung finden.

Für die sorgfältige Erstellung der Bibliographie danke ich den Saarbrücker Studierenden Susanne Henkes und Frank Links. Dr. Susanne Haverkamp-Balhar und Manfred Ott vom Klett Verlag bin ich für die konstruktive Zusammenarbeit sehr dankbar.

Cerstin Bauer-Funke
im September 2006

1 KAPITEL Die Literatur von 1898 bis 1939

1 Die politische und gesellschaftliche Situation

Periodisierung

Die spanische Geschichte vom Ende des 19. Jahrhunderts bis zum Ausbruch des Spanischen Bürgerkriegs im Jahre 1936 lässt sich in drei voneinander zu unterscheidende Phasen periodisieren: Als erster Abschnitt gilt die Restaurationsepoche, die mit der Wiederherstellung der Bourbonenmonarchie im Jahre 1875 beginnt und die, nachdem das Land in zahllose außen- und innenpolitische Krisen gestürzt war, 1923 mit der Militärdiktatur MIGUEL PRIMO DE RIVERAS ihr Ende findet. Zwar bleibt der seit 1902 regierende ALFONS XIII. König, doch dankt er 1931 nach dem Wahlsieg des Volksfrontbündnisses ab und verlässt Spanien. Dieser Wahlsieg markiert den Beginn der Zweiten Republik; der Militärputsch von General FRANCO am 17./18. Juli 1936 bedeutet de facto ihr Ende. Mit FRANCOS Putsch beginnt der Spanische Bürgerkrieg. Obschon die gewählten Vertreter der demokratischen Regierung, die während des Bürgerkriegs zum Teil ins Ausland geflüchtet sind, bis 1939 – und auch noch darüber hinaus – ihre Ansprüche auf eine demokratische Staatsordnung aufrecht erhalten, markieren der Sieg von FRANCOS Truppen und das Ende des Bürgerkriegs am 1. April 1939 den Beginn der Diktatur FRANCOS. Der folgende Überblick ist der Chronologie der wichtigsten politischen Ereignisse sowie der Erläuterung der fundamentalen soziopolitischen Probleme Spaniens gewidmet, da diese in vielfältiger Weise auf das literarische Schaffen zurückwirken.

Restaurationszeit und Monarchie in Spanien	1875–1931
Militärdiktatur MIGUEL PRIMO DE RIVERAS	1923–1930
Zweite Republik	1931–1939
Der Spanische Bürgerkrieg	1936–1939

Época de la Restauración

Nach der bürgerlichen Revolution im Jahre 1868 und einer überaus kurzlebigen Ersten Republik (1873–1874), während der erstmals umfassende Reformen geplant und durchgesetzt wurden (republikanische Staatsform, Trennung von Staat und Kirche), gelangt die Königsfamilie durch einen Putsch des Generals MARTÍNEZ CAMPOS 1874 wieder an die Macht. Die Epoche, in der die Wiederherstellung der Bourbonenmonarchie erfolgt, wird als Restauration bezeichnet (*Restauración*). Der im Jahr 1875 wieder auf den Thron gelangte König

Alfons XII. regiert bis 1888 und stützt seine Herrschaft auf das Militär, die Kirche und die reichen Großgrundbesitzer. Politisch liegt die Macht in den Händen zweier Männer – des konservativen Antonio Cánovas del Castillo und des liberalen Práxedes M. Sagasta –, die jedoch die schon seit Jahren drängenden Probleme des Landes nicht zu lösen vermögen: der Kuba-Konflikt, da in Kuba die Bestrebungen nach Unabhängigkeit durch immer häufigere Aufstände manifest werden; die wachsenden Spannungen in der Arbeiterschaft, die sich in verschiedenen Gruppierungen (Anarchisten, Sozialisten) und in den Gewerkschaften gegen das Regime formieren; der Regionalismus, der besonders stark in Katalonien und im Baskenland ausgeprägt ist.

Ursprünge

Diese Probleme gehen zum Teil bis auf die Herrschaft der Katholischen Könige (ab 1469) zurück, welche die Einheit des Landes auf der politischen und religiösen Einheit gründeten und der Religion eine herrschaftskonsolidierende Funktion zuwiesen. Diese Funktion kann die katholische Kirche bis weit ins 20. Jahrhundert behaupten, weil ihr u.a. das Erziehungsmonopol übertragen wurde. Durch die enge Verbindung der Mächtigen mit der Kirche entsteht aber auch der Konflikt mit dem sozialistischen, anarchistischen und anarchosyndikalistischen Landarbeiter- und Industrieproletariat.

Anarchismus

Das auf einer ungerechten Landverteilung beruhende Agrarsystem ist ab den 1870er Jahren der Ausgangspunkt für das Entstehen der wichtigsten Sozialbewegung Spaniens: Der Anarchismus – jener Traum von einer sozialen Revolution, welche die Ungerechtigkeit auf einen Schlag beendet – hat sich in Andalusien wegen der dort herrschenden feudal-latifundistischen Struktur und in den Industriezentren Kataloniens gebildet. Wegen der gewerkschaftlich strukturierten Ausprägung des Anarchismus spricht man dort von Anarchosyndikalismus.

1898

Zu diesen innenpolitischen Problemen kommen Spannungen in den letzten Kolonien hinzu. Als sich die USA einschalten, kommt es zum Spanisch-Kubanisch-Nordamerikanischen Krieg, den Spanien 1898 verliert.

Politisch bedeutet dies den Verlust der letzten Kolonialgebiete, die Spanien als einstige Weltmacht in Übersee besessen hatte: Kuba, Puerto Rico und die Philippinen. Nach dem Krieg erlangen Kuba und die Philippinen ihre Unabhängigkeit; Puerto Rico fällt an die USA.

Das Jahr 1898 ist daher zu einem Schlüsseldatum stilisiert worden, wenngleich die Krisenstimmung schon in den Jahren vor 1898 zu einer Suche nach Reformen und Erneuerungsbewegungen geführt hatte.

Im geistigen Leben wird der Verlust der Kolonien – als *desastre* begriffen – zum Auslöser einer Krise, die ihren Ausdruck in den philosophischen und literarischen Werken der sogenannten *Generación del 98* findet (s. S. 17–26).

Diese Situation spiegelt sich in der Zerrissenheit des Landes zwischen progressiven Kreisen, die eine Öffnung Spaniens nach Europa und eine Erneuerung des Landes befürworten, und reaktionären Kräften, die an die Idee des Imperiums anknüpfen. Diese ideologische Zweiteilung des Landes wird im Bild der „zwei Spanien" (*dos Españas*) veranschaulicht. Der Konflikt beider Spanien erlebt bis zum Ausbruch des Spanischen Bürgerkriegs 1936 eine zunehmende Radikalisierung und gipfelt in ihrem Zusammenprall während des Bürgerkriegs.

„Zwei Spanien"

Eine einflussreiche Bewegung zur Erneuerung Spaniens ist der Krausismus. Der Begriff *krausismo*, der auf die spanische Rezeption des deutschen Philosophen Karl Christian Friedrich Krause (1781–1832) zurückgeht, bezeichnet eine sehr einflussreiche und weitreichende Tendenz des spanischen Liberalismus, der den vernunftgeleiteten Fortschrittswillen mit der Religion versöhnt und damit nicht nur die Grundlage für die kritische Beschäftigung mit dem Spanienproblem – gemeint sind damit die oben erläuterten, jahrhundertealten und ungelösten politischen und sozialen Probleme –, sondern auch für ein neuartiges Erziehungsprogramm bildet.

Krausismus

Der vom Krausismus stark beeinflusste, demokratisch gesinnte Gelehrte und Professor Francisco Giner de los Ríos gründet nach seiner von Seiten der Regierung betriebenen Suspension vom Dienst und seiner Verbannung aus Madrid im Jahre 1876 eine Universität – die *Institución Libre de Enseñanza* –, die sich als Gegenentwurf zur offiziellen Universität und ihrer von kirchlichen und staatlichen Vorgaben diktierten Lehrmeinungen versteht: Frei in Lehre und Forschung, frei von einengenden staatlichen und finanziellen Zwängen, frei auch von konservativ-katholischen Einflüssen ist es das Ziel der *Institución*, eine Umorientierung im Denken und die Modernisierung Spaniens zu bewirken.

Institución Libre de Enseñanza

Bis zu ihrer Auflösung durch Franco im Jahre 1940 sind die *Institución Libre de Enseñanza* und die von ihr inspirierte, 1910 gegründete *Residencia de Estudiantes* (ein Wohnheim für Studenten, Professoren, Künstler und Wissenschaftler) maßgeblich an der intellektuellen Modernisierung und der Förderung zahlreicher bedeutender spanischer Künstler beteiligt, darunter Antonio Machado, Federico García Lorca, Luis Buñuel und Salvador Dalí. Besonders in den 1920er Jahren ist die *Residencia de Estudiantes* ein bedeutendes künstlerisches und wissenschaftliches Forum, in dem internationale Größen wie Albert Einstein, Marie Curie oder Le Corbusier Gastvorträge halten und Aufführungen von Werken bedeutender Musiker wie Manuel de Falla und Igor Strawinsky stattfinden.

Regeneracionismo

Auf den Krausismus geht auch der Regenerationismus (*regeneracionismo*) zurück. Mit seinem Werk *Los males de la Patria y la futura revolución española* (1890) schafft LUCAS MALLADA die Grundlage für die *regeneracionistas*, die wie die *krausistas* eine kritische Position zum Spanienproblem innehaben und daher eine Erneuerung Spaniens anstreben. Das marode und korrupte Gesellschaftssystem, in dem die Finanz- und Landoligarchie die Macht in den Händen hält, sollte durch eine Bildungsreform verbessert werden. Der bekannteste Vertreter des *regeneracionismo* ist JOAQUÍN COSTA.

Einfluss auf die Generation von '98

Beide Modernisierungsbewegungen – der *krausismo* und der *regeneracionismo* – beeinflussen das Denken der Generation von 1898 nachhaltig, wie später auszuführen ist (s. S. 17–26).

Neokatholiken

Gegner der Krausisten und bedeutendster Vertreter der erzkonservativen Neokatholiken ist MARCELINO MENÉNDEZ PELAYO (1856–1912), der als Direktor der Nationalbibliothek in Madrid und als Professor für spanische Literatur an der Universität von Madrid die Geschichte des Faches Hispanistik nachhaltig geprägt hat.

Die *neocatólicos* treten für die Erhaltung des Status quo ein, d. h. der auf der jahrhundertealten Allianz von Kirche, Militär und Oligarchie basierenden Herrschaft.

Innen- und außenpolitische Konflikte

Zur Kompensation der Krise von 1898 betreibt ALFONS XIII. einen jahrelangen und verlustreichen Krieg in Nordafrika gegen die Rif-Kabylen. Dieser Krieg gerät jedoch zunehmend außer Kontrolle und verschärft auch die innenpolitischen Spannungen.

1909

Die innenpolitischen Spannungen eskalieren im Jahr 1909 in der *Semana trágica* in Barcelona: Ein Aufstand, der zunächst gegen den Marokko-Krieg gerichtet war, weitet sich zu einer Rebellion des Volkes gegen die Diktatur von Militär und Kirche aus.

Gewerkschaften

Die sozialen Spannungen verschärfen sich ebenfalls während der Regierungszeit ALFONS' XIII. Im Jahre 1910 schließen sich in der Gewerkschaft CNT (*Confederación Nacional del Trabajo*) die anarchistischen und syndikalistischen Bestrebungen zum Arbeitskampf zusammen. Weitere Gewerkschaften, so die 1888 gegründete UGT (*Unión General de Trabajadores*), schließen sich dem Kampf an.

Staatskrise und Generalstreik

Im Jahr 1917 kommt es zu einer Staatskrise und einem Generalstreik, denen 1918 der Aufstand der Rif-Kabylen folgt. Obwohl Spanien 1921 eine Niederlage in Marokko erleidet, wird der Krieg erst 1925/26 offiziell beendet.

PSOE

Die 1879 von Pablo Iglesias gegründete sozialistische Partei PSOE (*Partido Socialista Obrero Español*), die bis Mitte der 1930er Jahre zwar nicht von den revolutionären Vorstellungen des CNT geprägt ist, erlebt angesichts der wachsenden sozialen Spannungen eine steigende Mitgliederzahl.

PCE

Die 1921 erfolgte Gründung des PCE (*Partido Comunista de España*) ist eine Reaktion auf verschiedene Abspaltungen vom PSOE. 1923 verbietet der Diktator Miguel Primo de Rivera den PCE, so dass die Partei bis zur Ausrufung der Zweiten Republik im Jahre 1931 in der Illegalität agiert.

Diktatur Primo de Riveras

Der 1923 durch einen Putsch an die Macht gelangte General Miguel Primo de Rivera versucht, die Arbeiterbewegung zu stoppen, indem er Parteien und Gewerkschaften verbietet, Zensurmaßnahmen einführt und Schriftsteller wie Unamuno verbannt. Die Weltwirtschaftskrise sowie das innenpolitische Versagen Primo de Riveras ermöglichen jedoch 1931 den Wahlsieg des Volksfrontbündnisses von Republikanern und Sozialisten.

Zweite Republik

Am 14. April 1931 wird die Zweite Republik ausgerufen; der König geht ins Exil.

Reformen

Die Jahre 1931 bis 1934 gelten als *bienio de reformas*: Ein großangelegtes Reformprogramm, das die in den vorigen Jahrhunderten entstandenen sozialen und ideologischen Konflikte zu lösen versucht, umfasst die vier zentralen Problemkreise:

1. Die Landreform, verbunden mit der Enteignung der Großgrundbesitzer und damit einer Zerstörung des feudalen Agrarsystems, will die Ausbeutung des Agrar- und Industrieproletariats beenden.
2. Die Trennung von Kirche und Staat sowie die Säkularisierung des Kirchenbesitzes sollen die oben erwähnte, jahrhundertealte Machtelite des Landes entmachten.
3. Die Schaffung von Autonomiestatuten für Katalonien und das Baskenland, die sich schon lange gegen die Zentralisierung in Madrid wehren.
4. Die Militärreform, welche die Macht des Militärs und dessen Einfluss auf die Politik eindämmen soll.

Faschisierungstendenzen

Die geplanten Reformen schüren jedoch den Unmut der Rechten, die ihren Widerstand in den faschistischen *Juntas de Ofensiva Nacional Sindicalista* (JONS), die der Hitlerverehrer Ramiro Ledesma Ramos 1933 gründet, und in der *Falange*, 1933 von Antonio Primo de Rivera gegründet, formieren (s. S. 57).

Rechte für Frauen

Erstmals garantiert die Verfassung der Zweiten Republik die Gleichberechtigung von Frauen und Männern. Frauen dürfen nun auch wählen und können sich politisch engagieren.

Bienio negro

Die Zeit von 1934 bis Februar 1936 wird als *bienio negro* bezeichnet, da nach einigen Regierungsumbildungen 1934 die Rechtskoalition die Reformen zum Teil wieder rückgängig macht und es folglich zu keiner Lösung der geschilderten Konflikte kommt. Die blutige Niederschlagung des Bergarbeiteraufstandes in Asturien durch General FRANCO im Oktober 1934 belegt dies.

Das sich abzeichnende Scheitern der Republik bedeutet, dass die sozialen und ideologischen Spannungen in Spanien nicht gelöst werden.

Wechselnde Links- und Rechtskoalitionen führen zu Konflikten, die sich in Generalstreiks und der zunehmenden Radikalisierung der politischen Lager auswirken: Während die Linke die Machtergreifung des Faschismus befürchtet, glaubt das rechte Spektrum Spanien auf eine soziale Revolution zusteuern zu sehen, die auch dem Separatismus Tür und Tor öffnen würde. In ultrakonservativen, nationalistischen und militärischen Kreisen entsteht so der Plan, die Republik zu stürzen. Auch Neuwahlen am 16. Februar 1936, die zu einer Volksfrontkoalition unter Beteiligung des PCE führen, können die Spaltung des Landes und die wachsenden Unruhen nicht verhindern.

Putsch

Am 17./18. Juli 1936 kommt es zu dem befürchteten Putsch des Militärs unter General FRANCO, dessen „Kreuzzug" (*Cruzada*) sich die Herrschenden und die Kirche anschließen. Dieser Militärputsch verfolgt das Ziel, der Republik den Todesstoß zu versetzen. Es ist der Beginn des Spanischen Bürgerkriegs (zu dessen Chronologie s. S. 58f.).

Bürgerkrieg

Im Spanischen Bürgerkrieg, der zwischen 1936 und 1939 über 500.000 Todesopfer fordert, Tausende ins Exil treibt und das Land verwüstet, stoßen die oben skizzierten „zwei Spanien" mit unerbittlicher Grausamkeit aufeinander: das von konservativ-katholischen und autoritären Vorstellungen geprägte Spanien von Militär, Kirche und Großbürgertum einerseits und das liberale, republikanisch bzw. demokratisch gesinnte, fortschrittliche Spanien andererseits.

Nach entscheidenden, für FRANCOS Truppen siegreichen Schlachten und schließlich nach der Einnahme Madrids erklärt FRANCO den Bürgerkrieg am 1. April 1939 für beendet.

Dos Españas

Diese „zwei Spanien" hat der Dichter ANTONIO MACHADO in seinen *Campos de Castilla* beschrieben:

Ya hay un español que quiere
vivir y a vivir empieza,

entre una España que muere
y otra España que bosteza.
Españolito que vienes
al mundo, te guarde Dios.
Una de las dos Españas
ha de helarte el corazón.

Literatur

Fox (1976), Brenan (1978), Bernecker ([3]1997), Payne (2005), Juliá ([5]2006; 2006), Preston (2006).

2 Die Literatur von der Jahrhundertwende bis zum Ende des Bürgerkriegs

1 Periodisierung

Edad de Plata

Die Literatur von der Jahrhundertwende bis zum Ende des Spanischen Bürgerkriegs im Jahre 1939 lässt sich anhand verschiedener Autorengruppierungen untergliedern. In der Forschung wird diese Phase auch als *„Edad de Plata"* (Mainer [4]1987) bezeichnet. Das Zusammenfassen der ersten drei Jahrzehnte des 20. Jhs. zur *„Edad de Plata"* erwecke jedoch, so Neuschäfer ([2]2001: 337f.), den Eindruck einer einheitlichen Epoche. Stattdessen seien die Jahre geprägt von einer Dichotomie von „Beschleunigung und Verzögerung" (ebd.): Während Spanien einerseits einen gewaltigen Modernisierungsschub erfährt (Aufschwung der Presse, Aktivität der *tertulias*, d. h. literarischer Zirkel, Entstehung der Avantgardebewegungen, Aufkommen des Kinos), so bleibt die politische Lage doch prekär, denn die sozialen Konflikte sind weiterhin ungelöst, was u.a. zu den erwähnten Streiks und Aufständen führt. Man spricht daher von einer Modernisierungskrise, die Spanien zu dieser Zeit erlebt.

Literarisch gesehen ist die *„Edad de Plata"* der Zeitraum, in dem die Generation von 1898 und die Avantgarde-Bewegungen Zeichen einer geistigen Neuorientierung und eines ästhetischen Neubeginns sind.

Geistige Neuorientierung

Seit dem *desastre* von 1898 dominiert die Generation von 1898 (*Generación del 98*) die Bemühungen um eine geistige Neuorientierung; ihre Vertreter wirken zum Teil bis in die 1920er und 1930er Jahre.

Im Gegensatz zur eher vergangenheitsbezogenen und auf Spanien zentrierten Denkweise der 98er-Generation sind die verschiedenen Strömungen der Avantgarde von Weltoffenheit und Modernitätsstreben geprägt. Zeitgleich zu den 98ern manifestiert sich die Strömung des Modernismus. Um José Ortega y Gasset formiert sich die

Generation von 1914. „Ismen" wie der *ultraísmo* und der *creacionismo* schließen sich chronologisch an.

War die Literatur der Avantgarde zunächst noch durch ihre bewusste Abkehr vom soziokulturellen Kontext geprägt – siehe die *poesía pura* und ORTEGAS Konzept der *deshumanización del arte* –, so erfolgen Anfang der 1930er Jahre eine *rehumanización del arte* und ein Umschwung zur sozial engagierten *poesía impura*. Diese Abkehr vom Ästhetizismus und von der Selbstbezogenheit der Avantgarde-Literatur wird in dem Essay *El nuevo romanticismo* (1930) von JOSÉ DÍAZ FERNÁNDEZ eingefordert (s. S. 55). Der Verfasser fordert nun eine Kunst, die sich wieder dem Menschen und der sozialen Wirklichkeit zuwendet. Dieser Wandel zeigt sich auch im Schaffen der Generation von 1927 (*Generación del 27*) und erreicht in der kämpferischen Literatur des Bürgerkriegs ihren Höhepunkt.

Generación del 98	ab ca. 1898 bis in die 1930er Jahre
modernismo	ab 1880 bis etwa 1920
Generación del 14	ab 1910
ultraísmo	1918–1923
creacionismo	1918–1932
Generación del 27	anlässlich des 300. Todestages von GÓNGORA

Literatur

Díaz-Plaja (1966; 1975), Shaw (1975), Fox (1976), Mainer (1980; [4]1987; 1989), Litvak (1990), Bonet (1995), Gabriele (1999), Serrano Alonso (2000).

2 Das literarische Leben und die Kulturpolitik bis 1936

Kulturzeitschriften

Das Streben nach Weltoffenheit und Modernisierung zeigt sich auch anhand der zahlreichen – und im Folgenden immer wieder genannten – Kulturzeitschriften, die in den ersten Jahrzehnten des 20. Jhs. gegründet werden und die maßgeblich an der Diskussion politischer, sozialer, philosophischer und literarischer Fragen beteiligt sind und auch ideologisch Position beziehen. Gegen Ende der 1920er Jahre und im Zuge von Faschisierungstendenzen der Avantgarde dokumentieren die Kulturzeitschriften aber auch eine ideologische Polarisierung bzw. Spaltung (s. S. 16).

Prometeo

Die vom Vater RAMÓN GÓMEZ DE LA SERNAS (s. u.) gegründete Kulturzeitschrift *Prometeo* trägt zwischen 1908 und 1912 maßgeblich zur Rezeption der europäischen Avantgarde-Strömungen in Spanien bei. Der italienische Futurismus und der französische Surrealismus werden durch GÓMEZ DE LA SERNA in Spanien bekannt gemacht.

Eine solche Vermittlerrolle hat auch José Ortega y Gasset inne, der der Mittelpunkt der Generation von 1914 ist (s. S. 26f.). Nachdem er zusammen mit Manuel Azaña bereits 1915 die Kulturzeitschrift *España* herausgegeben hatte, ist die 1923 von ihm gegründete *Revista de Occidente* von herausragender Bedeutung, da sie ästhetische und literarische Anregungen aus dem Ausland nach Spanien vermittelt – so etwa die Veröffentlichung des Surrealistischen Manifests im Jahre 1925 (s. S. 27). Neben zahlreichen spanischen Intellektuellen und Künstlern publizieren auch bedeutende Literaten und Denker aus dem Ausland in der *Revista de Occidente*, die 1936 ihr Erscheinen einstellt.

Ortega y Gasset

Neben den Kulturzeitschriften trägt auch Ramón Gómez de la Serna (1888–1963) mit seiner Kaffeehausrunde im Café Pombo maßgeblich zur Rezeption europäischer Avantgarde-Strömungen in Spanien bei. Als Autor gehört Gómez de la Serna auch zu den bedeutenden Personen der Avantgarde, die er 1930 in seinem Essay *Ismos* rückblickend beleuchtet. Er selbst ist als überaus beliebter und medienwirksamer Kaffeehausliterat berühmt geworden; seine *tertulia* im Café Pombo im Zentrum Madrids ist zwischen 1912 und 1925 Treffpunkt avantgardistischer Künstler. Neben originellen Romanen, Theaterstücken, Skizzen über Madrid (z.B. „El rastro“, 1915) hat Ramón, wie er in Spanien auch genannt wird, zahlreiche Künstlerbiografien verfasst.

Kaffeehausliteratur

Im Café Pombo erfindet Ramón auch die Gattung *greguería*, die eine große Wirkung auf die Avantgarde ausübt und eine der originellsten literarischen Erfindungen der spanischen Literatur des 20. Jhs. ist.

Die im Grunde undefinierbare *greguería* ist eine kurze, geistreiche, rhetorisch höchst kunstvolle Bemerkung oder ein Wortspiel, mit der eine spontane Idee, eine Beobachtung oder eine Assoziation – z.B. über einen alltäglichen Gegenstand – festgehalten wird. Über die Anzahl der *greguerías* – es dürften weit über 10.000 sein – herrscht in der Forschung Uneinigkeit. Gómez de la Serna selbst hat eine Vielzahl von Definitionsversuchen geliefert, von denen hier einer der Illustration dient:
greguería = humorismo + metáfora

Greguería

Einige *greguerías* von Gómez de la Serna sollen deren Machart und Ästhetik illustrieren:
Cuando se caen las tijeras al suelo parece que se ha caído un gimnasta del trapecio.
La espina dorsal es el bastón que nos tragamos al nacer.
Las placas de „peligro de muerte“ son los „ex libris“ de la ciudad.
Un beso de primera calidad está hecho de fresa con chantilly.
La L parece largar un puntapié a la letra que lleva al lado.
La goma de borrar es el polvorón que se comen los dibujos.

Textbeispiele

Literatur Daus (1971), Dennis (1988), Albert (1999a), Rössner (1999).

Residencia de Estudiantes Die bereits erwähnte *Residencia de Estudiantes* (s. S. 9) ist insbesondere in den 1920er Jahren Treffpunkt bedeutender Maler, Schriftsteller, Filmemacher und Musiker, von denen entscheidende Impulse für ästhetische Neuorientierungen ausgehen. Hervorzuheben ist die Freundschaft zwischen dem Regisseur LUIS BUÑUEL, dem Maler SALVADOR DALÍ und dem Schriftsteller FEDERICO GARCIÁ LORCA, die zu künstlerisch wegweisenden Zusammenarbeiten im Bereich des Films und des Theaters führt.

Polarisierung Die wachsende ideologische Polarisierung, die im schon mehrfach erwähnten Konzept der *dos Españas* erscheint, zeigt sich auch anhand weiterer Kulturzeitschriften. Die von ERNESTO GIMÉNEZ CABALLERO 1927 gegründete *Gaceta literaria* vollzieht bis zu ihrer Einstellung 1932 eine deutliche Wende hin zu faschistischem Gedankengut (s. S. 57). Faschistische Zeitschriften sind ferner *Jerarquía* (1936–1938) sowie *Vértice* (1937–1946). Die von JOSÉ BERGAMÍN ins Leben gerufene Zeitschrift *Cruz y raya* (1933–1936) ist dagegen liberal und katholisch orientiert, während sich revolutionäre, antifaschistische und republikanische Positionen in den beiden von RAFAEL ALBERTI und seiner Frau MARÍA TERESA LEÓN gegründeten Zeitschriften *Octubre* (1933–1934) und *El Mono Azul* (1936–1939) manifestieren. Auch die Zeitschrift *Hora de España* (1937–1938), als deren Mitarbeiter u.a. ALBERTI, ANTONIO MACHADO und BERGAMÍN figurieren, ist dem Kampf gegen den Faschismus gewidmet.

Kulturpolitik ab 1931 Auch im Bereich der Kultur und Bildung hat die Ausrufung der Zweiten Republik im Jahre 1931 weitreichende Folgen. So ist es das Ziel der Regierung, kulturelle Bildung nicht nur in den Städten, sondern auch auf dem Land zu verbreiten. Dazu werden kulturelle Einrichtungen wie Bibliotheken, Museen und Theateraufführungen finanziell gefördert. Als weiteres Zeichen des Fortschrittsgeistes, der auch in die ländlichen Gebiete getragen werden soll, wird im Mai 1931 das *Patronato de Misiones Pedagógicas* gegründet, in dessen Vorstand ANTONIO MACHADO, PEDRO SALINAS und LUIS CERNUDA wirken.

Misiones Zur Verbreitung der kulturellen Bildung werden Lehrer, die sogenannten *misioneros,* durch das Land geschickt, wo sie Bibliotheken und Museen aufbauen und Filmvorführungen abhalten. Außerdem geht ein *Teatro Ambulante* oder *Teatro del Pueblo* auf Reisen, das der ländlichen Bevölkerung die spanischen Klassiker vorführt. Die Leitung des *Teatro Ambulante* übernimmt der Dramatiker ALEJANDRO CASONA.

La Barraca Ende 1931 entsteht *La Barraca*, jenes fahrende Theater, das unter der Leitung von FEDERICO GARCÍA LORCA und EDUARDO UGARTE Berühmtheit erlangte. Im Unterschied zum staatlichen *Teatro del Pueblo* der *Misiones* ist *La Barraca* ein von Studenten ins Leben gerufenes Theater mit pädagogischen Zielen. Mit der Unterstützung der Professoren Pedro Salinas und Américo Castro sowie der Studentenvereinigung *Unión Federal de los Estudiantes Hispanos* will *La Barraca* ebenfalls die Bildung der Landbevölkerung erreichen. Gespielt werden spanische Klassiker vom *Siglo de Oro* bis zum 19. Jh. sowie moderne spanische und ausländische Stücke.

1936

Mit dem Ausbruch des Spanischen Bürgerkriegs am 17. Juli 1936 finden das *Teatro del Pueblo* und *La Barraca* ein jähes Ende.

Literatur

Mainer (^{4}1987), Sáenz de la Calzada (1998), Neuschäfer (^{2}2001: 337–342), López Alonso (2002).

3 Die Generation von 1898

Charakteristika und Ziele der Generation

1898

Wie bereits ausgeführt, beginnt in den letzten Jahrzehnten des 19. Jhs. im Kreise liberaler und auch konservativ-neokatholischer Denker – den *krausistas* und *regeneracionistas* einerseits und den *neocatólicos* andererseits – eine intensive kritische Beschäftigung mit Spanien, dessen Rückständigkeit aufgeholt und dessen Modernisierung vorangetrieben werden sollen. Dabei ist das Krisenjahr 1898 erst später zum Auslöser der Spanienreflexion stilisiert worden, da Vertreter der *Generación del 98* auch schon vor diesem Schlüsseldatum Werke verfasst haben, in denen sie sich kritisch mit dem Spanienproblem und der Restaurationsepoche auseinandersetzten.

Begriff

Den Begriff *Generación del 98* hat Azorín 1913 für eine Gruppe von Schriftstellern geprägt, die – allerdings auch schon vor 1898 und ideologisch sehr unterschiedlich – in literarischen und philosophischen Werken zum Spanienproblem Stellung bezogen haben: In der Rückbesinnung auf die spanische Kultur und mit der Öffnung Spaniens suchen die Autoren eine Lösung für die nationale Krise, um in Spanien eine geistige Erneuerung zu bewirken und letztlich auch die Isolierung des Landes vom restlichen Europa zu überwinden. Damit richten sie sich gegen die Politik der Restauration und die jahrhundertealten politischen und sozialen Strukturen des Landes. Sie tragen außerdem maßgeblich zur Politisierung der öffentlichen Diskussion bis in die 1930er Jahre bei.

Autoren

Uneinigkeit herrscht nach wie vor hinsichtlich der zur *Generación del 98* zu zählenden Autoren. Als „Urzelle der Generation von 98“ (Neuschäfer ^{2}2001: 312) gelten Maeztu, Baroja und Azorín. Konsens besteht auch darin, dass UNAMUNO, BAROJA, AZORÍN und VALLE-INCLÁN bedeutende Romanciers dieser Generation sind. Zum Kern der Generation zählt ferner ANTONIO MACHADO als Lyriker; im Kontext der 98er findet gelegentlich auch der Dramatiker JACINTO BENAVENTE Erwähnung.

Positionen

Die Bezeichnung dieser Gruppe von überaus individualistischen Autoren mit dem Begriff *Generación del 98* kann trotz aller Vorbehalte legitimiert werden, wenn man den fundamentalen Unterschied zwischen den *krausistas, regeneracionistas* und *neocatólicos* einerseits und den 98ern (*noventayochistas*) andererseits herauskristallisiert: Waren die *krausistas, regeneracionistas* und *neocatólicos* noch einem fest umrissenen Glaubens- und Denkgebäude verhaftet, so zeichnen sich die 98er gerade dadurch aus, dass in ihrem Denken diese festen Grundsätze ins Wanken geraten und zu Unsicherheit, Orientierungslosigkeit, Unentschlossenheit und Verunsicherung führen. Literarisch manifestiert sich dies auch und gerade in neuen literarischen, vielfach nicht-realistischen Schreibweisen und Gattungen, wie etwa UNAMUNOS *nivola* (s. S. 20).

Auch die Rezeption SCHOPENHAUERS, NIETZSCHES und TOLSTOIS durch die 98er ist ein gemeinsames Kennzeichen ihrer Suche nach einer geistigen Erneuerung Spaniens.

Dennoch bedeuten die Zugehörigkeit bestimmter Autoren zur *Generación del 98* und deren Übereinstimmung in den Bemühungen um eine Erneuerung Spaniens keine einheitlichen ideologischen oder literarästhetischen Positionen der einzelnen Autoren, wie im Folgenden zu zeigen ist.

Bedeutung

Mit ihren Werken nehmen diese Schriftsteller, die zum Teil bis in die 1930er Jahre wirken, starken Einfluss auf die politische Diskussion und die Herausbildung eines nationalen Bewusstseins. Einige von ihnen werden daher von konservativen Kräften politisch verfolgt: UNAMUNO muss unter der Diktatur PRIMO DE RIVERAS ins Exil gehen, ANTONIO MACHADO stirbt 1939 auf der Flucht vor FRANCOS Truppen. Andere – etwa MAEZTU, BAROJA oder AZORÍN – nähern sich im Laufe ihres Lebens dagegen konservativeren Positionen an.

GANIVET

Den literarästhetischen Umbruch der Jahrhundertwende, der anhand der Generation von 98 sichtbar wird, leitet ÁNGEL GANIVET (1865–1898) ein. Sein bedeutendstes Werk ist das *Idearium español*, in dem er – im Anschluss an UNAMUNOS Essay *En torno al casticismo* (1895) (s. u.) – schon 1896/97 mit der Rückbesinnung auf die genuin spanischen Werte einen Weg zur Erneuerung Spaniens vorschlägt. Die Generation von 1898 sieht ihn als ihren Vordenker.

Literatur

Shaw (1975), Fox (1976), Gabriele (1999).

Bedeutung und Biografie

Der international bekannteste Vertreter der *Generación del 98* ist MIGUEL DE UNAMUNO (1864–1936). Seine philosophischen und literarischen Werke vermitteln entscheidende Impulse für die geistige Modernisierung Spaniens.

Nach einem Philologiestudium in Madrid wird UNAMUNO 1894 auf den Lehrstuhl für Griechisch an die Universität von Salamanca berufen. Ebenfalls 1894 tritt er dem PSOE bei, ist Mitarbeiter von *La lucha de clases* sowie *El socialista* und behandelt die Spanienproblematik anhand des letzten Karlistenkrieges in seinem Roman *Paz en la guerra* (1897). In dem Roman stehen sich – die „zwei Spanien" verkörpernd – der religiöse, für die Karlisten kämpfende Ignacio und der liberale Intellektuelle Pachico gegenüber. Der Roman enthält zahlreiche Themen, darunter die existentielle Ungewissheit und der Tod, um die UNAMUNOS literarisches und philosophisches Werk kreisen.

1924 verbannt ihn der Diktator PRIMO DE RIVERA nach Fuerteventura, von wo er nach Frankreich flieht. 1930 kehrt er nach Spanien zurück, wo ihm ein triumphaler Empfang bereitet und er zum Rektor der Universität von Salamanca ernannt wird. Da er sich nach Ausbruch des Bürgerkriegs im von FRANCOS Truppen eingenommenen Salamanca für die Republik einsetzt, wird er unter Hausarrest gestellt, wo er in der Silvesternacht des Jahres 1936 stirbt.

Im Laufe seines Lebens hat UNAMUNO zahlreiche ideologisch-politische Meinungs- und Positionsänderungen vollzogen; auch Widersprüche in seinem Denken prägen seine Werke.

Spanienproblematik

Im Rahmen der Generation von 98 ist UNAMUNO insbesondere wegen seiner Überlegungen zur Spanienproblematik von großer Bedeutung. In seinem Essay *En torno al casticismo* (1895) vertritt UNAMUNO die Position derjenigen, die eine Lösung des Spanienproblems – insbesondere der rückwärtsgewandte Traditionalismus und die geistige wie kulturelle Rückständigkeit des Landes – in der Hinwendung zu Europa sehen. Bedeutsam ist der Essay auch, weil UNAMUNO hier die Unterscheidung von *historia* (gemeint sind die sichtbaren Ereignisse der Geschichte) und *intrahistoria* (gemeint sind die Konstanten der spanischen Kultur und des spanischen Volkscharakters) vornimmt und damit ein weitreichendes Begriffspaar etabliert. Mit seiner Abhandlung *Vida de Don Quijote y Sancho* (1905), einem Kommentar zu CERVANTES' Werk, knüpft UNAMUNO einerseits an seine Auseinandersetzung mit der spanischen Kultur an, andererseits sieht er in CERVANTES' Figur eine Metapher der menschlichen Existenz. In seinem Roman *Abel Sánchez* (1917) führt UNAMUNO vor, dass er im Kainsmythos sowohl den Ursprung als auch den Ausdruck des spanischen Wesens repräsentiert sieht und den Neid als Begründung für die sich stets gegenüberstehenden „zwei Spanien" erkennt. Darüber hinaus ist der *cainismo* Ausdruck jenes Verlustes von Glaubensgewissheiten, der typisch für die 98er-Generation ist.

Nivola
Niebla

Der Roman *Niebla* (1907; publ. 1914) ist UNAMUNOS bekanntestes erzählerisches Werk und ein Schlüsseltext der *Generación del 98*. Der Protagonist Augusto Pérez, ein reicher, aber einsamer Mann, führt eine von Langeweile geprägte Existenz, die er zu überwinden hofft, als er Eugenia kennenlernt. Doch auch die Liebe kann die Zweifel, die Augusto an seiner eigenen Existenz hat, nicht zerstreuen. So begibt sich Augusto nach Salamanca, um seinen Schöpfer Unamuno zu treffen und um Rat zu fragen. Als Unamuno Augusto deutlich macht, dass er als Figur nur in der Fiktion existiert, rebelliert Augusto gegen seinen Schöpfer, wird von diesem aber letztlich doch zum Sterben verurteilt. Das Problem des Todes bzw. die Angst vor dem Tod, die auch UNAMUNOS Lyrik prägt, ist ein zentraler Aspekt in UNAMUNOS Schaffen.

In der Gattungsbezeichnung *nivola* und dem Titel des Romans verbinden sich formale und inhaltliche Aspekte. Dem zentralen Thema des Zweifelns, der existentiellen Ungewissheit („*la niebla de la existencia*") und der Frage nach dem Sinn der menschlichen Existenz entsprechen die Aufhebung der Grenzen zwischen Realität und traumhaft-phantastischer Sphäre sowie die metafiktionale Komponente. In seinen Monologen reflektiert Augusto Pérez diejenigen Fragen, die auch UNAMUNO zeitlebens beschäftigen.

Essays

Die existentielle Ungewissheit, die Frage nach der Unsterblichkeit sowie der Kampf für eine Apologie des Glaubens bilden auch den Kern der Essays *Del sentimiento trágico de la vida en los hombres y en los pueblos* (1913), der als UNAMUNOS philosophisches Hauptwerk gilt, und *La agonía del cristianismo* (frz. 1924, span. 1931), seinem zweiten religionsphilosophischen Hauptwerk.

Literatur

Foster (1973), Turner (1974), Díez Hochleitner (1976), P. H. Fernández (1976), Wyers (1976), Egido (1983), Müller (1986), Nicholas (1987).

PÍO BAROJA

Biografie

PÍO BAROJA Y NESSI (1872–1956) studiert Medizin, arbeitet dann u.a. in der Bäckerei seines Vaters in Madrid, bis er sich ab 1902 nur noch der Literatur widmet. Er vollzieht ideologisch eine Wendung von links nach rechts.

Von NIETZSCHE und SCHOPENHAUER beeinflusst, analysiert er in seinen Werken den gesellschaftlichen Verfall Spaniens, das Elend der Großstadt und den Kampf um das Leben, der auch seiner Trilogie *La lucha por la vida* den Namen gibt.

Hauptwerke

Das Romanwerk von BAROJA entsteht bis in die 1950er Jahre und umfasst etwa 70 Romane, die vom Autor größtenteils in Trilogien oder Zyklen zusammengestellt wurden. Die im Kontext der Generation von 98 wichtigen Romane sind die Trilogie *La lucha por la vida* (1904–1905) sowie die Romane *Camino de perfección* (1902), *El árbol de la ciencia* (1911), *Las inquietudes de Shanti Andía* (1911) sowie *El mundo es ansí* (1912), die hier jedoch nicht alle vorgestellt werden können.

In seinen Romanen wird BAROJAS Protest gegen die gesellschaftlichen und politischen Missstände am Ende des 19. Jhs. deutlich, der typisch für die kritische Position der 98er-Generation ist.

La lucha por la vida

Die 1904–1905 erschienene Romantrilogie *La lucha por la vida* besteht aus den Romanen *La busca, Mala hierba* und *Aurora roja*, die untereinander kaum verbunden sind, wenngleich einige Figuren wie etwa Manuel Alcázar mehrfach in Erscheinung treten. Schauplätze sind die ärmlichen Vorstadtviertel Madrids sowie die gehobene Mittelschicht, in denen die darwinistische These vom Kampf aller gegen alle durchgespielt und am Ende des Romans schließlich von der Figur Roberto Hasting resümiert wird.

In der Beschreibung der erbärmlichen Lebensverhältnisse dominieren die soziale Anklage und die Kritik an der moralischen Korrumpiertheit. Idealisten wie der Intellektuelle Juan Alcázar, der im Anarchismus die Lösung für die soziale Ungerechtigkeit sieht, scheitern jedoch an der Skrupellosigkeit und moralischen Verkommenheit der Gesellschaft. Insofern ist *La lucha por la vida* Zeugnis des tiefen Pessimismus PÍO BAROJAS und ideologische Widerspiegelung der Generation von 98.

El árbol de la ciencia

Der Roman *El árbol de la ciencia* ist ebenfalls ein autobiografisch motiviertes Zeugnis von der Enttäuschung darüber, wie wenig nach BAROJAS Meinung die Bemühungen gerade der Generation von 98 zur Erneuerung Spaniens tatsächlich haben beitragen können. Protagonist des am Ende des 19. Jhs. spielenden Romans ist der Idealist Andrés Hurtado, der bereits während seines Medizinstudiums die verkrusteten und korrupten universitären Strukturen erkennt und diese in der Wissenschaft, der Medizinpraxis und im kulturellen Leben fortgesetzt sieht. Im Rückbezug auf die *Quijoterie* und in der Philosophie SCHOPENHAUERS findet er seine Position wieder, während sein Onkel Iturrioz dagegen die Metapher des „Baums der Erkenntnis" für eine pragmatische Einstellung zum Leben setzt, was im Roman an zentraler Stelle im Dialog erörtert wird. Nach einer Tätigkeit als Landarzt, dann als Amtsarzt in Madrid, glaubt Hurtado, mit seinem Rückzug ins Privatleben die Lösung gefunden zu haben. Doch nach dem Tod seiner Frau Lulú, die zusammen mit dem Neugeborenen bei der Geburt stirbt, vergiftet Hurtado sich.

BAROJA verarbeitet in diesem auch formal anspruchsvollen Roman zahlreiche Fragestellungen, die um die Jahrhundertwende diskutiert wurden, so etwa der Verlust aller Gewissheiten, die bei ZOLA zu findende Trias von *race, milieu* und *moment*, ferner die Problematik des Vitalismus.

Hombre de acción

In dem 22 historische, meist autobiografisch konzipierte Romane umfassenden Zyklus *Memorias de un hombre de acción* (1913–1935) stellt BAROJA seinen Idealtyp des „Manns der Tat" dar. Mithilfe einer komplexen Erzählsituation entwirft BAROJA das Porträt seines Idealtypus, verkörpert durch die Figur Eugenio de Aviraneta, und zugleich ein umfassendes Bild der Epoche von 1808 bis 1841: BAROJA gibt in seiner erläuternden Einleitung vor, dass der Kern des Zyklus die Lebenserinnerungen seines entfernten Verwandten Aviraneta seien, die wiederum von dessen Freund aufgezeichnet und vielfach erweitert und schließlich auch von BAROJA selbst ergänzt worden seien. So gelingt BAROJA ein multiperspektivischer Blick auf die Epoche und auf seinen Protagonisten, der als – letztlich unbekannt gebliebener – Liberaler und *guerrillero* an den großen politischen Konflikten der Zeit teilhatte.

Literatur

González López (1971), López Estrada (1972), Ciplijauskaité (1972), Longhurst (1974), Elizalde (1975), Bretz (1979), Campos (1981), Juan i Tous (1989).

AZORÍN

Biografie

AZORÍN (1873–1967, eigentlich JOSÉ MARTÍNEZ RUIZ) studiert Jura in Valencia, Granada und Salamanca. 1896 siedelt er nach Madrid um und ist dort als Journalist und Essayist tätig. AZORÍN gibt seine anfängliche Sympathie für die anarchistische Bewegung und seine sozialkritische und kämpferische journalistische Tätigkeit allmählich zugunsten einer immer konservativer werdenden Position auf. 1907 wird er Abgeordneter einer konservativen Partei. Nach verschiedenen Tätigkeiten in Ministerien verlässt er 1936 Spanien mit einem diplomatischen Pass. 1939 kehrt er nach Madrid zurück und widmet sich bis zu seinem Tod der Literatur und dem Kino.

Hauptwerke

Die drei Romane *La voluntad* (1902), *Antonio Azorín* (1903) und *Las confesiones de un pequeño filósofo* (1904) haben jenen Azorín zum Protagonisten, dessen Name der Autor schließlich selbst annimmt. Die stark autobiografisch geprägten Romane zeigen den inneren Wandel des Protagonisten vom anarchistischen Kämpfer zum distanzierten Beobachter.

Azorín ist der Protagonist von *La voluntad* (1902): Der in der Provinz aufgewachsene, willenlose und passive – hier erscheint das für die 98er typische Thema der *abulia* (Willensschwäche) – Antonio Azorín, dessen umfassende Lektüren zu einer wachsenden Verunsicherung und Ziellosigkeit führen, versucht, sich in Madrid im Kreis der Literaten zu etablieren. Angesichts des Konkurrenzkampfes zieht er sich jedoch enttäuscht in seine Heimat zurück und heiratet dort eine tatkräftige und willensstarke Frau, die in starkem Kontrast zu seinem Charakter steht. Azoríns Wesen steht für eine Generation, die trotz ihrer Kritik an den politischen und sozialen Zuständen keine Kraft zur Veränderung hat.

Als Fortsetzung zu *La voluntad* konzipiert, verfolgt der Roman *Antonio Azorín* (1903) das Leben des Protagonisten weiter. Nachdem er sich nach seiner Rückkehr aus Madrid zunächst in die Einsamkeit zurückgezogen hatte, veranlasst ihn ein Besuch bei einem Verwandten in einem Nachbarort dazu, in der trostlosen, ewig gleichen Existenz der Menschen und der Landschaft das Wesen des spanischen Lebens zu ergründen. Später kehrt Azorín als Journalist nach Madrid zurück, das zum Ausgangspunkt für seine Streifzüge durch die Umgebung wird. Angesichts des Verfalls ehemals bedeutender kultureller und literarischer Stätten und angesichts der niedergedrückten Stimmung, Hoffnungslosigkeit, Armut und Rückständigkeit der Bevölkerung vollzieht sich in Azorín ein radikaler Wandel: Seine Taten- und Willenlosigkeit (*abulia*) abschüttelnd, will er nun für die Überwindung der sozialen Notstände und der Rückständigkeit Spaniens kämpfen – eine Position, die schon der bekannteste Vertreter der *regeneracionistas*, JOAQUÍN COSTA (s. S. 10) propagiert hatte. Insofern entspricht AZORÍNS Haltung derjenigen der 98er-Generation, die in der geistigen Erneuerung eine Lösung der nationalen Krise sehen.

Der letzte Roman, *Las confesiones de un pequeño filósofo* (1904), ist der Kindheit und Jugend des Protagonisten Azorín gewidmet und schließt seine Suche nach dem Wesen des Lebens ab.

Abschließend muss noch AZORÍNS literaturkritisches Werk *Clásicos y modernos* (1913) hervorgehoben werden, da er darin vier Beiträge versammelt, die der Generation von 1898 gewidmet sind. Wie schon erwähnt, ist AZORÍN derjenige, der – nach dem Politiker GABRIEL MAURA – der Generation ihren Namen gegeben und ihre Vertreter benannt hat.

Literatur

Livingstone (1970), Risco (1980), Glenn (1981), Utrera Macías (1998).

RAMIRO DE MAEZTU

Biografie und Hauptwerke

RAMIRO DE MAEZTU WHITNEY (1874–1936) war Botschafter in Argentinien und kehrt 1930 nach Spanien zurück. Wenige Monate nach Beginn des Bürgerkriegs wird er verhaftet und ermordet.

MAEZTU hatte, wie er es in *Hacia otra España* (1899) darlegt, zunächst im Geist der 98er die Erneuerung Spaniens durch eine Europäisierung gesehen. Im Laufe seines Lebens vollzieht er aber eine radikale Wendung hin zu traditionalistischen, katholisch-monarchistischen Werten, die er in einer Trilogie über eine universelle katholische Monarchie darzulegen plant. Verwirklicht hat er nur einen Teil, den 1934 erschienenen Essay *Defensa de la Hispanidad. Libro de amor y debate*, in dem er die Hispanität als im katholischen Glauben verankerten Zusammenhalt aller spanischsprachigen Völker definiert und sich damit letztlich an eine Position annähert, die der Vertreter der *neocatólicos*, MENÉNDEZ PELAYO, schon Ende des 19. Jhs. vertreten hatte (s. S. 10).

Literatur

López Landeira (1978).

ANTONIO MACHADO

Biografie und Bedeutung

ANTONIO MACHADO RUIZ (1875–1939) ist einer der bedeutendsten Lyriker der spanischen Literatur des 20. Jhs.

Sein Bruder MANUEL MACHADO (1874–1947) ist ebenfalls Dichter; im Unterschied zu ANTONIO ist er jedoch Anhänger des konservativ-traditionalistischen Spaniens und verfasst während und nach dem Spanischen Bürgerkrieg u. a. Lobgedichte auf FRANCO und das Nazi-Militär.

ANTONIO MACHADO besuchte die *Institución Libre de Enseñanza*. Nach einem Philosophie- und Literaturstudium sowie Aufenthalten in Paris ist MACHADO seit 1907 Französischlehrer in Soria, Baeza und Segovia. Thematisch dominieren in seinem Werk die Liebe zu seiner früh verstorbenen Frau Leonor, die Einsamkeit sowie die spanische Landschaft, die bei ihm eine ideologische Prägung erhält.

Nach modernistischen Anfängen bewirkt die Hinwendung zur kastilischen Landschaft MACHADOS Eintreten für die Ideen der 98er-Generation: Durch die Betrachtung der Landschaft gilt es, den Verfall Spaniens zu erkennen und insbesondere der Jugend einen Auftrag zur Lösung des Spanienproblems zu vermitteln. Insofern wird MACHADOS literarisches Schaffen politisch immer engagierter, wie es z. B. 1936 die *„sentencias, donaires, apuntes y recuerdos“* seines Pseudonyms JUAN DE MAIRENA, ferner sein Klagegedicht „El crimen fue en Granada“ anlässlich der Ermordung seines Freundes FEDERICO GARCÍA LORCA (s. S. 30) und seine während des Bürgerkriegs verfassten 13 Gedichte (*Poesías de guerra*, 1936–1939) belegen. Von MACHADO stammt auch das bereits zitierte Gedicht „Españolito“, das die ideologische Spaltung Spaniens zur Anschauung bringt (s. S. 12f.).

Frühwerk

In seinen lyrischen Anfängen ist MACHADO ein Vertreter des *modernismo*. Dies belegt sein erster Lyrikband, *Soledades*, dessen Gedichte er ab 1902 publiziert und der dann in erweiterter Fassung 1907 abgeschlossen ist. Hier zeigt sich auch schon der thematische Schwerpunkt der Dichtung MACHADOS: die Einsamkeit. 1907 ist auch der Zeitpunkt, zu dem sich MACHADO vom Modernismus abwendet.

Campos de Castilla

Campos de Castilla (1907–1917) ist MACHADOS bekannteste Gedichtsammlung, die alle von ihm verwendeten Themenkreise (die spanische Landschaft und Tradition, Liebe, Einsamkeit, Erinnerung) enthält. Zugleich ist es eines der Hauptwerke im Kontext der Generation von 1898: Die von MACHADO angeregte Rückbesinnung auf den spanischen Nationalmythos, auf Traditionen und auf die Landschaft soll die Erneuerung Spaniens herleiten. Dabei setzt er seine Hoffnung auf die Jugend.

In den realistischen Beschreibungen der Natur manifestiert sich eine ideologisch-politische Positionierung des Autors zum Niedergang Spaniens. Neben den Gedichten über Landschaft und Traditionen findet sich – wie schon bei UNAMUNO – der Kainsmythos („La tierra de Alvargonzález"), der die „zwei Spanien" erneut thematisiert.

Literatur

Gullón (1987; 1988), Sánchez Barbudo (1989), Gabriele (1990).

RAMÓN MARÍA DEL VALLE-INCLÁN

Biografie

Im Gegensatz zu anderen Vertretern der Generation von 98 vollzieht der aus Galicien stammende RAMÓN MARÍA DEL VALLE-INCLÁN (1866–1936) im Laufe seines Lebens eine ideologische Wendung vom rechten zum linken politischen Spektrum, so dass er nach anfänglichen Sympathien für die traditionalistischen Karlisten später gegen die Diktatur PRIMO DE RIVERAS kämpft und 1934 den Aufstand der asturischen Bergleute befürwortet.

Das Jahr 1920 wird als Zeitpunkt seiner literarästhetischen Neuorientierung betrachtet, also vom Übergang von einer modernistischen zu einer esperpentischen Phase (s. u.). VALLE-INCLÁNS Werk umfasst Theaterstücke, Lyrik, Essays, Erzählungen und Romane.

Er gilt, nicht zuletzt wegen seines exzentrischen Auftretens, als *enfant terrible* der Madrider Literatur- und Kunstszene.

Spanienkritik

Wegen seiner überaus scharfen Spanienkritik wird VALLE-INCLÁN häufig im Kontext der Generation von 1898 behandelt. In seiner modernistischen Frühphase beschäftigt ihn noch die ästhetizistisch dargestellte Welt der dekadenten Aristokratie. In der esperpentischen Spätphase ist Spanien für ihn nur noch durch einen Zerrspiegel darstellbar (zum *esperpento* s. S. 26, 43–47).

Hauptwerke

Die zwischen 1902 und 1905 entstandenen *Sonatas* umfassen vier Prosastücke („Sonata de Primavera", „Sonata de Estío", „Sonata de Otoño" und „Sonata de Invierno"), die Ausdruck seiner modernistischen Frühphase sind. Protagonist ist der dekadente Aristokrat Marqués de Bradomín, der sich als alter Mann an vier lange zurückliegende Liebesabenteuer erinnert, die Gegenstand der vier in Sonatenform konzipierten Kurzromane sind. Sowohl die inhaltliche Gestaltung der Liebesabenteuer (Verführung, Inzest, enge Verbindung zwischen Liebe und Tod) als auch die Wahl der – Erotik und Wollust untermalenden – Handlungsorte jener überfeinerten, ästhetischen Welt dienen der

Überschreitung bürgerlicher Moralvorstellungen und sind als Provokation zu deuten. Typisch für den Modernismus ist, neben der betont visuellen Ausgestaltung der Handlung und ihrer Schauplätze, die musikalische und metaphernreiche sprachliche Gestaltung.

Esperpento

Eine in den *Comedias bárbaras* (1907–1922), drei Theaterstücken über den Verfall einer galicischen Adelsfamilie, bereits spürbare Abwendung von der aristokratisch-überfeinerten Welt des Modernismus führt zu einer vollkommenen Neuorientierung hin zur spanischen Realität, die VALLE-INCLÁN in seinen Grotesken, den *esperpentos*, zum Gegenstand erhebt. Mit dem Begriff *esperpento* bezeichnet VALLE-INCLÁN die groteske Verzerrung der spanischen Realität und Mythen (zur Definition des Begriffs siehe VALLE-INCLÁNS Theaterschaffen, S. 43–47).

Der esperpentische Romanzyklus *El ruedo ibérico*, der die politischen und gesellschaftlichen Zustände seit dem Sturz ISABELLAS II. zum Inhalt haben sollte, ist Fragment geblieben (1927/28).

Diktatorenroman

Bereits seit 1923, und damit parallel zur Arbeit an *El ruedo ibérico*, entsteht der ebenfalls esperpentische Diktatorenroman *Tirano Banderas. Novela de tierra caliente* (1926), der die verzerrt-groteske Präsentation realer Personen und Ereignisse für die Darstellung des Falls eines Diktators fruchtbar macht. Die Aufgabe der erzählerischen Chronologie sowie die kunstvolle sprachliche Gestaltung mit Amerikanismen und Wortneuschöpfungen sind weitere Verfahren zur karikaturesken Verzerrung des Dargestellten, so dass eine Bezugnahme auf tatsächliche spanische oder lateinamerikanische Verhältnisse zwar intendiert ist (wegen VALLE-INCLÁNS Konflikten mit dem Diktator PRIMO DE RIVERA), aber nicht das Hauptanliegen des Romans ist.

Literatur

Díaz-Plaja (1965), Zamora Vicente (1969), Risco (1977), Kaal (1979), Wentzlaff-Eggebert (1986; 1988 b), Oliva (2003).

4 Die Generation von 1914 um JOSÉ ORTEGA Y GASSET

Aspekte

Wie schon die Vertreter der Generation von 1898, jedoch aus einer ganz anderen Perspektive, wollen JOSÉ ORTEGA Y GASSET (1883–1955) und die sich um ihn gruppierende Generation von 1914 (*Generación del 14*, auch: *novecentismo*) ebenfalls einen Weg aus der Krise Spaniens weisen. Neben ORTEGA gehören auch MANUEL AZAÑA, der spätere Präsident der Zweiten Republik, der Schriftsteller, Diplomat und Literaturwissenschaftler SALVADOR DE MADARIAGA (1886–1978), der Philosoph JULÍAN MARÍAS (1914–2005) sowie RAMÓN GÓMEZ DE LA SERNA und der Romancier RAMÓN PÉREZ DE AYALA (1880–1962) der *Generación del 14* an (s. S. 51–53).

Noch konsequenter als die 98er fordert José Ortega y Gasset die Integration Spaniens in Europa. Ortega gilt als der Begründer der spanischen Philosophie. Der 1883 in Madrid geborene Ortega studiert Philosophie in Madrid, Marburg, Berlin und Leipzig – er gilt daher als bedeutender Vermittler zwischen der spanischen und der deutschen Kultur – und wird dann Professor für Metaphysik in Madrid.

José Ortega y Gasset

Während des Bürgerkriegs emigriert Ortega nach Frankreich und Lateinamerika. 1945 kehrt er nach Spanien zurück, wo er 1955 stirbt. Sein Tod wird der Anlass für die antifranquistischen jungen Autoren, ihren Widerstand gegen die Diktatur zu manifestieren (s. S. 74).

Ortega gründet eine Vielzahl von Kulturzeitschriften: *El Faro* (1908), *Europa* (1910), *España* (1915) sowie die liberale Tageszeitung *El Sol* (1917). Von überragender Bedeutung ist die zusammen mit Manuel Azaña herausgegebene *Revista de Occidente* (1923–1936), die zum Sprachrohr für die Öffnung Spaniens avanciert und maßgeblich zur Rezeption künstlerischer Neuorientierungen beiträgt, so etwa 1925 durch die Publikation des Surrealistischen Manifests. Neben spanischen publizieren auch zahlreiche ausländische Künstler und Intellektuelle in der *Revista de Occidente*.

Kulturzeitschriften

In seinem Essay *España invertebrada* (1921) vertritt Ortega y Gasset die These, dass die Rückständigkeit Spaniens auf das Fehlen einer geistigen Elite zurückzuführen ist.

Essays

Der 1925 publizierte Essay *La deshumanización del arte e ideas sobre la novela* ist eine Darstellung der Avantgarde-Ästhetik, deren Schlüsselbegriff die *deshumanización* ist. Darunter versteht Ortega die Abkehr von der Realität und die Entfremdung im Sinne einer Entmenschlichung. Der Essay hatte eine grundlegende Bedeutung für die Schriftsteller der 1920er Jahre und insbesondere für die Generation von 1927.

In seinem kulturphilosophischen Essay *La rebelión de las masas* (publ. 1930) knüpft Ortega an Überlegungen aus *España invertebrada* an. Er analysiert die politischen und sozialen Zustände seiner Zeit im Hinblick auf den Massenmenschen.

Díaz-Plaja (1975), Martín (1999), Cacho Viu (2000).

Literatur

5 Der Modernismus und die spanische Lyrik bis 1936

Der Modernismus ist eine literarische Strömung, die in Lateinamerika entstand und der europäischen Literatur neue Themen und Formen erschloss. Als Begründer gilt der aus Nicaragua stammende Dichter Rubén Darío (1867–1916), der 1888 die Prosa- und Gedichtsammlung *Azul* publizierte. Das Ende der Strömung ist um 1920 anzusetzen.

Modernismo

Die intendierte Abkehr vom bürgerlich-realistischen Lebensgefühl und Schreibstil manifestiert sich im Streben nach Musikalität des sprachlichen Ausdrucks, nach exotischen und traumhaft-phantastischen Welten und in der Synästhesie von Klang, Licht, Musik und Farbe.

Der um 1888 entstehende *modernismo* ist die spanische Variante der europäischen *l'art pour l'art*-Bewegung. Ab 1898 ist Rubén Darío Korrespondent in Spanien, wo er Bekanntschaft mit den Autoren der 98er-Generation macht. Wie die 98er-Generation wollen auch die Vertreter des Modernismus eine Abkehr von der als korrumpiert angesehenen Politik der Restauration vollziehen.

Wegen des Einflusses des Modernismus auf Unamuno, Valle-Inclán und Antonio Machado ist eine klare Trennung zwischen Modernismus und der Generation von 1898 nicht immer möglich.

Hauptvertreter des *modernismo* ist zunächst Ramón María del Valle-Inclán (s. S. 25f.), der sich jedoch bereits um 1907 vom Modernismus abwendet, wie seine Gedichtsammlung *Aromas de leyenda* belegt. Auch Antonio Machado, der Rubén Darío in Paris kennenlernte, ist in seiner Frühphase, wie die Gedichtsammlung *Soledades* (1903) belegt, vom Modernismus beeinflusst, doch auch er wendet sich mit seiner Gedichtsammlung *Campos de Castilla* ab 1907 wieder vom Modernismus ab.

Literatur

Serrano Alonso (2000)

Jiménez und die *poesía pura*

Keiner Strömung zuzuordnen ist Juan Ramón Jiménez (1881–1958), der mit seiner *poesía pura* einen eigenen Weg geht. Gemeint ist mit der „reinen Poesie" eine klare, schmucklose, schlichte, einfache Dichtung, die den Modernismus überwindet und einen großen Einfluss auf die Dichtung Gerardo Diegos (s.u.) und Jorge Guilléns (s.u.) hat. Die 1916 bis 1917 entstandenen Liebesgedichte der *Eternidades* markieren den Übergang zur *poesía pura*. Jiménez, der zwischen 1912 und 1926 in der *Residencia de Estudiantes* lebt und der wegen des Bürgerkriegs nach Kuba und in die USA emigriert und in Puerto Rico stirbt, wird 1956 der Nobelpreis für Literatur verliehen.

Jiménez' Hauptwerk ist die 1914 begonnene und 1917 vollendete Prosaelegie *Platero y yo* (s.S. 53).

Literatur

Sánchez Barbudo (1981), Alvar (1986).

Jorge Guillén

Jorge Guillén (1893–1984) war Spanischlektor in Paris und Oxford, danach Professor für Literaturwissenschaft in Sevilla. 1938 emigriert er in die USA. Nach Francos Tod kehrt er nach Spanien zurück. Er gilt als Vertreter der *poesía pura*. Sein auch von Valéry und Mallarmé beeinflusster *Cántico* (1928, später von 75 auf 334 Gedichte erw.) ist ein Lobgesang auf die Schöpfung. Guillén gehört auch der Generation von 1927 an.

Der *ultraísmo* ist eine spanisch-hispanoamerikanische Strömung, die sich in den Jahren von 1918 bis 1923 entfaltet und deren Ziel die Befreiung der Lyrik von Rhetorik und Sentimentalität ist. Der Begriff *ultraísmo* kennzeichnet diese bis zum Extrem gesteigerte Weiterführung der ästhetischen Erneuerungsbestrebungen des Modernismus. Hauptvertreter sind die Lateinamerikaner VICENTE HUIDOBRO (1893–1948) und JORGE LUIS BORGES (1899–1986) sowie der Spanier GERARDO DIEGO (s. u.).

Ultraísmo

Der auch von VICENTE HUIDOBRO 1918 nach Spanien gebrachte *creacionismo* ist eine Weiterentwicklung des *ultraísmo*; die Übergänge zwischen beiden Strömungen sind fließend. Der *creacionismo* erstreckt sich über die Jahre bis 1932. Ziel sind die Unabhängigkeit der Dichtung von der Wirklichkeit, freie Bilder und eine Annäherung von natürlicher und dichterischer Schöpfung.

Creacionismo

Der Professor und Musiker GERARDO DIEGO (1896–1987) ist sowohl vom *ultraísmo* als auch vom *creacionismo* beeinflusst. Sein *Manual de espumas* (1924) gilt als Hauptwerk des *ultraísmo*. Auch in der bildhaften Gestaltung seiner Gedichtsammlung *Alondra de verdad* (1941), die zwischen 1926 und 1936 verfasste Sonette enthält, sind die Einflüsse der beiden genannten Strömungen spürbar. DIEGO gehört als Lyriker auch zur Generation von 1927.

GERARDO DIEGO

6 Die Generation von 1927

Charakteristika und Ziele der Generation von 1927

Mit dem Begriff Generation von 1927 (*Generación del 27*) ist eine Gruppe von Dichtern zusammengefasst, die sich im Jahre 1927 anlässlich des 300. Todestages des Barockdichters LUIS DE GÓNGORA im *Ateneo* von Sevilla versammelt haben.

1927

Ihr gemeinsames Ziel ist es, die von JUAN RAMÓN JIMÉNEZ begründete *poesía pura* sowie den Surrealismus aufzugeben und sich zu einer gesellschaftlich engagierten Dichtung zu bekennen.

Ziel

Dichterische Vorbilder sind der schon genannte LUIS DE GÓNGORA (1561–1627), LOPE DE VEGA (1562–1635), GARCILASO DE LA VEGA (1501?–1536) sowie JIMÉNEZ und ANTONIO MACHADO.

Vorbilder

Für die Generation von 1927 ist der Lyriker MANUEL ALTOLAGUIRRE (s. S. 36) von großer Bedeutung. ALTOLAGUIRRE ist es nämlich gelungen, zusammen mit EMILIO PRADOS als Verleger der Literaturzeitschrift *Litoral* (Málaga) die Autoren von 1927 um sich zu versammeln. *Litoral* gilt als bedeutendste Literaturzeitschrift der 1920er Jahre und fungiert

Litoral

als Publikationsorgan der 27er-Generation. Ihre GÓNGORA gewidmete Dreifachnummer (Oktober 1927) bildet zusammen mit den erwähnten Gedenkfeiern in Sevilla den Höhepunkt der GÓNGORA-Wiederentdeckung.

NERUDA

Die 1935 von PABLO NERUDA (1904–1973) in Madrid gegründete Zeitschrift *Caballo verde para la poesía* wird ebenfalls ein bedeutendes Publikationsorgan dieser Strömung.

Exil und Tod

Zahlreiche Autoren der *Generación del 27* werden aufgrund ihrer republikanisch-demokratischen Überzeugung und ihres politischen Engagements verfolgt und sind deshalb während oder nach Ende des Bürgerkriegs ins Exil gegangen, so ALBERTI, ALTOLAGUIRRE, CERNUDA, DIEGO, GUILLÉN und SALINAS. FEDERICO GARCÍA LORCA ist schon wenige Wochen nach Ausbruch des Bürgerkriegs von Anhängern FRANCOS erschossen worden; MIGUEL HERNÁNDEZ stirbt im Gefängnis, nachdem das über ihn verhängte Todesurteil in eine Haftstrafe umgewandelt worden war, und ANTONIO MACHADO stirbt 1939 während der Flucht nach Frankreich entkräftet nahe der französisch-spanischen Grenze.

Literatur

Cano Ballesta (1972), Geist (1980).

FEDERICO GARCÍA LORCA

Würdigung

FEDERICO GARCÍA LORCA gehört zu den international bekanntesten spanischen Schriftstellern und ist einer der wichtigsten spanischen Lyriker und Dramatiker des 20. Jhs. (s. auch S. 47–51).

Die enorme literarische Bedeutung seiner Lyrik und seiner Theaterstücke gründen sich auf der überaus kreativen Verschmelzung von literarischen Traditionen und originellen thematischen und formalen Innovationen.

Biografie

Der im emblematischen Jahr 1898 in Fuentevaqueros bei Granada geborene FEDERICO GARCÍA LORCA stammt aus einer reichen Landbesitzerfamilie. Seine vielfältigen künstlerischen Begabungen zeigen sich schon in der frühen Kindheit. Als LORCA ab Frühjahr 1919 in Madrid Philosophie studiert, wohnt er in der berühmten *Residencia de Estudiantes* (s. S. 9), wo er Freundschaft mit den führenden Künstlern der Madrider Künstlerszene schließt, darunter RAFAEL ALBERTI, VICENTE ALEIXANDRE und JUAN RAMÓN JIMÉNEZ, LUIS BUÑUEL, SALVADOR DALÍ, MANUEL DE FALLA und PABLO NERUDA.

Sein kulturelles Engagement in der Zweiten Republik – er leitet ab Ende 1931 ein studentisches Wandertheater (s. S. 16f.) – sowie die Uraufführung seiner Theaterstücke, schließlich auch seine Ermordung durch Anhänger FRANCOS wenige Wochen nach Ausbruch des Bürgerkriegs, machen LORCA zum bekanntesten spanischen Autor des 20. Jhs.

In diesem Kapitel stehen LORCAS lyrische Hauptwerke im Vordergrund, während sein dramatisches Schaffen im nächsten Kapitel behandelt wird.

Hauptwerke

Aufgrund seiner Dichtung ist LORCA einer der Hauptvertreter der Generation von 1927. Sein im Ateneo von Sevilla gehaltener Vortrag über GÓNGORA mit dem Titel „La imagen poética en Don Luis de Góngora" hatte großen Anteil an der Wiederentdeckung des Barockdichters.

Mit seiner Lyrik, in der auf eine höchst innovative Weise Einflüsse des Surrealismus, der metaphernreichen barocken Sprache und der volkstümlichen andalusischen Liedkunst verschmelzen, leistet LORCA einen fundamentalen Beitrag zur modernen spanischen Dichtung. Inhaltlich beschwört LORCA zentrale Themen des *cante jondo*: die andalusische Landschaft, Schicksal, Liebesschmerz und Todesahnungen.

Poema del cante jondo

LORCA hat die Arbeit an der Gedichtsammlung *Poema del cante jondo* bereits 1922 abgeschlossen, doch sie erscheint erst 1931. In seinen Gedichten will LORCA das durch den *cante jondo* vermittelte Lebensgefühl der andalusischen Zigeuner darstellen und deuten, ohne dabei aber auf formale Aspekte des *cante jondo* zurückzugreifen. So sind seine einzelnen Gedichte getragen von der düsteren Stimmung, dem Schmerz, der Liebe und der Allgegenwärtigkeit des Todes, anhand derer LORCA das andalusische Wesen herausdestillieren will.

Romancero gitano

Der zwischen 1924 und 1927 entstandene *Romancero gitano* (publ. 1928) gehört zu den berühmtesten Gedichtsammlungen der modernen spanischen Lyrik. Die 18 Romanzen hat LORCA als *„retablo andaluz de todo el andalucismo"* definiert. In seiner metaphernreichen Sprache und mit den für LORCA typischen Symbolen (Mond, Pferd, Wind) und Farben (Grün, Schwarz), die leitmotivisch wiederkehren, sowie im Rückgriff auf die volkstümliche Gattung der Romanze beschwört LORCA auch hier die Welt der andalusischen Zigeuner, die dominiert ist von Liebe und Leidenschaft, Auseinandersetzung und Hass, Schicksal, Todesahnungen und Tod sowie vom Einfluss der Religion, Mythen und Legenden. Das folgende Textbeispiel ist die dritte Romanze; sie belegt die genannten thematischen und symbolischen Elemente:

Reyerta
A Rafael Méndez.

En la mitad del barranco
las navajas de Albacete,
bellas de sangre contraria,
relucen como los peces.
Una dura luz de naipe
recorta en el agrio verde,

caballos enfurecidos
y perfiles de jinetes.
En la copa de un olivo
lloran dos viejas mujeres.
El toro de la reyerta
se sube por las paredes.
Angeles negros traían
pañuelos y agua de nieve.
Angeles con grandes alas
de navajas de Albacete.
Juan Antonio el de Montilla
rueda muerto la pendiente,
su cuerpo lleno de lirios
y una granada en las sienes.
Ahora monta cruz de fuego,
carretera de la muerte.

*

El juez, con guardia civil,
por los olivares viene.
Sangre resbalada gime
muda canción de serpiente.
Señores guardias civiles:
aquí pasó lo de siempre.
Huan muerto cuatro romanos
y cinco cartagineses.

*

La tarde loca de higueras
y de rumores calientes
cae desmayada en los muslos
heridos de los jinetes.
Y ángeles negros volaban
por el aire del poniente.
Angeles de largas trenzas
y corazones de aceite.

Poeta en Nueva York

Die erst 1940 erschienene Sammlung *Poeta en Nueva York* ist anlässlich einer Reise entstanden, die Lorca vom Sommer 1929 bis zum Frühjahr 1930 nach New York und Kuba unternommen hat. Einen Großteil der Gedichte hat Lorca in New York geschrieben. Sie unterscheiden sich thematisch und formal stark von Lorcas früherer Dichtung. Thematisch dominieren Einsamkeit, eine kritische Sicht auf die moderne und technisierte Welt und eine als unwirtlich empfundene Stadt.

Die in 10 Teile gegliederte Sammlung enthält 33 Gedichte und umspannt die Ankunft Lorcas und seine Rückreise nach Spanien. Zwei weitere Gedichte bilden einen Anhang. Der erste Teil („Poemas de la soledad en Columbia University") kreist um die Einsamkeit, die LORCA in einer ihm fremden Welt fühlt und die ihn an seine Kindheit denken lässt. Der zweite Teil („Los negros") ist den Afroamerikanern gewidmet, die für ihn das Ursprüngliche verkörpern wie schon die Zigeuner Andalusiens. Es folgen Gedichte über die Erfahrung der Großstadt („III: Calles y sueños"), über Besuche bei Freunden und die Umgebung New Yorks (Teile 4 bis 6), die Rückkehr nach New York („VII. Vuelta a la ciudad") und schließlich die Abreise aus New York und der Aufenthalt in Kuba.

Literatur

Stanton (1978), Predmore (1980), García Posada (1981), Koppenfels (1998), Gibson (2003).

RAFAEL ALBERTI

Biografie

Der aus Andalusien stammende RAFAEL ALBERTI (1902–1999) gehört zu den bedeutendsten spanischen Dichtern; er erhält 1925 den *Premio Nacional de Literatura* für seinen Lyrikband *Marinero en tierra*. Zusammen mit seiner Frau, der Schriftstellerin MARÍA TERESA LEÓN (1903–1977), engagiert ALBERTI sich politisch, positioniert sich während der Militärdiktatur PRIMO DE RIVERAS in der Opposition und tritt 1930 dem PCE bei. Ab diesem Zeitpunkt schreibt er politisch inspirierte Gedichte („Un fantasma recorre Europa", 1933). Wie HERNÁNDEZ kämpft er während des Bürgerkriegs auf republikanischer Seite und gegen den Faschismus. Er nimmt 1935 und 1937 an den Internationalen Schriftstellerkongressen in Paris, Valencia und Madrid teil, gründet zusammen mit FEDERICO GARCÍA LORCA und JOSÉ BERGAMÍN das Bündnis antifaschistischer Schriftsteller und gibt die Kulturzeitschriften *Octubre* (1933–1934) und *El Mono Azul* (1936–1939) heraus. ALBERTI und LÉON emigrieren 1939 nach Buenos Aires und leben später in Rom. 1977 kehrt ALBERTI nach Spanien zurück und wird für den PCE Parlamentsabgeordneter in Madrid. Er engagiert sich ebenfalls für die Weltfriedensbewegung, so dass ihm 1965 der Lenin-Friedenspreis verliehen wird. 1983 erhält er den Cervantes-Preis.

Marinero en tierra

In seiner Gedichtsammlung *Marinero en tierra* (1925) bringt ALBERTI, der mit seiner Familie von Andalusien nach Madrid umgezogen war, seine Sehnsucht nach Cádiz und dem Meer zum Ausdruck. Formal verbindet ALBERTI das volkstümliche Lied mit der klassischen Form des Sonetts.

Cal y Canto

Die Gedichtsammlung *Cal y Canto* (1929) ist eines der Hauptwerke der Generation von 27. Im Zeichen der GÓNGORA-Rezeption huldigt ALBERTI dem Barockdichter, an dessen metaphernreiche Sprache er sich anlehnt. Die thematische und metrische Vielfältigkeit der Gedichte ergibt eine ungewöhnliche Mischung: Themen und Figuren der antiken Mythologie (Narziss, Venus) sind mit Themen der spanischen Gegenwart (Stierkampf) verknüpft; metrisch steht die Silva neben dem Romanzenvers und dem *Endecasílabo* (reimloser Elfsilber), sprachlich vermischen sich der mythologische und barocke Wortschatz mit dem modernen Vokabular der Alltagswelt.

Sobre los ángeles

Die Gedichtsammlung *Sobre los ángeles* (1929) wird begeistert als Manifest des Surrealismus in Spanien rezipiert. Sie gilt ferner als ALBERTIS bedeutendstes Werk und als einer der wichtigsten Gedichtbände der modernen spanischen Lyrik. Inhaltlich vollzieht ALBERTI eine Umdeutung der Funktion und Symbolik der Engel, die den Menschen nicht mehr schützend durch das Leben geleiten, sondern die den Menschen verlassen haben und ihn in einer bedrohlichen Welt allein lassen. Diese Hinwendung zum Menschen und seinem Schicksal ist zugleich Ausdruck der ethisch-moralischen Haltung der 27er-Generation, die sich von der rein ästhetizistischen *poesía pura* ab- und zu einer engagierten *poesía impura* hinwendet.

Exilwerke

Im Exil (s. S. 125) entstehen zahlreiche Werke, darunter der autobiografische Roman *La arboleda perdida* (1942–1959), wobei der Titel sich auf einen Platz in ALBERTIS Heimatstadt El Puerto de Santa María bezieht und symbolisch für die verlorene Heimat steht, ferner der Lyrikband *Ora marítima* (1953), der thematisch wieder an seine Heimat anknüpft, sowie das Theaterstück *Noche de guerra en el Museo del Prado* (1956).

Literatur

Salinas (2004).

VICENTE ALEIXANDRE

Biografie und Bedeutung

VICENTE ALEIXANDRE (1898–1984) ist einer der bedeutendsten Vertreter der Generation von 1927. Im Bürgerkrieg steht ALEIXANDRE auf Seiten der Republik; er bleibt nach FRANCOS Sieg in Spanien. 1977 wird ihm als Repräsentant der spanischen Lyrik und stellvertretend für seine Generation der Nobelpreis für Literatur verliehen.

Erste Gedichte ALEIXANDRES sind von RUBÉN DARÍO inspiriert und ab 1926 in der *Revista de Occidente* (s. S. 27) erschienen. ALEIXANDRE gilt auch als Vertreter der *poesía pura.*

Hauptwerke

In ALEIXANDRES Lyrik dominieren zunächst eine schwere, düstere Stimmung sowie thematisch das Ineinander von Liebe und Tod, die den Einfluss von JIMÉNEZ zeigen (*Ámbito*, 1928). Für *La destrucción o el amor* (1935) erhält ALEIXANDRE im Jahr 1935 den Nationalpreis für Literatur. Eine zweite Phase seiner Dichtung beginnt um 1945, weil der Autor sich nun dem Menschen in der Gesellschaft zuwendet, wie *Historia del corazón* (1945–1954) und *En un vasto dominio* (1962) belegen.

In seinem Spätwerk (*Poemas de la consumación*, 1968, und *Diálogos del conocimiento*, 1974) führt ALEIXANDRE beide Tendenzen seiner Dichtung zusammen.

Literatur

Puccini (1979), Cano (1981).

MIGUEL HERNÁNDEZ

Biografie

Wie LORCA ist MIGUEL HERNÁNDEZ (1910–1942) für die moderne spanische Lyrik von zentraler Bedeutung. Als Sohn eines Ziegenhirten ist HERNÁNDEZ Autodidakt, der mit Hilfe PABLO NERUDAS Zugang zur Madrider Literaturszene findet. Seit Ausbruch des Bügerkriegs engagiert HERNÁNDEZ sich stark auf Seiten der Republik und stellt seine Feder in deren Dienst. Seine – im Schützengraben geschriebenen – Gedichte sind direkt an die Soldaten gerichtet und sollen ihnen Mut machen. Nach Ende des Bürgerkriegs wird HERNÁNDEZ auf der Flucht verhaftet und er kommt ins Gefängnis, wo er aufgrund mehrerer Krankheiten dahinsiecht und schließlich stirbt.

Hauptwerke

Wegen seines Kampfes für die Republik und seiner Kriegsgedichte gehört HERNÁNDEZ mit GARCÍA LORCA und ANTONIO MACHADO zu denjenigen Autoren, die zum Symbol für den Kampf gegen den Faschismus stilisiert wurden.

Zunächst steht HERNÁNDEZ' lyrisches Schaffen im Kontext der 27er-Generation. Seine 30, hauptsächlich in Sonettform verfassten Liebesgedichte, die in *El rayo no cesa* (1936) versammelt sind, stehen unter dem Einfluss von GÓNGORA, GARCILASO DE LA VEGA und QUEVEDO. Darüber hinaus sind FEDERICO GARCÍA LORCA und PABLO NERUDA seine Vorbilder.

Viento del pueblo (1937) ist eine Sammlung von Kriegsgedichten und gilt als Manifest des Freiheitskampfes. Von weitreichender Wirkung sind auch die Gedichte und Lieder des zwischen 1938 und 1941 verfassten *Cancionero y romancero de ausencias* (1958 postum ersch.), die im Krieg und im Gefängnis entstanden sind. Sie sind Ausdruck des Leidens über den Tod seines ersten Sohnes, die Folgen des Bürgerkriegs und seine Gefangenschaft. Zu seinen während des Bürgerkriegs entstandenen Theaterstücken s. S. 39, 61f.

Literatur

Gracia Ifach (1975), Collado (1993).

DÁMASO ALONSO

Bedeutung

Der Lyriker, Literaturwissenschaftler und Essayist DÁMASO ALONSO (1898–1990) ist Schüler des bedeutenden Hispanisten RAMÓN MENÉNDEZ PIDAL (1869–1968) und war Professor für Romanische Philologie in Valencia und Madrid. Er war zudem Direktor der *Revista de Filología*

Hauptwerke

Española und Herausgeber der Reihe *Biblioteca Románica Hispánica*. ALONSO bemühte sich darum, im Exil lebende Autoren in Spanien zu rehabilitieren.

ALONSO ist auch durch seine Arbeiten über GÓNGORA und seine literaturkritischen Studien zur genannten *Generación del 27* von Bedeutung.

Hauptwerke

ALONSOS erste lyrische Werke stehen, wie der Titel *Poemas puros* (1921) belegt, in der Tradition von JIMÉNEZ. Mit seiner Gedichtsammlung *Hijos de la ira* (1944) bezieht ALONSO überaus kritisch Stellung zur Situation der Nachbürgerkriegszeit, in deren Kontext die Sammlung behandelt wird.

MANUEL ALTOLAGUIRRE

Bedeutung

Wie andere Vertreter der 27er-Generation auch, steht MANUEL ALTOLAGUIRRE (1905–1959) zunächst in der Tradition von JIMÉNEZ' *poesía pura*. Als Herausgeber der 1926 ins Leben gerufenen bedeutenden Literaturzeitschrift *Litoral* (s. S. 29f.) versammelt ALTOLAGUIRRE die Generation von 1927 um sich und schafft ihr mit dieser Zeitschrift ein Publikationsorgan.

Durch den Kontakt zu ALBERTI und insbesondere nach Ausbruch des Bürgerkriegs wird ALTOLAGUIRRES Lyrik jedoch politisch engagierter. Im Bürgerkrieg steht ALTOLAGUIRRE auf Seiten der Republik. 1938 emigriert er und geht zunächst nach Kuba, dann nach Mexiko. Thematisch dominieren Pessimismus, Einsamkeit, Vergänglichkeit und Tod das Werk ALTOLAGUIRRES.

Hauptwerke

In seiner Gedichtsammlung *Las islas invitadas* (1926, erw. 1936) vergleicht ALTOLAGUIRRE den Menschen mit einer Insel, um die Unmöglichkeit der Kommunikation und die Flucht ins Innere und eine Traumwelt zu reflektieren.

Auch während des Spanischen Bürgerkriegs bleibt ALTOLAGUIRRE dichterisch aktiv (s. S. 61). Er ist an der Publikation des *Romancero de la guerra civil* (1936) beteiligt. 1937 schreibt er einen Essay über das antifaschistische Theater („Nuestro teatro") und verfasst ein Theaterstück, *Tiempo, a vista de pájaro* (1937). Vom Krieg geprägt ist auch die Lyriksammlung *Nube temporal* (1939).

Literatur

Crispin (1983), Lentzen (1985).

7 Das Theater

Überblick

Das spanische Theater zwischen Ende des 19. Jhs. und dem Ende des spanischen Bürgerkriegs zeichnet sich durch eine große Themen- und Formenvielfalt aus, die sich einerseits in der Weiterentwicklung von Traditionen zeigt, die sich andererseits aber in neuen, zukunftsweisenden dramaturgischen Konzepten manifestiert.

Themen und Formenvielfalt

Zu den Autoren, die im ersten Drittel des 20. Jhs. zahlreiche Dramen zur Aufführung bringen, zählt BENITO PÉREZ GALDÓS (1843–1920), der zwischen 1892 (der Uraufführung von *Realidad*) und 1920 insgesamt 24 Stücke verfasst hat. Besondere Bedeutung für die 98er-Generation hatte die Uraufführung von *Electra* (1901), die zum Symbol des modernen Spaniens erhoben wurde.

GALDÓS

Die Tradition der *alta comedia*, d.h. des hohen Salontheaters, setzt JACINTO BENAVENTE fort, während das als *género chico* bezeichnete, rein kommerziell ausgerichtete Unterhaltungstheater von CARLOS ARNICHES und den Gebrüdern ÁLVAREZ QUINTERO große Erfolge feiert.

Bürgerliches und Volkstheater

Im Kapitel über die Generation von 1898 ist die Dramenproduktion der Autoren nicht behandelt worden. An dieser Stelle ist nun kurz auf einige Stücke einzugehen, da die 98er-Autoren ihre Bemühungen um eine Erneuerung Spaniens auch im Drama zum Ausdruck gebracht haben. Wegweisende dramaturgische Konzepte stammen von VALLE-INCLÁN, der bereits im Kontext der 98er-Generation behandelt wurde und auch in diesem Kapitel ausführlich dargestellt wird.

98er-Generation

UNAMUNOS insgesamt 11 Theaterstücke sind von denselben Themen bestimmt wie seine Romane und Essays (s. S. 19f.). Neben Farcen und *sainetes* hat sich UNAMUNO auch mit mythologischen Stoffen (z.B. *Fedra*, 1910; *Medea*, 1933) befasst. Dramenästhetisch sind seine Stücke geprägt vom Streben nach „desnudez“, d.h. einer maximalen Reduzierung der Figuren und Handlung sowie des Bühnenbildes, der Kostüme und der Requisiten.

UNAMUNO

AZORÍN (s. S. 22f.) hat zahlreiche Artikel über das Theater verfasst und eine surrealistische Ästhetik propagiert, mithilfe derer zum Wesen der Wirklichkeit vorzudringen sei. Insofern forderte AZORÍN ebenfalls eine Erneuerung des spanischen Theaters. Sein dramatisches Hauptwerk ist zwischen 1926 (*Old Spain*, 1926) und 1936 (*La guerrilla*, 1936) entstanden.

AZORÍN

MUÑOZ SECA und der *astracán*

Eine um 1915 entstandene dramatische Untergattung ist der *astracán*, dessen Erfinder ENRIQUE GARCÍA ALVAREZ (1873–1931) und PEDRO MUÑOZ SECA (1881–1936) sind. Der *astracán* ist sozusagen Metatheater, denn er ist eine Parodie anderer Theaterstücke und -traditionen (z. B. SHAKESPEARES oder des romantischen Theaters) oder eine Satire auf historische Ereignisse. Sein Ziel ist es, das Publikum zum Lachen zu bringen. Das bekannteste Stück dieser Gattung ist *La venganza de Don Mendo* (1918) von MUÑOZ SECA, in dem das Geschichtsdrama parodiert wird.

Erneuerung des komischen Theaters

Zwei Dramatikern kommt das Verdienst zu, das komische Theater revolutioniert zu haben.

ENRIQUE JARDIEL PONCELA (1901–1952) ist als Dramatiker mit dem Ziel angetreten, das Lachen im Theater grundlegend zu erneuern. Sein avantgardistisches Theater, von Ruiz Ramón ([10]1995, S. 269) als „teatro de lo inverosímil" bezeichnet, ist durch die Zeitlosigkeit von Handlung und Ort, durch die Aneinanderreihung unwahrscheinlicher Situationen, durch Sprachkomik (Wortspiele, Doppeldeutigkeiten) und Situationskomik geprägt und kann als Vorform des Absurden Theaters gelten. Der Einfluss des surrealistischen Theaters ist spürbar. Auch JARDIELS Tätigkeit als Drehbuchautor in Hollywood in den Jahren 1932 bis 1933 beeinflusst seine Dramenästhetik. Seine Hauptwerke sind *Cuatro corazones con freno y marcha atrás* (1936) und *Un marido de ida y vuelta* (1939). Er ist ein vielgespielter Autor während der FRANCO-Diktatur.

MIGUEL MIHURAS (1905–1977) Komödie *Tres sombreros de copa* ist 1932 entstanden und hätte aufgrund ihrer innovativen Ästhetik eine bedeutende Rolle in der Chronologie des spanischen Theaters – noch vor JARDIEL PONCELAS Stücken – spielen können: Unwahrscheinliche Handlungselemente und die Überschreitung aller dramaturgischen Konventionen machen das Stück ebenfalls zum Vorläufer des Absurden Theaters. Doch *Tres sombreros de copa* wird erst 1952 uraufgeführt. MIHURAS weiteres, mit zahlreichen Theaterpreisen ausgezeichnetes dramatisches Werk entsteht während der Diktatur.

Theater im Dienste des Volkes

Wie im Überblick über den politischen und kulturellen Kontext schon erläutert, haben insbesondere Autoren der Generation von 1927 das Theater in den Dienst der Bildung des Volkes gestellt, was ihrem Streben nach einer gesellschaftlich engagierten Literatur entsprach und was auch von der Kulturpolitik der Zweiten Republik unterstützt wurde. Neben LORCAS Studententheater *La Barraca* gab es das *Teatro del Pueblo* von ALEJANDRO CASONA sowie das Universitätstheater *El Buhó*, das MAX AUB leitete.

Der bereits als Lyriker vorgestellte MIGUEL HERNÁNDEZ (s. S. 35) hat zwischen 1934 und 1937 vier lange (*Quién te ha visto y quién te ve y sombra de lo que eres*, 1934; *Los hijos de la piedra*, 1935; *El labrador de más aire*, 1937; sowie das Kriegs- und Propagandastück *Pastor de la muerte*, 1937) und vier kurze Theaterstücke verfasst, die sein soziales Engagement widerspiegeln. Die vier kurzen Dramen erscheinen 1937 unter dem Titel *Teatro de guerra* (s. S. 61f.).

MIGUEL HERNÁNDEZ

Zahlreiche Dramatiker verlassen während oder nach Ende des Bürgerkriegs ihre Heimat und gehen ins Exil. Zwei Exilautoren sind schon genannt worden: ALEJANDRO CASONA und MAX AUB, die im Kontext der Exilliteratur behandelt werden, obgleich einige ihrer Theaterstücke noch vor Ausbruch des Bürgerkriegs entstanden sind.

Exiltheater

JACINTO GRAU DELGADOS (1877–1958) Theater ist ästhetisch überaus innovativ und knüpft gedanklich an die Ideen der 98er-Generation an. Er verfasst seit der Jahrhundertwende zahlreiche Dramen, doch werden sie vom zeitgenössischen Publikum wenig beachtet. Seinen größten Erfolg feiert er 1918 mit *El señor de Pigmalión*. Seine späteren Werke sind im Exil entstanden.

Floeck (1990), Ruiz Ramón ([10]1995), Sáenz de la Calzada (1998), Díez Mediavilla (2003), Doménech Rico/Peral Vega (2003), Peláez Martín (2003).

Literatur

JACINTO BENAVENTE und das Salontheater

Der 1866 in Madrid geborene JACINTO BENAVENTE strebt zunächst eine juristische Karriere an, wendet sich dann aber dem Theater zu, für das er insgesamt etwa 170 Stücke verfasst. Er ist einer der repräsentativsten Dramatiker der ersten Hälfte des 20. Jhs.

Biografie

Neben seinem dramatischen Schaffen engagiert BENAVENTE sich politisch; 1917 wird er zum Abgeordneten gewählt. 1922 wird ihm der Nobelpreis für Literatur verliehen. 1948 wird er Präsident der *Asociación de Escritores de España*. BENAVENTE stirbt 1954.

Mit seinem 1894 uraufgeführten Stück *El nido ajeno* gelingt BENAVENTE ein großer Erfolg, der auf der Neuartigkeit der Dramaturgie beruht und der BENAVENTE für die nächsten drei Jahrzehnte zum unangefochtenen Publikumsliebling des Salontheaters macht. Neu ist in diesem Stück die realistische Gestaltung der Handlung, Figuren und Sitten sowie der elegant-ironische Konversationston, die das pathetische Theater JOSÉ ECHEGARAYS überwinden und den Einfluss IBSENS erkennen lassen.

Neuorientierung

Salontheater

Mit *El nido ajeno* begründet Benavente eine Gruppe von Stücken, die als Salontheater zu bezeichnen sind: Häusliche Konflikte enden nicht tragisch, sondern versöhnlich, und bestätigen vor allem die paternalistische Gesellschaftsstruktur.

Alta comedia

Die *alta comedia* spielt im aristokratischen oder großbürgerlichen Ambiente. In satirischem, aber letztlich versöhnlichem Ton werden die menschlichen Unzulänglichkeiten dieser Gesellschaftsschicht zum Gegenstand der Handlung gemacht: Ehebruch, Eifersucht, Eitelkeit, Oberflächlichkeit, Egoismus und Heuchelei.

Tragedias de ambiente

Als *tragedias de ambiente* gelten diejenigen Dramen Benaventes, in denen nicht mehr die spanische Oberschicht, sondern eine kosmopolitische Mittelschicht und deren Probleme behandelt werden, so z. B. in *La noche del sábado* (1903).

Drama rural

Neben der in Madrid situierten Salonkomödie verfasst Benavente zahlreiche Stücke, die im ländlichen Ambiente spielen und als *dramas de ambiente rural* bezeichnet werden. Gegenstand sind die Sitten des Landvolkes, die sowohl in der sprachlichen Präsentation als auch in der Figurenkonzeption regionale Besonderheiten widerspiegeln sollen. Das bekannteste *drama rural* ist die Tragödie *La malquerida* (1913), die um das – freilich universale – Thema des Inzests kreist: Raimunda und Acacia, Mutter und Tochter, lieben denselben Mann, nämlich Esteban, Raimundas Mann und Acacias Stiefvater. Aus diesem Dreiecksverhältnis entwickelt sich die tragische Handlung, die mit dem Tod endet: Hin und hergerissen zwischen der Liebe zu ihrer Tochter, deren Ehre sie bewahren will, und der Liebe zu ihrem Mann, dem sie verzeihen will, opfert sich Raimunda schließlich selbst.

Satire

Der zweite Schwerpunkt im Schaffen Benaventes liegt im Bereich der sozialkritischen Satire nach dem Muster der italienischen *commedia dell'arte*. Eines seiner bekanntesten Stücke ist *Los intereses creados* (publ. 1916). Die 1907 aufgeführte, vom Autor selbst im Prolog als Marionettenspiel bezeichnete Komödie enthält Figuren der italienischen *commedia dell'arte* (z.B. Polichinela, Colombina, Arlequín), steht aber auch in der Tradition der spanischen *comedia* des *Siglo de Oro* und deren typischer Figur des *gracioso*. Für Benavente sind die Figuren Marionetten, die aber wie Menschen handeln: Die beiden Gauner Leandro und Crispín – ein Nachfahre des *gracioso* – geben sich als reicher, vornehmer Herr und Diener aus, als sie in die Stadt kommen. Die Bürger der Stadt lassen sich täuschen und hofieren die beiden Betrüger, denen es gelingt, sich als kreditwürdig darzustellen, so dass sie verschiedene Geldgeschäfte machen können. Als ihr Schwindel auffliegt, sind sie aber unangreifbar, da alle Bürger in ihre Machenschaften verstrickt sind und deshalb eine Bestrafung der beiden Gauner verhindern wollen. So helfen sie alle Leandro, damit dieser die von ihm geliebte Tochter des reichen Polichinela heiraten kann, denn Polichinela soll alle Schulden bezahlen.

Das in einen Prolog und zwei Akte gegliederte Stück ist eine humorvolle Kritik am Bürgertum, die jedoch durch die Verlegung der Handlung ins 17. Jh. abgemildert wird.

Literatur

Pörtl (1966), Huerta Calvo/Peral Vega (2003).

Das Volkstheater: Carlos Arniches und die Brüder Álvarez Quintero

Género chico

Der Begriff *género chico* bezeichnet verschiedene dramatische Formen des Einakters und ist als Volkstheater definiert. Es spaltet sich in zwei Tendenzen auf: die *zarzuela* und das *sainete*. Mischformen existieren aber auch.

Die Neuheit des *género chico*, das im 18. Jahrhundert in den Stücken von Ramón de la Cruz (1731–1794) seinen Ursprung hat, besteht darin, dass erstmals das Volk zum Protagonisten von Theaterstucken erhoben wird. Da das Volk aber als ein fröhliches und glückliches bei seinen Volksfesten gezeigt wird, wird deutlich, dass dieser Blick auf das Volk von oben erfolgt, d.h. aus einer Perspektive der bürgerlichen Schichten, und dass es daher keine sozialkritische Komponente besitzt, sondern ausschließlich der Unterhaltung des bürgerlichen Theaterpublikums dient.

Zarzuela

Die *zarzuela* entspricht in etwa der Operette. Der Beginn des spanischen Musiktheaters ist mit Francisco Barbieris *zarzuela El barberillo de Lavapiés* (1894) anzusetzen. Protagonist der *zarzuela* ist das Volk; Orte der Handlung sind volkstümliche Viertel, Straßen und Plätze.

Sainete

Das *sainete* zählt dagegen zum Sprechtheater. Es geht auf den *entremés* des *Siglo de Oro* und die erwähnten Einakter von Ramón de la Cruz zurück. Im Unterschied zu den dramatischen Kurzgattungen des 17. und des 18. Jhs. ist das *género chico* jedoch nicht mehr nur „Füllsel", sondern eine eigenständige Gattung. Aufgrund ihrer Kürze werden jedoch mehrere, meist vier Stücke hintereinander gespielt. Nicht selten entstehen die Stücke in Zusammenarbeit mehrerer Schriftsteller. Die Brüder Álvarez Quintero sind ein Beispiel für eine überaus fruchtbare Kooperation, und auch Arniches hat viele Stücke in Teamarbeit mit anderen Dramatikern verfasst. Gegenstand des *sainete* sind Szenen aus dem spanischen Alltag, die in humorvoller Weise und mit viel Sprachwitz dargestellt werden.

Literatur

Romero Ferrer (2003).

Carlos Arniches

Biografie

Carlos Arniches y Barrera (1866–1943) stammt aus Alicante. Nach einer Bankausbildung wendet er sich der Literatur zu. Er emigriert während des Bürgerkriegs nach Argentinien und kehrt 1940 nach Spanien zurück.

Bedeutung

Arniches ist der Hauptvertreter des Madrider *sainete*. Er besetzt zugleich die Position zwischen dem realistischen Theater Benaventes, den costumbristischen, d. h. die Sitten und Gebräuche des Volks darstellenden *sainetes* der Brüder Álvarez Quintero und dem avantgardistischen Theater Jardiel Poncelas und Valle-Incláns. Seine Stücke enthalten auch hin und wieder Ansätze zu einer Gesellschaftskritik. Er hat etwa 60 Stücke allein und ca. 100 in Kooperation verfasst.

Im Unterschied zu den Brüdern Álvarez Quintero (s.u.) zeigt Arniches nicht das fröhliche Treiben des Volkes, sondern auch dessen Nöte, Mühen und Enttäuschungen. Insofern klingen bei Arniches regenerationistische (s. S. 10) und auch an die Generation von 98 erinnernde Gedanken an, so etwa in den unter dem Titel *Del Madrid castizo* (publ. 1917) zusammengestellten *sainetes*. Bei Arniches findet sich daher auch eine Kritik an der Trägheit und Willenlosigkeit (*abulia*) und der Ungebildetheit.

Tragicomedia grotesca

Eine dramaturgische Neuorientierung stellen die gesellschaftskritischen *tragicomedias grotescas* dar, die auf Valle-Incláns *esperpentos* und das Absurde Theater vorausweisen.

Arniches' bekannteste *tragicomedia grotesca* ist *La señorita de Trevélez* (1916). Die Hauptfigur Florita ist eine *solterona*, d. h. eine schon alternde unverheiratete Frau, die Opfer eines bösen Streichs müßiggängerischer *señoritos* wird: Ihr wird vorgegaukelt, der Don-Juanhafte Numeriano Galán liebe sie und wolle sich mit ihr verloben. Stattdessen stellt dieser jedoch ihrer Dienerin nach. Nach peinlichen Verwicklungen entzieht sich Numeriano feige der von ihm nicht gewollten Verlobung, während Florita als düpiertes und von allen verlachtes Opfer zurückbleibt. Arniches kritisiert hier den spanischen Machismus und die vermeintlichen Vertreter der Ehre, die am Ende aber als Feiglinge demaskiert werden. Die Figuren und die Handlung sind dem Don Juan-Mythos parodistisch nachgebildet und stellen dessen lächerliche Variante dar.

Literatur

Lentzen (1966), Strosetzki (1988), Ríos Carratalá (2003).

Die Brüder Serafín und Joaquín Álvarez Quintero

Biografie

Die Brüder Serafín (1871–1938) und Joaquín (1873–1944) Álvarez Quintero stammen aus Sevilla. Dort findet auch die Uraufführung ihres ersten gemeinsam verfassten Stückes *Esgrima y amor* (1888) statt. Nachdem sie in ihrer Heimat große Erfolge gefeiert haben, wird 1897 in Madrid erstmals ein Werk der Brüder aufgeführt: die *zarzuela La buena sombra*. Seit diesem Erfolg sind ihre Stücke auch in Madrid eine Konstante der Theaterspielpläne. Über vier Jahrzehnte schreiben die beiden Brüder ihre etwa 300 Stücke gemeinschaftlich; nach dem Tod SERAFÍNS setzt JOAQUÍN ÁLVAREZ QUINTERO seine Schreibtätigkeit allein fort, bringt die Stücke aber noch unter der Doppelautorschaft zur Aufführung.

Sparten

Die Protagonisten ihrer Stücke entstammen der Mittel- und Unterschicht, deren alltägliches Leben skizziert wird. Jedoch wird deutlich, dass die Darstellung eines immer fröhlichen, nie mit wirklichen Problemen kämpfenden Volkes in einer heilen Welt ein oberflächliches und vor allem geschöntes Bild Andalusiens vermittelt. Ihre bekanntesten Stücke sind *El patio* (1900) und *Las de Caín* (1908).

Drama andaluz

Neben ihren *sainetes* und *zarzuelas* haben die Brüder ÁLVAREZ QUINTERO das sogenannte *drama andaluz* (auch: *comedia andaluza*) geprägt, dessen andalusisches Lokalkolorit und Fröhlichkeit den Deckmantel für tragisch-sentimentalische Liebesabenteuer darstellen. Bekannte Stücke dieser Untergattung sind *Malvaloca* (1912) und *Cabrita que tira al monte* (1916).

Literatur

Ríos Carratalá (2003).

RAMÓN MARÍA DEL VALLE-INCLÁN und das *Esperpento*

Biografie

Zur Biografie VALLE-INCLÁNS s. S. 25.

Dramatiker

Bereits 1899 entstehen die ersten Theaterstücke VALLE-INCLÁNS. Mit *Cenizas* erlebt er einen Misserfolg, der zunächst seinen Rückzug vom Theater nach sich zieht, wenngleich er 1903 und 1904 Adaptionen von LOPES *Fuenteovejuna* und GALDÓS' *Marianela* vornimmt. Unter dem Einfluss der 98er-Generation schreibt VALLE-INCLÁN Komödien, die in aristokratisch-märchenhaftem Ambiente spielen.

Esperpentos

Nachdem in den drei Stücken der *Comedias bárbaras* (1907–1922) bereits erste Anklänge an eine grotesk-verzerrte Darstellungweise bemerkbar sind, vollzieht VALLE-INCLÁN 1920 mit *Divinas palabras* und *Luces de Bohemia* den Übergang zum *esperpento*.

Definition

Der Begriff *esperpento* bedeutet ‚groteske Figur', ‚Unsinn' und ‚Groteske' und enthält bereits die neuartige Ästhetik der VALLE-INCLÁNschen Theaterstücke. Das Verb *esperpentizar* bedeutet ‚grotesk darstellen' und ‚lächerlich machen', während *esperpéntico* mit ‚grotesk', ‚unsinnig' und ‚absurd' übersetzt wird.

VALLE-INCLÁNS überaus kritische Sicht auf die spanische Politik und Gesellschaft wird von ihm nicht in realistischer Ästhetik ausgedrückt, sondern mittels der grotesken Verzerrung der Realität, da auch die Realität nur noch eine Karikatur ihrer selbst sei.

In der 12. Szene von *Luces de Bohemia* (1920) finden sich folgende Definitionen des *esperpento* in den Worten der Hauptfigur Max Estrella:

El esperpentismo lo ha inventado Goya. Los héroes clásicos han ido a pasearse en el callejón del Gato. [...]
Los héroes clásicos reflejados en los espejos cóncavos dan el Esperpento. El sentido trágico de la vida española sólo puede darse con una estética sistemáticament deformada. [...]
España es una deformación grotesca de la civilización europea.
Las imágenes más bellas en un espejo cóncavo son absurdas. [...]
Mi estética actual es transformar con matemática de espejo cóncavo las normas clásicas.

Ästhetische Verfahren

In den vorstehenden Textauszügen sind bereits die wichtigen ästhetischen Verfahren genannt: die groteske Verzerrung klassischer Helden im Hohlspiegel, die verzerrte und ins Absurde deformierte Darstellung Spaniens, die groteske Verzerrung klassischer Dichtungsregeln. Hinzu kommen die Charakterisierung der Figuren als Hampelmänner oder Tiere sowie sprachliche Automatismen. Die Figuren sind oft auch nur Kollektive, die im Chor auftreten und häufig der Unterschicht entstammen: so z. B. Huren, Bettler, Betrüger. Bei VALLE-INCLÁN klingen zudem bereits filmische Techniken durch Aneinanderreihungen von Szenen an. Insgesamt nehmen VALLE-INCLÁNS *esperpentos* bereits Elemente des Absurden Theaters der 1950er und 1960er Jahre vorweg.

Inhaltliche Aspekte

Inhaltlich manifestiert sich VALLE-INCLÁNS Kritik an Spanien etwa im respektlosen Umgang mit und der Profanierung von religiösen Ritualen und Kultobjekten; Tabubrüche erfolgen durch die Darstellung erotischer Phantasien und des Ehebruchs.

Esperpentische Hauptwerke

Unter dem Titel *Comedias bárbaras* (1907–1922) sind drei Theaterstücke zusammengestellt: *Aguila de blasón* (1907), *Romance de lobos* (1908) und *Cara de plata* (1922). Chronologisch gesehen bildet *Cara de plata* den Ausgangspunkt für die Schilderung des Niedergangs der galicischen Adelsfamilie Montenegro. Anhand der Brutalität und moralischen Depraviertheit, die das Familienoberhaupt Don Juan Manuel und dessen Söhne charakterisieren, wird die Abkehr von der ästhetizistischen, verfeinerten Welt der *Sonatas* (s. S. 25f.) deutlich.

Divinas palabras

Divinas palabras ist ein Schauspiel in drei Akten mit dem Untertitel „tragicomedia de aldea“, das 1920 erscheint und 1933 in Madrid im

Teatro Español uraufgeführt wird. Zusammen mit *Luces de Bohemia* markiert es den Übergang zum avantgardistischen Theater und zum *esperpento.*

In drei Akten, die streng symmetrisch aufgebaut sind (5 Szenen / 10 Szenen / 5 Szenen), entrollt sich im ländlichen Galicien eine groteske Handlung, in der monströse, teuflische und moralisch vollkommen verrohte und entmenschlichte Figuren auftreten: Nach dem Tod seiner Mutter, einer Säuferin, kommt der geistig behinderte, optisch monströs aussehende „El Hijo Idiota" abwechselnd in die Obhut seiner Tanten. Während seine Tante Mari-Gaila sich mit dem Gaukler Séptimo Miau einlässt, töten Jahrmarktsbesucher ihn. Mari-Gaila beauftragt ihre Tochter, den toten Neffen auf einem Karren vor dem Haus der anderen Tante abzustellen. Doch diese bringt den Leichnam zurück, so dass Mari-Gailas Tochter sich mit dem Toten vor die Kirche stellt und bettelt. Zur Strafe für ihren Ehebruch soll Mari-Gaila, die zuvor „toda blanca y desnuda" auf einen Heuwagen durch die Stadt gefahren wurde, gesteinigt werden. Doch als ihr Ehemann, der sich vom Kirchturm in den Tod stürzte und auf dem Pflaster aufschlug, wieder lebendig wird, betritt die unbekleidete Mari-Gaila mit ihm die Kirche wie zu einer Trauung, wo ihnen der Totenschädel des „Idiota" erscheint.

In grotesker Verzerrung attackiert VALLE-INCLÁN die katholische Prägung seiner galicischen Heimat.

Luces de Bohemia

Auch das im selben Jahr erscheinende Schauspiel *Luces de Bohemia* markiert den Übergang zum *esperpento*. Die oben zitierten fundamentalen Aussagen zur esperpentischen Ästhetik stammen von dem Protagonisten Max Estrella, der kurz vor seinem Tod die Definition des *esperpento* formuliert.

Im Zentrum dieses in 15 Szenen strukturierten Stationendramas, das auf die Passion Christi anspielt, steht der blinde Schriftsteller Max Estrella, dessen Niedergang und tragischer Tod dargestellt werden.

Im zeitgenössischen Madrid spielend, und, nach einer Überarbeitung im Jahre 1924, konkret auf politische Ereignisse Bezug nehmend, zeigt VALLE-INCLÁN hier ein grotesk verzerrtes Bild der Madrider Gesellschaft und Künstlerszene und ihrer Typen.

Zusammen mit seinem letzen Weggefährten Don Latino, einem skrupellosen Schmarotzer, zieht Max durch das nächtliche Madrid und versäuft seine letzte Habe, bis er im Morgengrauen vor seiner Haustür zusammenbricht und stirbt. Als sich herausstellt, dass ein Lotterielos, an dessen Gewinn Max nicht mehr geglaubt hatte und das Don Latino an sich nimmt, der Hauptgewinn ist, ist Max bereits tot und seine Frau und Tochter haben Selbstmord begangen.

Martes de carnaval

Unter diesem Titel fasst VALLE-INCLÁN 1930 drei *esperpentos* zusammen, die zwischen 1921 und 1926 entstanden sind. Mit ihnen ist der

Übergang zur esperpentischen Dramenästhetik vollzogen. Weitere Aspekte, wie etwa ein parodistischer Umgang mit Dramentraditionen, eine antimimetische Ästhetik und metaliterarische Kommentare sowie die Konzeption der Figuren als Marionetten und Hampelmänner – sie werden auch als „Schatten", „Haufen" oder „Bündel" bezeichnet –, auf die der avantgardistische Dramatiker aus der Höhe herabblickt, werden anhand der drei *esperpentos* reflektiert.

Der *Esperpento de las galas del difunto* nimmt konkret Bezug auf das *desastre* von 1898. Der Kriegsheimkehrer Juanito verliebt sich in die Prostituierte La Daifa, die von ihrem Vater, dem Apotheker, verstoßen wurde, weil sie ein Kind erwartet. Einen Brief, den La Daifa ihrem Vater zur Aussöhnung schreibt, steckt der Vater ungelesen in die Tasche. Als er kurz darauf – in einer grotesken Szene – einen Schlaganfall erleidet und stirbt, wird er mit seinem Anzug begraben. Juanito gräbt den Leichnam aus, zieht dessen Kleider an und stattet La Daifa einen Besuch im Bordell ab, wo er unter allgemeinem Gelächter den Brief vorliest.

Der *Esperpento de los cuernos de don Friolera* ist eine Parodie auf SHAKESPEARES Tragödie *Othello*, das Ehrendrama CALDERÓNS und das romantische Theater. Angestachelt von den Verleumdungen einer alten Jungfer (*solterona*), soll der Protagonist – Don Friolera genannt – ein angebliches Verhältnis seiner Frau aufdecken und die Rolle des eifersüchtigen Ehemanns spielen, der den Ehrverlust rächen und seine verlorene Ehre wiederherstellen soll. Widerwillig beugt sich Don Friolera den gesellschaftlichen Konventionen und dem Ehrenkodex der Öffentlichkeit. Als er seine Frau erschießen will, trifft er seine Tochter und endet als Gefangener. Don Friolera wird damit die Rolle als tragischer Held versagt. Das Stück ist betont antimilitaristisch.

Gegenstand des *Esperpento de la hija del capitán* ist der Putsch des Generals PRIMO DE RIVERA, mit dem dieser 1923 die Macht an sich gerissen hatte. Der Staatsstreich wird hier als Folge von Erpressungen und Intrigen einer jungen Frau dargestellt, die verhindern will, von ihrem Vater als Geliebte an den General verschachert zu werden. Als sie nach gelungener Intrige mit ihrem Geliebten fliehen will, hört sie die Rede des Königs Alfons XIII., der den Staatsstreich mit der hochtrabenden Rhetorik von Vaterland und Ehre zu legitimieren sucht. Ziel der Satire sind vor allem die Vertreter des Militärs, allen voran der putschende General, und der König als oberster Repräsentant der Monarchie, deren moralische Korrumpiertheit und pathetische, leere Rhetorik entlarvt werden.

Mit diesen avantgardistischen Stücken und seiner esperpentistischen Ästhetik trägt VALLE-INCLÁN Wesentliches zum modernen Theater bei.

Rezeption

Der Spanische Bürgerkrieg und vor allem die Kulturpolitik des Franquismus haben bis in die 1970er Jahre eine weitreichende Rezeption der Theaterstücke VALLE-INCLÁNS verhindert. Erst in den 1960er Jahren beginnen Studenten- sowie Kammer- und Versuchstheater langsam, die offiziell verbotenen bzw. stark von der franquistischen Zensur verstümmelten Dramen des Autors aufzuführen (s. S. 104–107).

Literatur

Zamora Vicente (1969), Cardona/Zahareas (1970), Lyon (1983), Floeck (1987), Berg (1988), Wentzlaff-Eggebert (1988 a, 1988 b), Huerta Calvo/Peral Vega (2003).

FEDERICO GARCÍA LORCA

Bedeutung

FEDERICO GARCÍA LORCA ist der international bekannteste spanische Dramatiker. Seine herausragende Bedeutung als avantgardistischer Dramatiker kann kaum überschätzt werden (zur Biografie und Lyrik s. S. 30–33). Mit seiner neuartigen Dramenästhetik, die Musik, Gesang und Tanz integriert, und mit seiner Kritik am veralteten Moral- und Ehrenkodex eines rückständigen und noch feudal geprägten Andalusien schafft GARCÍA LORCA mehrere Meisterwerke des spanischen Theaters des 20. Jhs.

Konzept des geschlossenen Raumes

LORCAS Theater ist von der Konzeption des geschlossenen Raumes geprägt („teatro del huis-clos“, Ruiz Ramón 1978: 195–214). Dieser geschlossene Raum verweist auf die Situation des Gefangenseins, des Eingeschlossenseins, der Unmöglichkeit zu freien Entscheidungen, der Unterdrückung und der Abhängigkeit von der öffentlichen Meinung (*opinión*). Opfer dieser Raumkonzeption sind insbesondere junge, unverheiratete Frauen, deren Leben und Liebe von der *opinión* bestimmt wird, was schließlich zum tragischen Ausgang führt.

Erneuerung des Theaters

LORCAS Bemühungen richten sich vor allem auf eine Erneuerung dramatischer Ausdrucksweisen, die sich sowohl auf den dramatischen Text als auch auf das Spiel der Schauspieler beziehen.

Im Kontext der Generation von 1927 entwickelt sich auch LORCAS Anliegen, ein formalästhetisch innovatives Theater mit gesellschaftlichem und politischem Engagement zu verknüpfen.

Dramen

LORCAS dramatisches Gesamtwerk umfasst zahlreiche dramatische Entwürfe und unvollendete Stücke, Librettos, einige Farcen, drei Szenen (*Teatro breve*, 1928 publ.) und einige Stücke, die verloren sind. Im Folgenden werden seine bekanntesten Dramen behandelt.

Ästhetische Vielfalt

Die chronologisch ersten Stücke LORCAS belegen bereits die thematische und ästhetische Vielfalt. Während die drei vermutlich um 1926 entstandenen, 1928 dann unter dem Titel *Teatro breve* veröffentlichen Szenen LORCAS Begeisterung für das Kino und den Surrealismus verdeutlichen, ist die „romance popular“ *Mariana Pineda* (UA 1927) ein Geschichtsdrama über die andalusische Freiheitskämpferin des 19. Jhs.

LORCAS Bestreben, nach dem Erfolg seiner Zigeunerromanzen vom Surrealismus und vom Kino neue ästhetische Impulse zu erhalten, zeigt auch sein surrealistisches, stark symbolisch aufgeladenes Drama *Así que pasen cinco años* (1929/1939), in dem in Traumbildern das Vergehen der Zeit bzw. die Zeitlosigkeit sowie die Unfähigkeit des Protagonisten, mit der Realität umzugehen, gezeigt werden.

Die zwischen 1929 und 1930 entstandene und in New York vollendete „farsa violenta" *La zapatera prodigiosa* (UA 1930) belegt durch die Integration von Gesang und Tanz den intermedialen Charakter LORCAscher Dramatik und enthält bereits Themen, die LORCA in seinen späteren Dramen (s. u.) nicht mehr komödienhaft behandelt: die unglückliche oder unerfüllte Liebe, Ehre und Ehrverlust, der Druck der öffentlichen Meinung (*opinión*) und die ungewollte Kinderlosigkeit.

El público

LORCA hat das surrealistische „drama en cuadros" *El público* im Jahre 1931 abgeschlossen, es anschließend aber mehrfach überarbeitet und als im Grunde unaufführbar bezeichnet. Das unvollendete Drama besteht aus sechs Bildern, wobei das vierte Bild nicht existiert. *El público* ist Metatheater über die soziale Funktion des Theaters und die Freiheit zum Tabubruch. Ziel des Stückes ist die grundlegende Erneuerung des spanischen Theaters, in dem LORCA bis dahin nur die Reproduktion gesellschaftlicher Konventionen sah: Rollenspiel und das Tragen von Masken sind im Leben wie im Theater Schutz und Zeichen von Inauthentizität. Das Herunterreißen der Maske bedeutet dagegen, die eigene Identität und Freiheit zu finden, was von der Figur Gonzalo verkörpert wird. Das zweite Hauptthema ist die individuelle Freiheit zu lieben – das Thema der Homosexualität wird im Stück mehrfach angesprochen – und das damit verbundene Überschreiten sozialer, insbesondere bürgerlicher Moral- und Wertvorstellungen. Das titelgebende Publikum ist nur in den Diskussionen der verschiedenen Figurengruppen der einzelnen Bilder präsent.

Amor de Don Perlimplín

Das „aleluya erótico" *Amor de Don Perlimplín con Belisa en su jardín* (entstanden zwischen 1923 und 1929) knüpft an Motive der Mantel-und-Degen-Stücke des *Siglo de Oro* an: Ehre, Eifersucht und Ehrverlust, verbunden mit dem Motiv der Verwechslung, doch wandelt LORCA diese Tradition durch das Umkippen der Handlung ins Märchenhafte, Groteske und schließlich Tragische fundamental ab.

Der alte Perlimplín heiratet die junge und schöne Belisa, der schon in der Hochzeitsnacht von fünf Liebhabern nachgestellt wird. Am nächsten Morgen erscheint Perlimplín daher als gehörnter Ehemann. Zudem muss er von Belisa erfahren, dass sie unsterblich in einen unbekannten und unsichtbaren Mann verliebt ist, der sich mit ihr im Garten treffen will. Perlimplín will deshalb seine Ehre retten und den Nebenbuhler töten. Er geht in den Garten, und wenig später erscheint der fremde Liebhaber mit einem Dolch in der Burst. In den Armen Belisas sterbend, gibt sich Perlimplín in seiner Doppelrolle zu erkennen. Sein Selbstmord beruht auf der Erkenntnis, dass Belisa ihn als Perlimplín nie geliebt hätte, ihn nun aber als den unsichtbaren Liebhaber ewig lieben wird.

Die andalusischen Frauentragödien

In den Jahren von 1932 bis 1936 entstehen die drei andalusischen Frauentragödien, die Lorcas Weltruhm begründen. *Bodas de sangre* (1932–1933) ist das chronologisch erste Drama dieser Gruppe; *La casa de Bernarda Alba* entsteht zwischen 1933 und 1936 (Lorca vollendet es kurz vor seiner Ermordung), und *Yerma* entsteht 1933/1934.

Zwischen diesen drei Tragödien schreibt Lorca das „poema granadino del novecientos" *Doña Rosita la soltera* (1935), in dem der langsame Alterungsprozess einer unverheirateten Frau (*soltera*) dargestellt wird, jener typischen *solterona* also, die schon Arniches in *La señorita de Trevélez* (1916) dargestellt hatte (s. S. 42). Bei Lorca steht aber ein vollkommenen anderer Aspekt im Vordergrund. Das Vergehen der Zeit ist deutlich sichtbar an der äußerlichen Veränderung der alternden Frau – symbolisiert durch das Auf- und Verblühen der Rose –, während ihr inneres Zeitempfinden und ihr Gefühlsleben dazu in scharfem Kontrast stehen. Durch den Kontrast macht Lorca deutlich, dass Rosita in den Augen der Leute – den Repräsentanten der *opinión* – eine alternde Jungfer ist, nicht aber in ihren eigenen Augen, da sie sich ihre Träume und Illusionen bewahrt hat.

In allen drei folgenden Dramen verwendet Lorca ähnliche inhaltliche und ästhetische Elemente: Die Tragödien spielen im alltäglichen Leben und behandeln die unglückliche und unerwiderte Liebe, die unterdrückte weibliche Sexualität, die Leidenschaften und deren zerstörerische Macht, Untreue, Eifersucht und Rache sowie den Druck sozialer Normen und der öffentlichen Meinung (die oben mehrfach erwähnte *opinión*) und schließlich die individuelle Rebellion gegen diese Normen, die meistens mit dem Tod endet. Prägend ist auch die oben genannte Raumkonzeption des *huis-clos*. Symbole, die schon in Lorcas *Romancero gitano* (s. S. 31f.) dominieren, kehren in den Dramen wieder: Stier, Pferd, Messer, Blut und der Mond. Auch die volkstümliche Liedtradition findet Eingang in die Stücke.

Bodas de sangre

Bodas de sangre ist in drei Akte und sieben Bilder strukturiert. Der erste Akt zeigt die Vorgeschichte: Am Tage ihrer Hochzeit flieht die Braut mit ihrem früheren Geliebten Leonardo, der inzwischen ebenfalls verheiratet ist. Eine Verbindung zwischen den Liebenden wurde von der Familie der Braut wegen der Armut Leonardos verhindert, zudem hat Leonardo aus Rache den Bruder und Vater des Bräutigams ermordet. Durch die Flucht der beiden in den Wald bricht die Familienfehde erneut auf. Im Duell sterben der Bräutigam und Leonardo.

In dieser Tragödie alternieren Vers und Prosa: Neben den Figuren, deren Dialoge in Prosa verfasst sind, treten allegorische Figuren wie der Mond und der Tod auf, deren Worte in Versform gekleidet sind. Das Lied *„Nana, niño, nana/del Caballo grande ...“* nimmt die Tragödie im Symbol des tödlich verwundeten Pferdes und des Messers vorweg.

LORCA übt hier eine scharfe Kritik an der Rückständigkeit der noch feudal geprägten andalusischen Gesellschaft und deren patriarchaler Struktur. Trotz der erkennbaren historischen, sozialen und geografischen Verankerung der Handlung und Figuren besitzt *Bodas de sangre* eine archaisch-mythische Dimension, deren Harmonie durch die stattfindende Hochzeit zweier junger Menschen, die sich nicht lieben, zerstört wird und die im Tod enden muss.

La casa de Bernarda Alba

Der Untertitel von *La casa de Bernarda Alba* lautet „drama de mujeres en los pueblos de España“, wodurch bereits die Reichweite der Kritik an veralteten Moralvorstellungen und sozialen Konventionen deutlich wird. Das titelgebende Haus der Witwe Bernarda Alba gleicht einem Gefängnis, denn die Türen und Fenster sind vernagelt. In diesem als hermetisch verriegelter, abgeschlossener Raum (*huis-clos*) konzipierten Haus hält Bernarda Alba seit dem Tod ihres Mannes ihre fünf Töchter, ihre Mutter und ihre Mägde wie Gefangene. Bernarda herrscht in diesem klaustrophobischen Raum wie eine Despotin. Den Konventionen zufolge hat Bernarda ihre älteste und hässlichste Tochter Angustias – es handelt sich hier um einen sprechenden Namen – mit dem jungen Pepe el Romano verlobt. Doch die schöne jüngste Tochter Adela rebelliert gegen das grausame und unmenschliche Regiment der Mutter, denn sie und Pepe lieben sich. Als ihre Liebe entdeckt wird und ihr ihre Schwester Martirio – auch dies ein sprechender Name – aus Missgunst vorlügt, die Mutter habe Pepe auf der Flucht erschossen, erhängt Adela sich. Bernarda befiehlt daraufhin, die wahren Gründe für Adelas Tod zu verschweigen (*callar*), um die Ehre der Familie zu retten. Das Drama endet mit Bernardas Worten:

¡Silencio! [...] ¡A callar he dicho! [...] ¿Me habéis oído? Silencio, silencio, he dicho ¡silencio!

Auch mit diesem dreiaktigen Drama kritisiert LORCA die rückständigen Denkstrukturen und die moralische Heuchelei. Indem Bernarda ihre Töchter unterdrückt und sie als Gefangene hält, schafft sie eine erstickende Situation unterdrückter Leidenschaften. Ihr Befehl des Schweigens (*callar*) wird zum Schlüsselbegriff ihrer Herrschaft über die anderen Frauen. Bernarda Alba verkörpert mit unerbittlicher Härte die Tradition und die überholten Moral- und Wertvorstellungen, die zu der bedrückenden Situation der Frau in dieser rückständigen Gesellschaft führen.

Mit dem dreiaktigen „poema trágico" *Yerma* schafft LORCA die Tragödie der kinderlosen Frau, deren Schicksal schon in ihrem – ebenfalls sprechenden Namen – enthalten ist: *yermo* bedeutet ‚unfruchtbar' und ‚öde'. Als sich herausstellt, dass Yerma nach einigen Jahren Ehe mit Juan kein Kind bekommen wird, wird sie von der Dorfgemeinschaft – jenen Repräsentanten der *opinión* – verlacht und schließlich geächtet. Obwohl Juan zeugungsunfähig ist, wird Yerma durch ihren unerfüllten Kinderwunsch das Opfer der Anfeindungen und dem von paternalistischen Strukturen geprägten Denken der Dorfgemeinschaft.

Yerma

Obschon LORCA weltweit als einer der wichtigsten spanischen Dramatiker des 20. Jhs. gilt, sind seine Werke während der FRANCO-Diktatur verboten, da LORCA aufgrund seines Engagements für die Republik und aufgrund seiner Homosexualität zu den Hauptfeinden des Franquismus stilisiert wurde.

Rezeption während der Diktatur

Edwards (1983), Floeck (1988), Neuschäfer (1988; 1991: 10–37), Vitale (1991), Harretche (2000; 2003).

Literatur

8 Die Erzählprosa

Überblick und Einordnung der schon behandelten Autoren

Die ersten Jahrzehnte des 20. Jhs. sind vom Romanschaffen der Generation von 1898 geprägt. Die erzählerischen Werke UNAMUNOS, BAROJAS, AZORÍNS und VALLE-INCLÁNS sind daher bereits dargestellt worden. Auch die originelle Erfindung RAMÓN GÓMEZ DE LA SERNAS, die *greguería*, ist schon erläutert worden (s. S. 15f.). Erwähnung fand auch bereits die Auseinandersetzung mit dem Don Juan-Mythos bei PÉREZ DE AYALA, der zur Generation von 1914 und zum Umfeld ORTEGA Y GASSETS gehört (s. S. 26f.), dessen Romane aber hier noch einer näheren Betrachtung unterzogen werden.

Überblick und Einordnung

Mainer ([4]1987), Lough (2000).

Literatur

RAMÓN PÉREZ DE AYALA

RAMÓN PÉREZ DE AYALA (1880–1962) studiert Jura in Oviedo. 1928 wird er Mitglied der spanischen Akademie, von 1931–1936 ist er Botschafter in London. Er gehört zur *Generación del 14* und gründet zusammen mit ORTEGA Y GASSET 1936 eine republikanische Partei. Während des Bürgerkriegs lebt er in Argentinien, bis er 1954 nach Madrid zurückkehrt. Sein Hauptwerk ist vor 1926, also vor seiner politischen Karriere, entstanden.

Biografie

Romane

Pérez de Ayalas erster Roman, *Tinieblas en las cumbres* (1907), befindet sich in gedanklicher Nähe zu den Romanen der 98er-Generation, etwa Azoríns *La voluntad,* Barojas *El árbol de la ciencia* und Unamunos *Niebla* (s. S. 19–23). Die existentielle Problematik, die hier am Protagonisten Alberto Díaz de Guzmán aus der fiktiven Stadt Pilares (gemeint ist Oviedo) festgemacht wird, durchzieht auch weitere Romane Pérez de Ayalas, in denen dieser Protagonist auf seinem Lebensweg dargestellt wird, so *La pata de la raposa* (1912) und *Troteras y andanzas* (1912). Im letztgenannten Roman präsentiert der Autor auf humorvolle, bisweilen auch beißend ironische Weise die Madrider Intellektuellen- und Künstlerszene, zu der Alberto sich Zugang verschafft. In einigen Romanfiguren sind Valle-Inclán, Ortega, Baroja und Benavente wiederzuerkennen.

Pérez de Ayalas chronologisch zweiter Roman *A.M.D.G.* (1910) ist eine satirische, autobiografisch geprägte Darstellung der Erziehungsmethoden religiöser Ordensschulen, insbesondere der Jesuiten, auf die der Titel verweist (A.M.D.G. bedeutet „ad maiorem Dei gloriam" und ist der Wahlspruch der Jesuiten).

Belarmino y Apolonio

Der 1921 publizierte Roman *Belarmino y Apolonio* gilt als Pérez de Ayalas bester Roman, dessen humorvoll-groteskes Geschehen, dessen Erzähler, der auch als Figur der Handlung auftritt, und dessen skurrile Figuren Elemente enthalten, die zeitgleich in den von Valle-Inclán verfassten *esperpentos* zu finden sind. Protagonisten sind die beiden außergewöhnlichen Schuster Belarmino und Apolonio in Pilares. Eigentlich ist Belarmino Philosoph, denn er verkörpert das abstrakte Denken, während Apolonio Dramatiker ist. Ihre Kinder lieben sich, doch eine glückliche Zusammenführung des Paares und eine Errettung der Väter aus einem Armenhaus erfolgt erst am Ende des Romans.

Die beiden Schuster verkörpern zwei entgegengesetzte Weltanschauungen. Der Roman führt vor, wie die zwei Schuster, die sich anfangs hassen, schrittweise lernen, einander zu verstehen und sich schließlich aussöhnen. Insofern steht am Ende des Romans die Einsicht, dass die von den beiden Schustern verkörperten, konträren Positionen sich letztlich doch gegenseitig ergänzen und zusammengehören.

Tigre Juan

Die beiden letzten Romane *Tigre Juan* und *El curandero de su honra* (beide 1926) sind Pérez de Ayalas Meisterwerke. Im Namen der Hauptfigur Tigre Juan verbinden sich dessen Charaktereigenschaften. Tigre Juan verließ Ende des 19. Jhs. Pilares, weil er angeblich seine erste Frau ermordet hatte. Er ging auf die Philippinen, wo er wieder heiratete. Als er seine Frau in einer kompromittierenden Situation antraf, verließ er sie, weil er seine Ehre verletzt sah. Tigre Juan kehrte nach Pilares zurück, wo er sich zu einem Frauenhasser entwickelte. Jahre später erhält er einen Brief, in dem ihm mitgeteilt wird, dass seine – unschuldige – Frau inzwischen aus Gram gestorben ist. Daraufhin verschwindet sein Frauenhass und er heiratet die junge Herminia, die ihm aber auch scheinbar untreu wird, so dass Tigre Juan aus Sorge über den erneuten Ehrverlust Selbstmord begehen will. Doch sein Adoptivsohn verhindert dies. Am Ende des Romans wiegt Tigre Juan, der sich mit der Situation abgefunden hat, seinen neugeborenen Sohn in seinen Armen. PÉREZ DE AYALA rekurriert hier auf den Don Juan-Mythos von TIRSO DE MOLINA und auf das Ehrendrama CALDERÓNS, die er jeweils ironisch bricht und damit eine in Ansätzen mythenzerstörende Behandlung des Mythos vorlegt.

Literatur

Amorós (1972), Matas (1974), P. H. Fernández (1981; 1982).

JUAN RAMÓN JIMÉNEZ

Platero y yo

Bei der Darstellung der *poesía pura* von JUAN RAMÓN JIMÉNEZ ist bereits auf dessen Prosaelegie *Platero y yo* verwiesen worden (s. S. 28). Aufgrund der lyrischen Stimmung und Sprache gilt *Platero y yo* als eines der Meisterwerke der spanischen Prosa des 20. Jhs.

Eine erste, unvollständige Fassung des Textes ist bereits 1914 entstanden. 1917 folgt die endgültige Fassung. *Platero y yo* markiert einen Wendepunkt in der schriftstellerischen Karriere des Autors.

Das in 183, mit Titeln versehene kurze Abschnitte gegliederte Buch erzählt das Leben, die Krankheit und den Tod des kleinen Eselchens Platero. Die Geschichte von Plateros Leben folgt einem Jahreszeitenzyklus. Innerhalb dieser Zeitspanne entfaltet der Dichter die rührende Freundschaft mit dem Eselchen, das er auf seinen Spaziergängen durch eine idyllische Natur mitnimmt. Während ihrer Wanderungen spricht der Dichter mit Platero, teilt ihm seine Beobachtungen und Eindrücke mit und kommentiert das Erlebte. Sie treffen und beobachten zahlreiche Tiere (Vögel, Hunde, Pferde, Esel), besuchen kirchliche und weltliche Feste und erkunden literarisch bedeutsame Orte. Sie treffen dabei auch häufig auf Kinder, denen die Sympathie des Dichters gehört.

Literatur

Broggini (1965), Altisent (1985/1986).

GABRIEL MIRÓ

Biografie

GABRIEL MIRÓ FERRER (1879–1930) stammt aus Alicante. Nach einer Jesuitenerziehung in Orihuela und einem Jurastudium ist MIRÓ Angestellter der Stadtverwaltung in Barcelona und in Madrider Ministerien.

Technik

Es herrscht Einigkeit darüber, dass Mirós erzählerische Meisterschaft in seiner Prosatechnik liegt: in seinen subtilen, kunstvollen synästhetischen Beschreibungen der Landschaften, Dörfer und Städte seiner andalusischen Heimat und in der Musikalität seiner Sprache. Die Handlung tritt in seinen Romanen in den Hintergrund. Miró, der etwa seit der Jahrhundertwende schriftstellerisch tätig ist, hat ein umfassendes Prosawerk – bestehend aus Romanen, Erzählungen und Memoiren – geschrieben.

In dem autobiografisch inspirierten Roman *Niño y grande* (1909) behandelt Miró eine ähnliche Problematik wie Unamuno in *Abel Sánchez,* Baroja in *El árbol de la ciencia* und Azorín in *La voluntad* (s. S. 19–23). In *Las cerezas del cementerio* (1910) beschreibt er das Liebesabenteuer eines dekadenten jungen Mannes, das ihn vorübergehend aus seiner *abulia* reißt, schließlich aber zu seinem Tod führt.

Hauptwerke

Die Romane *Nuestro Padre San Daniel* (1921) und dessen Fortsetzung *El obispo leproso* (1926) bilden eine Einheit und sind thematisch durch den Untertitel des ersten Romans „Novela de capellanes y devotos" verbunden. Beide Romane spielen in der fiktiven Provinzstadt Oleza, die aber als Orihuela zu entschlüsseln ist. Das Leben in Oleza ist vollständig vom Klerus bestimmt, der die verkrusteten Denkstrukturen und ultrakonservativen Moral- und Wertvorstellungen zu perpetuieren weiß. Die Religion dominiert auch optisch das Leben in Oleza durch die vielen Kirchen, Klöster und vor allem das im Dom befindliche wundertätige Bildnis Sankt Daniels. Dieses Bildnis, das auf die Bewohner herabblickt, und der Bischof haben die Bewohner der Stadt fest in ihrem Griff. Doch Miró zeigt anhand seiner Figuren auch, dass hinter der Fassade einer vom katholischen Glauben bestimmten Lebensführung des Klerus und der Obrigkeit Laster und menschliche Unvollkommenheiten wie Intoleranz, Heuchelei, Neid und Hass regieren und eine erstickende Atmosphäre schaffen. Die notwendige Freiheit für den Einzelnen, sich selbst zu verwirklichen, existiert in Oleza nicht.

Standen im ersten Roman Paulina Egea und ihre unglückliche Ehe im Vordergrund, so ist es im zweiten Roman Paulinas Sohn Pablo. Er ist der einzige, der durch eine Liebesbeziehung einen gewissen Wandel durchlebt.

Das Festhalten an den veralteten Denkstrukturen spiegelt sich in der Erzählstruktur wider, denn statt einer Handlung, die eine wie auch immer geartete Veränderung mit sich bringen könnte, zeigt Miró den Stillstand, indem er nuanciert, impressionistisch und metaphernreich den immergleichen Zustand in Oleza beschreibt.

Literatur

Barbero (1974), Miller (1975), Landeira (1978).

Die *novela social*

Gattung

In Abkehr von der nicht gesellschaftsbezogenen Literatur entsteht in den 1920er Jahren in Spanien eine Romangattung – die *novela social* –, die sich zu den ausgebeuteten Industrie- und Landarbeitern hinwendet und deren katastrophale Lebensbedingungen realistisch darstellt. Die Romane dieses *realismo social* sind Ausdruck des Kampfes gegen die soziale Ungerechtigkeit; damit einher geht die Forderung nach mehr Rechten für die Arbeiter und Bauern. Ziel der Romane ist ein gesellschaftlicher Wandel, der auf eine Revolution folgen soll.

Dieser *realismo social* wird auch als *nuevo romanticismo* bezeichnet, wie es der Essay *El nuevo romanticismo* (1930) von JOSÉ DÍAZ FERNÁNDEZ belegt, in dem der Autor ein soziopolitisches Engagement einfordert (s. S. 14). Höhepunkt des sozial engagierten Romans sind die Jahre von 1927 bis 1936.

Autoren

Neben ARCONADA und ARDERÍUS, die im Folgenden behandelt werden, gehören der genannte JOSÉ DÍAZ FERNÁNDEZ (1898–1940), ANDRÉS CARRANQUE DE RÍOS (1902–1936) und MARÍA TERESA LEÓN (1903–1988) zu den bekannten Vertretern des *realismo social.*

Literatur

Gil Casado (1968), Pedraza Jiménez/Rodríguez Cáceres (1991: 456–508).

CÉSAR M. ARCONADA

Biografie

Einer der Hauptvertreter des realistischen sozialen Romans ist CÉSAR M.[UÑOZ] ARCONADA (1898–1964). Nachdem er zunächst der Avantgarde nahe stand und Chefredakteur von *La Gaceta Literaria* war – jener von ERNESTO GIMÉNEZ CABALLERO gegründeten, ab 1929 von ihm für faschistische Propaganda genutzten Kulturzeitschrift (s. S. 16, 57) –, orientierte ARCONADA sich nach links und tritt 1931 dem PCE bei. 1933 gründet er mit RAFAEL ALBERTI (s. S. 16, 33) und MARÍA TERESA LEÓN *Octubre*, die Kulturzeitschrift der Kommunistischen Partei. 1936 ist er Kreigsberichterstatter und gehört zur Leitung des *Socorro rojo español;* er ist auch Mitglied des Zentralkomitees des PCE. ARCONADA emigriert 1940 nach Moskau, wo er als Verleger tätig ist und 1964 stirbt.

In seinen Romanen, die während der Zweiten Republik spielen, reflektiert ARCONADA die jahrhundertealten sozialen Probleme Spaniens und die Spaltung des Landes in ein traditionalistisch-katholisch-konservatives und ein progressiv-modernes Lager.

La turbina

1930 erscheint ARCONADAS Roman *La turbina*. Um die Metapher „luz" (auch im Sinne der Aufklärung: span. *Siglo de las luces*) konstruiert ARCONADA den Zusammenprall von moderner Technik – dargestellt anhand der Turbine, die Elektrizität, also Licht in das Dorf bringen soll – und rückständiger und vergangenheitsorientierter Landbevölkerung, die einer Modernisierung hartnäckig entgegensteht.

Ähnlich argumentiert ARCONADA ist *Los pobres contra los ricos* (1933). Hier inszeniert der Autor den Klassenkampf zwischen ausbeuterischen Feudalherren und armen Landarbeitern im Übergang von der Militärdiktatur zur Zweiten Republik. Die im Roman dargestellte Spaltung in die *dos Españas*, die im vorliegenden Band schon mehrfach thematisiert wurde und die auf den jahrhundertealten Konflikten beruht, präfiguriert bereits den Spanischen Bürgerkrieg.

JOAQUÍN ARDERÍUS

Biografie

JOAQUÍN ARDERÍUS (1890–1969) stammt aus Murcia. Nach Abbruch seines Ingenieurstudiums lebt er in Madrid, wo er journalistisch tätig ist. Er engagiert sich politisch gegen die Diktatur PRIMO DE RIVERAS und wird 1923 und 1929 inhaftiert. 1931 wird er Mitglied der Kommunistischen Partei. Während des Bürgerkriegs ist er Präsident des *Socorro rojo internacional.* Nach dem Krieg geht er ins Exil nach Frankreich und Mexiko.

Hauptwerke

Zwischen 1915 und 1934 verfasst ARDERÍUS 14 Romane und einige Erzählungen, darunter *Lumenproletariado* (1931), in dem es um den Kampf eines Paares gegen die soziale Misere geht. Mit revolutionärem Impetus und aus kommunistischer Perspektive stellt er in seinem Roman *Campesinos* (1931) den Klassenkampf und die Ausbeutung der Landarbeiter Anfang der 1930er Jahre dar.

Faschisierungstendenzen der Avantgarde-Prosa

Grundlagen

Es ist bereits mehrfach von ORTEGAS *deshumanización del arte* und dem darauf folgenden Prozess der Rehumanisierung der Literatur die Rede gewesen, etwa im Kontext der 27er-Generation oder auch im Hinblick auf die *novela social,* in der die ideologische Spaltung Spaniens Grundlage der Sozialkritik ist. Es ist auch schon wiederholt auf die ideologische Spaltung der Schriftsteller und Intellektuellen hingewiesen worden, die sich ab Ende der 1920er Jahre manifestiert. Die Faschisierung einiger Avantgarde-Autoren entspringt dem Unbehagen an der Modernisierung, wie sie die Avantgarde in besonderem Maße gefördert hat. Insbesondere die politische Instabilität der 1920er Jahre führt bei einigen Schriftstellern großbürgerlicher Herkunft zu der Modernitätskrise, die eingangs schon erläutert wurde. Als Lösung dieser Krise bot sich der Faschismus an, da er – ganz im Gegensatz zur modernen Wirklichkeitserfahrung – ein sich auf Tradition gründendes, stabiles und geordnetes Bezugssystem lieferte, das dem Einzelnen einen festen Platz innerhalb des Systems zuwies und ihm Möglichkeit zur Identifikation versprach. Die (prä)faschistischen

Autoren antworten auf verschiedene Weise auf die Modernitätskrise und die damit verbundene Identitätsproblematik. Thematisch äußert sich dies in der Suche nach festen und geordneten Zusammenhängen. Anhand einiger Autoren, die im Folgenden behandelt werden, lässt sich daher der Prozess „von der deshumanisierten Avantgarde über die Rehumanisierung zum faschistischen Bürgerkriegsepos" (Albert 1996: 8) nachzeichnen.

José Antonio Primo de Rivera

Für diese Schriftsteller wurde José Antonio Primo de Rivera (1903–1936), der Sohn des schon mehrfach erwähnten Diktators Miguel Primo de Rivera, zur zentralen Identifikationsfigur. José Antonio Primo de Rivera gründet am 29. Oktober 1933 die *Falange Española*, die sich in ihrem 27 Punkte umfassenden Programm (1934) als faschistisch, antidemokratisch und nationalistisch definiert. Ihr Parteisymbol ist das Pfeilebündel und das Joch, ihre Parteihymne *Cara al sol* und das Blauhemd (*camisa azul*) ihre Uniform. Die Partei hat zunächst keinen politischen Einfluss; nach dem Wahlsieg des Volksfrontbündnisses im Februar 1936 werden die Parteiführer aber verhaftet. José Antonio Primo de Rivera wird im November 1936 von Volksfront-Anhängern erschossen. Die Partei bleibt jedoch bestehen und wird von Franco 1937 mit einer anderen faschistischen Gruppierung zwangsvereinigt und danach zur Einheitspartei der Diktatur erhoben (s. S. 59, 66).

Ernesto Giménez Caballero

Ernesto Giménez Caballero (1899–1988) ist die „Schlüsselfigur zur Faschisierung der spanischen Avantgarde" (Albert 1996: 30). Seine Kontakte zu und seine Lektüre von Marinetti, Malaparte und Mussolini bereiten das ideologische Fundament für seinen „Wandel vom Avantgardisten zum Faschisten" (ebd.). Giménez Caballero, in Spanien auch Gecé genannt, verfasst zunächst Artikel für Ortegas Zeitungen *El Sol* und *Revista de Occidente*. 1927 gründet er eine eigene Kulturzeitschrift, die *Gaceta Literaria*, die wie die *Revista de Occidente* internationale Kunstbewegungen nach Spanien vermittelt. Ab Februar 1929 publiziert Gecé jedoch Beiträge faschistischer Ideologie, so dass es zum Bruch mit anderen Mitarbeitern – darunter der oben behandelte César M. Arconada – kommt. Diese sich abzeichnende Spaltung der Künstler und Intellektuellen in die *dos Españas* erreicht im Spanischen Bürgerkrieg ihren Höhepunkt.

Auch in Gecés eigenen literarischen Werken manifestiert sich der Wunsch nach einem starken Führer, so etwa in seinem Essay *Hércules jugando a los dados* (1928) sowie in *Genio de España. Exaltaciones a una resurrección nacional. Y del mundo* (1932) und in *La nueva catolicidad. Teoría general sobre el fascismo en Europa: en España* (1933).

Literatur

Foard (1989), Albert (1996), Selva (2000).

Tomás Borrás

Der zunächst von der 98er-Generation und dem Modernismus beeinflusste Tomás Borrás (1891–1976) publiziert 1911 seine erste Lyriksammlung. Im Ersten Weltkrieg und später in Marokko ist er als Journalist tätig, u.a. für Ortegas *El Sol* und *La Nación*, die Zeitung Miguel Primo de Riveras. Zu Beginn der 1920er Jahre tritt er im Kreis der Kaffeehausliteraten um Ramón Gómez de la Serna in Erscheinung. Er schließt sich später den *Juntas de Ofensiva Nacional Sindicalista* (JONS) des Hitler-Sympathisanten Ramiro Ledesma Ramos an. Aus enger Verbundenheit mit der Familie Primo de Rivera gehört er auch zum Kreis um José Antonio Primo de Rivera. Nach dessen Verhaftung druckt er propagandistische Flugblätter und wirbt für die *Falange*. Im Bürgerkrieg flüchtet er über Frankreich nach Prag, von wo er 1937 in die von Franco besetzte Zone zurückkehrt und zum *Jefe de Prensa y Propaganda* ernannt wird. Nach 1941 zieht er sich aus der Politik zurück und konzentriert sich auf sein literarisches Schaffen. Er gilt als offizieller Schriftsteller der Einheitspartei.

Der Einfluss von Modernismus und Avantgarde ist in Borrás' Roman *La pared de la tela de araña* (1930) und in seinen *Noveletas* (1930) greifbar. Schon hier lässt sich die Ästhetik der Grausamkeit nachweisen, die auch seinen Bürgerkriegsroman *Checas de Madrid* (1938/1940) prägt (s. S. 63f.).

Ximénez de Sandoval

Auch Felipe Ximénez de Sandoval (1903–1978) ist ein enger Vertrauter José Antonio Primo de Riveras, den er während seines Jurastudiums kennenlernt. Neben Theaterstücken verfasst er den avantgardistischen Roman *Tres mujeres más Equis* (1930). Er schließt sich 1934 der *Falange* an und errichtet José Antonio in seinem Bürgerkriegsroman *Camisa azul* (1937/1939) ein literarisches Denkmal (s. S. 63). Nach Kriegsende ist er im Dienst Francos, doch er fällt wegen seines exzessiven Kults um José Antonio – dessen Zeichen u.a. sein Buch *José Antonio Biografía apasionada* (1941) ist – in Ungnade und wird 1942 aus der Partei ausgeschlossen.

Literatur

Albert (1996).

9 Die Literatur des Spanischen Bürgerkriegs

Kurze Chronologie des Bürgerkriegs

Phasen

Nach Francos Putsch am 17./18. Juli 1936 werden einige Landesteile – Galicien, Oviedo, Zaragoza und Teile Andalusiens – von den Nationalen (*nacionales*) bzw. Aufständischen oder Rebellen (*rebeldes*), wie man Francos Truppen nennt, besetzt. Schon wenige Tage nach Kriegsbeginn wird Burgos Francos „Hauptstadt". Franco selbst wird nach einigen Wochen zum *Generalísimo* ernannt, d.h. zum allmächtigen Staatschef. Nach der Ermordung JOSÉ ANTONIO PRIMO DE RIVERAS (s. S. 57) wird FRANCO auch Parteichef der Einheitspartei *Falange,* die aus der Zwangsvereinigung der von PRIMO DE RIVERA gegründeten *Falange Española* mit den JONS *(Juntas de Ofensiva Nacional Sindicalista)* des HITLER-Sympathisanten RAMIRO LEDESMA RAMOS hervorgeht. Man nennt FRANCO ab diesem Zeitpunkt auch *Caudillo.* Während FRANCO also von Beginn des Krieges an die Kräfte bündelt, vollzieht sich auf Seiten der Republik ein immer deutlicher werdender Zerfall von Koalitionen und Gruppierungen. Eine führende Rolle übernimmt der PCE (s. S. 11), der die sowjetische Hilfe und die Organisation der Internationalen Brigaden leitet. Die Hauptstadt Madrid, der Osten, der Norden und weite Teile des Südens bleiben zunächst Republik.

Der Krieg verläuft in mehreren Phasen. Von Juli 1936 bis zum Frühjahr 1937 gelingt es den Aufständischen, Andalusien und die Extremadura weitgehend zu erobern, so dass sie zu ihren im Norden kämpfenden Truppen vorstoßen können. Die Eroberung des Alcázar von Toledo im September 1936 ist einer der Mythen der *Cruzada,* d. h. des „Kreuzzugs", wie FRANCO seinen Krieg nennt. FRANCOS Versuch, Madrid einzunehmen, scheitert mehrfach – auch nach der verlustreichen Schlacht am Jarama im Februar 1937 –, da neben den Truppen der Republik auch die Internationalen Brigaden (eine Truppe von Freiwilligen aus aller Welt) und Tausende Bewohner der Stadt diese bis Ende März 1939 für die Republik halten können.

In der sich anschließenden Phase bis zum Frühjahr 1938 erobern die *nacionales* den Norden. Am 26. April 1937 bombardiert die von HITLER entsandte Legion Condor Guernica, die heilige Stadt der Basken. Die Zerstörung der Stadt, die weltweit auf Empörung stößt, bewegt PABLO PICASSO, sein Gemälde *Guernica* zu malen, welches das international bekannteste spanische Gemälde des 20. Jhs. ist. Bis Dezember 1937 erobern FRANCOS Truppen den gesamten Norden. Bei Teruel scheitern sie zunächst, doch im Februar 1938 fällt die Stadt an die Aufständischen.

Während der dritten Phase vom Frühjahr 1938 bis zum Dezember desselben Jahres gelingt es den *nacionales,* bis ans Mittelmeer vorzustoßen und damit Katalonien zu isolieren. Im Juli 1938 siegen die republikanischen Truppen am Ebro. Jedoch setzen sich danach die Aufständischen durch, die im Dezember ihre Offensive gegen Katalonien beginnen.

Die letzte Phase des Kriegs umfasst die Zeit von Dezember 1938 bis März 1939. Katalonien und Barcelona werden erobert. Im Februar geht Staatspräsident MANUEL AZAÑA nach Frankreich ins Exil. Am 29. März besetzt FRANCO die Hauptstadt und erklärt den Spanischen Bürgerkrieg am 1. April 1939 für beendet.

Internationale Hilfe

Ein besonderer Aspekt des Spanischen Bürgerkriegs ist die Tatsache, dass beide Armeen vom Ausland Militärhilfe erhalten. FRANCO erhält von HITLER (die Legion Condor) und MUSSOLINI Hilfe, während die Republik Militärhilfe von der UdSSR erhält. Zudem kämpfen bis November 1938 die Internationalen Brigaden – Freiwillige aus aller Welt, darunter 5000 Deutsche – auf Seiten der Republik. Obschon Frankreich, England und die USA eine Politik der Nichteinmischung führen, unterstützen diese Länder FRANCO jedoch mehr oder weniger verdeckt mit finanziellen Mitteln.

Literatur

Thomas (1964), Brenan (1978), Broué/Témime (1982), Pérez-Ramos (1982), Schmigalle (1986), Abella (2004a; 2004b), Juliá (2006), Payne (2006), Preston (2006).

Ideologische Spaltung

Die schon mehrfach erwähnte, sich um 1930 abzeichnende ideologische Spaltung der Intellektuellen und Künstler verschärft sich während der Zweiten Republik, wie anhand der Ausführungen zu VALLE-INCLÁN, GARCÍA LORCA, ALBERTI und ARCONADA einerseits und andererseits anhand von GIMÉNEZ CABALLERO und der Faschisierung der Avantgarde-Prosa-Autoren gezeigt werden konnte. Es stehen sich also weiterhin die *dos Españas* gegenüber: das liberale, republikanische Spanien, das sich um Modernisierung und Reformen bemüht, und das traditionalistische, national-katholische, rückwärtsgerichtete Spanien, das mit dem Begriff der *España Eterna* bezeichnet wird.

Kongress gegen den Faschismus

In den Jahren 1935 und 1937 finden in Paris, 1937 dann auch in Madrid, Barcelona und Valencia der I. und II. Internationale Schriftstellerkongress zur Verteidigung der Kultur statt. Während des II. Kongresses erklären etwa 200 Schriftsteller aus aller Welt ihren Widerstand gegen den Faschismus und bekunden ihre Solidarität mit der Zweiten Republik und dem spanischen Volk.

Literarisches Engagement

Das literarische Engagement für die Republik oder für eine faschistische Ideologie bzw. FRANCOS Truppen ist daher auch während des Bürgerkriegs überaus umfangreich. Besonders die Lyrik wird in den Dienst des Kampfes gestellt. In den folgenden Abschnitten soll die während des Spanischen Bürgerkriegs entstandene Literatur dargestellt werden. Diese ist abzugrenzen von der sogenannten Spanienkriegsliteratur, die nach dem Bürgerkrieg entstanden ist und in Romanen, autobiografischen Berichten, Tagebüchern oder Erinnerungen über den Krieg erzählt. Zu den bekanntesten deutschsprachigen Werken dieser Spanienkriegsliteratur zählen u. a. ALFRED KANTOROWICZ' *Spanisches Tagebuch* (1948, später *Spanisches Kriegstagebuch*, 1966), GUSTAV REGLERS auf Englisch erschienenes Werk *The Great Crusade* (1940), AUGUSTIN SOUCHYS *Nacht über Spanien* (1955) und seine Memoiren *Vorsicht, Anarchist!* (1977) sowie HANS MAGNUS ENZENSBERGERS Roman *Der kurze Sommer der Anarchie. Buenaventura Durrutis Leben und Tod* (1972).

Bertrand de Muñoz (1982–1987; 2001), Schmigalle (1986), Trapiello (2002).

Literatur

Literatur im Dienst der Republik

Autoren

Viele Autoren, die während des Bürgerkriegs ihre Feder in den Dienst der Republik und den Kampf gegen den Faschismus gestellt haben, sind schon erwähnt worden: Rafael Alberti, César M. Arconada, Vicente Aleixandre, Manuel Altolaguirre, Luis Cernuda, Gerardo Diego, Miguel Hernández, José Bergamín und Max Aub. Viele dieser Autoren sind schon während des Krieges, andere hingegen erst nach dessen Ende ins Exil gegangen.

Alberti und León

Rafael Alberti und seine Frau María Teresa León sind zwei Literaten (s. S. 33), die an vorderster Front mit der Feder für die Republik und gegen den Faschismus kämpfen. Beide sind Mitglied des PCE, beide haben die schon erwähnte Kulturzeitschrift *El Mono Azul* (1936–1939) während des Krieges herausgegeben. Im *Mono Azul* erscheinen der *Romancero de la guerra civil* sowie propagandistische Theaterstücke des *teatro de urgencia* (s. u.). *El Mono Azul* ist auch das Publikationsorgan für die *Alianza de Intelectuales Antifascistas para la Defensa de la Cultura.*

Ausländische Literaten

Viele ausländische Schriftsteller haben am Spanischen Bürgerkrieg aus politischer Überzeugung teilgenommen und ihre Werke während der Kriegshandlungen verfasst. Eines der berühmtesten Beispiele ist Ernest Hemingways Roman *For Whom the Bell Tolls* (publ. 1940), der auch in Hollywood verfilmt wurde. Hemingway ist von 1936 bis 1937 Kriegsberichterstatter in Spanien und engagiert sich auf Seiten der Republik. Er schreibt auch ein Theaterstück (*The Fifth Column*, 1938) über den Spanischen Bürgerkrieg. Ebenso berühmt ist André Malraux' Roman *L'espoir* (publ. 1937), den der Autor selbst im Jahre 1938/1939 in Spanien auf republikanischem Gebiet mit dem Titel *Sierra de Teruel* verfilmt. Georges Bernanos hat unter dem Eindruck des Krieges den Essay *Les grands cimetières sous la lune* (1937) verfasst. Auch George Orwell erzählt in seinem autobiografischen Bericht *Homage to Catalonia* (1938) vom Kriegsgeschehen.

Pablo Neruda, Octavio Paz und Nicolás Guillén, die auch in Spanien am Krieg teilnehmen, haben Gedichte verfasst, die größtenteils in *El Mono Azul* und *Hora de España* publiziert werden.

Teatro de urgencia

Die Unmittelbarkeit des Theaters, das die Autoren als *arma viva* definieren, wird von ihnen genutzt, um Erlebnisse aus dem Krieg, Solidaritätsbekundungen oder politische Propaganda so eindringlich, direkt und kurz wie möglich zu reflektieren. Die Stücke sollen daher kämpferisch und propagandistisch sein und nicht länger als 30 Minuten dauern.

Rafael Alberti hat zahlreiche kurze Stücke verfasst, die diesen thematischen und formalen Anforderungen entsprechen. Die Titel seiner Dramen enthalten meistens schon die Botschaft, so z. B. *Los salvadores de España*. Zur Verabschiedung der Internationalen Brigaden am 20. November 1938 hat Alberti die *Cantata de los héroes y de la fraternidad de los pueblos* verfasst. Auch María Teresa León, die 1937 das *Teatro de Arte y Propaganda* gründet und eine der ersten Regisseurinnen ist, inszeniert 1933 das im selben Jahr uraufgeführte Kriegsstück *La tragedia optimista* des russischen Dramatikers Vsevolod Vichnievski.

Weitere bedeutende Autoren der Generation von 1927 oder aus deren Umfeld, die z. T. schon im Kapitel zur Lyrik behandelt wurden, haben Kriegstheaterstücke verfasst, so z. B. Miguel Hernández (*Teatro en la guerra*, 1937: *La cola, El hombrecito, El refugiado, Los sentados*), Max Aub (*¿Qué has hecho hoy para ganar la guerra?*, 1937) und José Bergamín (*El moscardón de Toledo*).

Lyrik

Die kämpferischen Gedichte sind vielfach im Schützengraben entstanden und sollten auch dort von den Soldaten rezipiert werden, um ihnen Mut zu machen und sie zum Weiterkämpfen zu überzeugen. Gedichtsammlungen wie der *Romancero de la guerra civil* (Madrid 1936), der 35 Gedichte von 20 Autoren enthält, und der 302 Texte enthaltende *Romancero general de la guerra de España* (Madrid-Valencia 1937) belegen eindringlich die Simultaneität von literarischem Schaffen und Kriegsgeschehen.

Die Titel einiger Gedichte verweisen bereits auf den Inhalt und lassen deren enge Verknüpfung mit dem Kriegsgeschehen erkennen: Rafael Albertis Gedichte „Defensa de Madrid – Defensa de Catalunya“, „A las Brigadas Internacionales“ sowie „Los campesinos“, Antonio Machados „Madrid“ und sein Gedicht anlässlich der Ermordung Federico García Lorcas: „El crimen fue en Granada“, José Bergamíns Gedicht „El traidor Franco“, Octavio Paz' „Elegía a un joven muerto en la frente“, Pablo Nerudas Gedichte „Madrid 1936“, „Madrid 1937“ sowie „Gloria del pueblo en armas“, Nicolás Guilléns „Cantos para soldados“ sowie César Vallejos Gedicht „Pequeño responso a un héroe de la República“. Ein thematischer Schwerpunkt der Dichtung ist die Belagerung von Madrid. Antonio Machados Gedicht „Madrid“, publiziert im November 1936, soll illustrieren, wie das Konzept der *dos Españas* hier aufgerufen, wie die Stadt als Opfer des Krieges personifiziert und wie ihr Widerstand gegen die Einnahme durch Francos Truppen evoziert wird:

Madrid
¡Madrid, Madrid! ¡Qué bien tu nombre suena,
rompeolas de todas las Españas!
¡La tierra se desgarra, el cielo truena,
tú sonríes con plomo en las entrañas!

Literatur im Dienst der *Falange* und Francos

Bürgerkriegsromane

Auf Seiten Francos entstehen einige Bürgerkriegsromane, in denen die angeblichen Greueltaten der „Roten" behandelt werden. Bekannt ist Agustín de Foxás (1903–1959) Roman *Madrid de Corte a checa* (1938), der die Folterkammern (*checas*) der „Roten" beschreibt. Auch Concha Espina (1877–1955) macht in ihrem Roman *Retaguardia. Imágenes de vivos y de muertos* (1937) die angeblichen Brutalitäten der republikanischen Soldaten zum Gegenstand. Zwei weitere Autoren, die während des Bürgerkriegs propagandistische Romane für die *Falange* bzw. das Lager Francos verfassen, haben schon Erwähnung gefunden: Felipe Ximénez de Sandoval und Tomás Borrás.

Camisa azul

Felipe Ximénez de Sandovals Bürgerkriegsroman *Camisa azul* ist zuerst ab 1937 in einer Zeitschrift veröffentlicht, dann 1939 als Buch erschienen. Der Roman, dessen Untertitel „Retrato de un falangista" lautet, transportiert die Ideologie der *Falange* und errichtet deren Gründer José Antonio Primo de Rivera ein literarisches Denkmal. Der Protagonist Víctor Alcázar Serrano wird nach dem Vorbild des *Falange*-Gründers als ein vitaler, sportlicher und politisch aktiver junger Mann gezeigt, dem es gelingt, seine gleichaltrigen Freunde für seine Ideale zu begeistern und so als Integrations- und Identifikationsfigur zu dienen. Víctor agiert damit sozusagen als Erbe José Antonios, dessen politische Mission er fortsetzt. Das Tragen des Blauhemdes wird dabei zum Symbol der politischen und sozialen Einheit stilisiert. Auch die Hymne der *Falange – Cara al sol –* und deren Schlachtruf *„¡Viva la muerte!"* werden von Víctor entsprechend funktionalisiert. Víctor nimmt am Bürgerkrieg teil und stirbt bei den Kämpfen um Madrid.

Auch wenn sich in *Camisa azul* noch einige Elemente der Avantgarde-Prosa nachweisen lassen, ist der Roman doch vollendeter Ausdruck des „faschistischen Stils" (Albert 1996: 356), in dem sich Ästhetik und Politik, narrativer Diskurs und *Falange*-Rhetorik verbinden.

Checas de Madrid

Tomás Borrás' Bürgerkriegsroman *Checas de Madrid* erscheint 1939 in einer Kurzfassung, ein Jahr später folgt die vollständige Buchfassung. Aufgrund der schonungslosen Darstellung von Gewaltszenen und Quälereien ist der Roman als „Schauerroman" (Albert 1996: 325) zu bezeichnen, der auf einer „Ästhetik der Grausamkeit" basiert. Ganz im Stil der Rhetorik Francos wird die Republik mit der „roten Gefahr" gleichgesetzt. Inhalt ist der Leidensweg eines jungen Falangisten durch die *checas* (Folterkammern) der „Roten", deren Grausamkeit detailliert beschrieben wird. Die ausufernde Gewaltdarstellung wird u.a. mit filmischen Techniken und einer pervertierten operativen Medizin verknüpft. Der Quälerei der Gefangenen entspricht die Darstellung der zerstörten und verwüsteten Hauptstadt sowie der Kämpfe in der Stadt, die allesamt Zeichen einer enthumanisierten Ästhetik sind.

Theater

Die Idee der *Cruzada* FRANCOS, also sein Kreuzzug zur Befreiung Spaniens von der „roten Gefahr" – dies ist FRANCOS Obsession bis zu seinem Tod geblieben – findet auch in einigen Theaterstücken ihren Niederschlag. Schon im Dezember 1936 thematisiert SOTERO OTERO DEL POZO in seinem Stück *España inmortal* die ideologische Spaltung Spaniens und leitet daraus die Rechtfertigung des Aufstandes und den Kampf gegen die „Roten" ab. EDUARDO MARQUINA (1879–1946) schreibt 1937 das Versdrama *La Santa Hermandad,* das in der Zeit der *Reyes Católicos* spielt und propagandistisch um Patriotismus, die nationale Einheit und die Erhaltung eines christlich-katholischen Spaniens wirbt. Ähnlich argumentiert JOSÉ MARÍA PEMÁN (1897–1981) in seinem Epos *Poema de la bestia y el ángel* (1938), in dem die spanische Geschichte als Heilsgeschichte ganz im Sinne der *Cruzada* dargestellt wird.

Auch auf Seiten FRANCOS gibt es ein *teatro de urgencia,* wie *Romance azul* von RAFAEL DUYOS (1906–1988) belegt.

Lyrik

Die Glorifizierung faschistischer, national-katholischer Ideen und des angestrebten Sieges finden in Sammlungen wie der *Antología poética del Alzamiento, 1936–1939* (1939) und der *Corono de sonetos en honor de José Antonio Primo de Rivera* (1939) ihren Ausdruck.

Der Dichter LUIS ROSALES (1910–1992) ist der Mittelpunkt der *Generación del 36,* einer Dichtergruppe, die sich FRANCO anschließt und im Krieg propagandistische Lyrik verfasst. Auch der Falangist DIONISIO RIDRUEJO (1912–1975), ein enger Freund JOSÉ ANTONIOS und Mitglied der *Falange,* gehört der genannten Generation an (s. S. 119). Er hat einige Verse der *Falange*-Hymne *Cara al sol* sowie Gedichte im Stil der Generation von 1936 geschrieben.

Zeitschriften

Die national-faschistischen *Falange*-Zeitschriften *Jerarquía* (1936–1938) sowie *Vértice* (1937–1946) dienen Propagandazwecken und der Publikation der rechten Kriegslyrik.

Literatur zu „beiden Lagern"

Marrast (1978), Monleón (1979), Lentzen (1985), Rodríguez Puértolas (1986–1987), García de la Concha (1987–1992), Brown (1989), Albert (1996), Mainer (1998), Trapiello (2002).

2

KAPITEL # Die Literatur der FRANCO-Ära (1939–1975)

1 Historischer, politischer und kultureller Überblick

1 Der Aufbau des franquistischen Staates

Ende des Bürgerkriegs

Nachdem FRANCO am 1. April 1939 den Bürgerkrieg für beendet erklärt hat, beginnt er, den antidemokratischen und antiliberalen Staat zu organisieren. Der aus seiner Perspektive erfolgte „Sieg über die Republik" – in der Rhetorik des Franquismus auch als Sieg über die „Roten" bezeichnet – wird als Rechtfertigung seines Putsches bzw. Aufstandes stilisiert, der als *Glorioso Alzamiento Nacional* bezeichnet wird.

Diskurs der „Sieger"

Es etabliert sich der franquistische Diskurs der „Sieger". Die Interpretationen des Militärputsches als *Glorioso Alzamiento Nacional* und des Bürgerkriegs als Befreiungskrieg *(Guerra de Liberación)* und heiliger Kreuzzug (*Cruzada*) verfolgen das Ziel, das feudale, autoritäre und katholische Staatsgebilde der *España Eterna* wiederherzustellen. Dies findet sich auch im Leitspruch des Franquismus wieder: *España Una, Grande y Libre.*

FRANCO

Als Diktator mit uneingeschränkter Macht vereinigt FRANCO folgende politische Ämter auf sich, was als *totalitarismo personalista* definiert wird: Er ist Staatsoberhaupt, Regierungschef, nationaler Führer der Einheitspartei *Falange Española Tradicionalista y de las Juntas de Ofensiva Nacional Sindicalista (FET y de las JONS)* und Oberbefehlshaber der Streitkräfte, der ausschließlich verantwortlich ist *„ante Dios y ante la Historia"* (Artikel 47 der *Estatutos de Falange*). FRANCO trägt daher die Titel *Caudillo* und *Generalísimo.*

Diktatur

FRANCOS Regime ist gekennzeichnet vom Verbot aller Parteien, der Aufhebung der Wahlen, der Unterdrückung politisch Andersdenkender und Ausschaltung von Regimegegnern sowie der Unterwerfung der politischen Gremien unter den Willen des Staatschefs.

Jedoch wird das franquistische System in der neueren Forschung nicht als „faschistisch" definiert, da eine kohärente Ideologie fehlte und die Politik durch wechselnde Machteinflüsse (*Falange*, Kirche, *Opus Dei*, s.u.) geprägt wurde.

Das Fehlen einer einheitlichen, in die Zukunft gerichteten Ideologie zeigt sich darin, dass zum einen mit der Rhetorik die Aufrechterhaltung des Kriegzustandes durch eine manichäistische Interpretation der Geschichte erfolgt, indem stets auf die ideologische Spaltung in die *dos Españas*, in „Sieger" und „Besiegte" (*vencedores* und *vencidos*) verwiesen wird, und dass sich der franquistische Staat zum anderen auf glorreiche Epochen der spanischen Geschichte und auf traditionelle, katholische Werte beruft. Konkrete Feindbilder (Kommunisten, Juden) kompensieren das Fehlen einer Ideologie: FRANCOS Obsession einer *„conspiración judeo-masónica"* legitimiert während der 40 Jahre dauernden Diktatur den Kampf gegen politisch Andersdenkende.

Einheitspartei

Durch ein Dekret erfolgte bereits 1937 der Zusammenschluss der rechten, konservativen Parteien zur Einheitspartei *Falange Española Tradicionalista y de las JONS*. Die 1933 von JOSÉ ANTONIO PRIMO DE RIVERA gegründete Partei (s. S. 57) ist maßgeblich an der Gestaltung der Regierung beteiligt, bis sie durch die Entmachtung der deutschen Nazis und der italienischen Faschisten im Verlauf des Zweiten Weltkriegs für FRANCO untragbar wird und er angesichts der internationalen Entwicklungen versucht, das Image eines faschistischen Staates abzulegen. Nach dem Bürgerkrieg zielt die *Falange* hauptsächlich auf die Organisation und Erziehung der Jugendlichen. Erste Machteinbußen muss die *Falange* bereits ab 1942 hinnehmen; 1958 wird sie dann vom *Opus Dei* (s. S. 67) aus der Regierung verdrängt. Die Einheitspartei heißt ab diesem Zeitpunkt *Movimiento Nacional.*

Zentralismus

Zeichen der Diktatur, auch *Nuevo Estado* genannt, ist ein streng hierarchisch aufgebauter und in Madrid zentralisierter Verwaltungsapparat, der auch mit dem Begriff *nacionalsindicalismo* oder *sindicalismo vertical* bezeichnet wird. Gemeint ist damit die auf den *Falange*-Gründer JOSÉ ANTONIO PRIMO DE RIVERA zurückgehende vertikale, d. h. unter staatlicher Leitung stehende Organisation der Gewerkschaften.

Der staatliche Zentralismus bedeutet zugleich, dass die Autonomie-Bewegungen in Katalonien und im Baskenland mit größter Härte unterdrückt werden. Auch die Regionalsprachen sind unter FRANCO bereits ab 1937 verboten und dürfen nicht unterrichtet werden. Diese *censura idiomática* bedeutet eine Unterdrückung der sprachlichen und kulturellen Vielfalt Spaniens und steht im Dienste der von FRANCO angestrebten *unidad, totalidad* und *continuidad* des Systems, dessen offizielle Formel lautet: *Idioma uno en España una.*

Staatsstruktur

Unter der Führung des Generals FRANCO setzt sich die Machtelite aus vier Säulen zusammen: das rechtsgerichtete Militär, aus dem FRANCO selbst stammt, die faschistische Bürokratie nach dem Muster der *Falange*, die katholische Kirche, die FRANCOS Krieg als heiligen Kreuzzug (*Cruzada*) feiert, und die Finanzoligarchie, die sich aus den von der Bodenreform während der Zweiten Republik enteigneten Großgrundbesitzern sowie den Bankiers, Fabrikanten und Industriellen zusammensetzt.

Nachdem FRANCO den katholischen Glauben zur alleinigen Staatsreligion erklärt hatte, bezeichnet mit dem Begriff *nacional-catolicismo*, gewinnt die Kirche zunehmend an Macht. Durch Abkommen mit der katholischen Kirche kann FRANCO wiederum seine Diktatur stützen. So sichert ihm 1941 ein Pakt mit Rom zu, Bischöfe, Dekane und Kapläne zu ernennen und damit die absolute Kontrolle über die regimestützende Funktion der Kirche zu behalten. Im Gegenzug sichert das Konkordat von 1953 der Kirche Freiheit in allen kirchlichen Belangen zu; außerdem sichert die Kirche dem *Caudillo* zu, ihn im Kampf gegen seine Obsession einer „jüdisch-kommunistischen Gefahr" (die schon genannte *conspiración judeo-masónica*) zu unterstützen. Daraus ergibt sich ein gegenseitiges Abhängigkeitsverhältnis.

Katholische Kirche

Ferner ist die der Kirche von FRANCO zugebilligte Rolle im Zensurapparat beträchtlich, sieht sie sich doch als Wächterin über alle Fragen, die Religion, Moral und Sittlichkeit betreffen (s. S. 76–79).

Das 1928 gegründete *Opus Dei* (Gotteswerk), ein in Spanien und Lateinamerika überaus einflussreiches katholisches Säkularinstitut, übernimmt ab Ende der 1950er Jahre entscheidende Positionen in der Regierung. Mit seinem Stabilisierungsplan von 1959, der die Autarkiepolitik beendet und eine liberale Wirtschaftspolitik betreibt, beginnen die wirtschaftliche Öffnung und der Aufschwung Spaniens.

Opus Dei

Die Flucht, Ermordung oder Ausweisung demokratisch, republikanisch oder liberal gesinnter Professoren führt dazu, dass die frei gewordenen Stellen an den Universitäten durch Falangisten und konservative Denker, vor allem aber durch Kirchenleute besetzt werden.

Universitäten

Das *Sindicato Español Universitario* (SEU) ist eine im Jahr 1933 von der *Falange* gegründete Studentengewerkschaft, die ab 1943 für alle Studenten obligatorisch ist. Ziel ist die Beherrschung der Bereiche Kunst und Kultur durch die *Falange*, was jedoch aufgrund des Machtverlusts der *Falange* scheitert, der nach der Niederlage der deutschen und italienischen Faschisten 1945 beginnt. 1965 wird das SEU aufgelöst.

SEU

Literatur

Fernández Vargas (1981), Biescas/Tuñón de Lara ([2]1983), Bernecker ([3]1997: 61–77), Di Febo/Juliá (2005), Juliá (2006).

2 Folgen des Bürgerkriegs und soziopolitische Entwicklungen bis 1975

Posguerra

Das Jahrzehnt nach dem Bürgerkrieg ist geprägt von „materiellen [...,] ideologischen und psychologischen Folgen des Krieges" (Bernecker [3]1997: 57), die auch noch in der gesamten Regierungszeit des *Caudillo* nachwirken. Entscheidend tragen dazu bei: das 1938 etablierte Propaganda- und Zensursystem (s. S. 76–79), die *Ley de respon-*

sabilidades políticas (9. Februar 1939), welche die Voraussetzung für die ideologische „Säuberung" des Beamtenapparates schafft, und die *Ley de represión contra la masonería y el comunismo* (1. März 1940), die die Verfolgung politisch Andersdenkender legitimiert.

Materielle Folgen des Bürgerkriegs

Die „materiellen Folgen" (Bernecker, ebd.) erweisen sich in Spanien ab 1939 durch die ökonomischen Auswirkungen des Bürgerkriegs, die ausbleibende Partizipation am Aufschwung des Welthandels durch den Zweiten Weltkrieg und vor allem durch die bis 1959 betriebene Autarkie-Politik als verheerend.

Psychologische Folgen des Bürgerkriegs

Die „psychologischen Folgen" des Bürgerkriegs, die Bernecker als „geschichtliches Trauma" mit „entpolitisierenden Folgen" für die „Besiegten", d. h. die Anhänger der Republik, Arbeiterorganisationen, Sozialisten, Anarchisten und Kommunisten, bezeichnet, spiegeln sich in der Spaltung des Landes in *vencedores* und *vencidos* wider (Bernecker [3]1997: 57). Gerade im ersten Jahrzehnt nach Ende des Bürgerkriegs, also während der Hungerjahre, fallen FRANCOS Säuberungskampagnen, Vergeltungs- und Unterdrückungsmaßnahmen – gemeint sind: Verfolgung, Verhaftung, Folterung, Ermordung oder Verbannung – nicht nur politische Gegner zum Opfer, deren Zahl man neueren Studien zufolge auf 150 000 bis 200 000 beziffert (Fernández Vargas 1981: 49–68), sondern auch Intellektuelle und Künstler. Die Zahl der politischen Häftlinge bis 1975 wird dabei auf ca. 1,5 Millionen geschätzt; zu ihnen zählen auch zahlreiche Schriftsteller, darunter BUERO VALLEJO, SASTRE und ARRABAL.

Außenpolitik

Während der franquistischen Regierung in den Jahren 1939 bis 1945 zunächst eine gewisse innenpolitische Konsolidierung gelingt, bei der sie anfangs von der Unterstützung durch Nazi-Deutschland profitiert, erfährt Spanien aufgrund seiner Allianz mit den Achsenmächten außenpolitisch im Verlauf des Zweiten Weltkriegs eine internationale Ächtung. Die internationalen Ereignisse der Jahre 1943 bis 1945 lassen es FRANCO allerdings alsbald ratsam erscheinen, sich gänzlich von den Achsenmächten und faschistischen Symbolen zu distanzieren und die *desfalangización* der Regierung in Gang zu setzen. Dennoch bleiben die Jahre von 1945 bis 1951 von einer internationalen Isolierung gekennzeichnet: Spaniens Versuche, in die Vereinten Nationen aufgenommen zu werden, scheitern wegen des antidemokratischen Regimes.

Wirtschaftliche Folgen

Durch die außenpolitische Isolierung erfährt das Land nach dem Zweiten Weltkrieg zunächst keinen wirtschaftlichen Aufschwung; es erhält auch keine Kredite für den Wiederaufbau. Das erste Jahrzehnt nach dem Bürgerkrieg ist daher als die *años de hambre*, die besonders Andalusien treffen, in die Geschichtsschreibung eingegangen. Die

Folge der staatlich dirigierten Wirtschaftspolitik ist auch die *España del estraperlo* (Spanien des Schwarzmarkthandels), in der Stagnation, Sinken des Lebensstandards, Lohn- und Preisverfall, Lebensmittelrationierung (bis 1952), Arbeitslosigkeit und Schwarzmarkthandel das städtische Kleinbürgertum, die Arbeiter und die Landbevölkerung in die Knie zwingen, nicht aber die Finanz- und Agraroligarchie, die von FRANCOS „Siegerpolitik" (Bernecker [3]1997: 92) profitiert.

Wende

Als sich jedoch 1947/48 der Konflikt zwischen den USA und Russland zum Kalten Krieg verschärft, führen der erklärte Antikommunismus und die strategisch günstige Lage Spaniens dazu, dass das Land ab 1949 Kredite von der Wirtschafts- und Militärhilfe der USA erhalten kann. Die entscheidende Wende setzt aber erst ab 1951 ein, als US-amerikanische Kredite und mehr als eine Million Touristen dem Land die erhofften Devisen bescheren. Durch den Beginn der touristischen Öffnung, das Stützpunktabkommen mit den USA (1953) und das Konkordat mit dem Vatikan (1953) erringt Spanien schrittweise internationale Anerkennung, die sich in der Normalisierung der internationalen Beziehungen und in der Aufnahme in die UNO (1955) manifestiert.

Cambio

Sind die Jahre ab 1951 im außenpolitischen Bereich von einer Annäherung an den demokratischen Westen geprägt, so bleibt die innenpolitische Lage weitgehend desolat. Die während der wirtschaftlichen Krisenjahre zugelassene Liberalisierung des Unterdrückungssystems aus außenpolitischen Gründen ermöglicht seit Beginn der 1950er Jahre allerdings einen langsam einsetzenden *cambio* in der Gesellschaft, der sich auch in der Reaktion auf das repressive Staatssystem äußert. Diese sich nun formierende Opposition gegen den Franquismus basiert auf zwei Widerstandsbewegungen, die eng miteinander verknüpft sind: die Arbeiterbewegung und die Studentenbewegung. Die Arbeiter- und Studentenstreiks weiten sich in den 1950er Jahren zu massiven Protestbekundungen aus (s. S. 73, 74).

Ökonomische Probleme

Zu diesen innenpolitischen Spannungen kommen wirtschaftliche Probleme hinzu: Lohnerhöhungen sowie ein massives Handelsbilanzdefizit machen das Scheitern der Autarkie-Politik offensichtlich. Dem soll die Neubildung der Regierung von 1957 Abhilfe verschaffen: Mit der endgültigen Entmachtung der *Falange*, die bereits in den 1940er Jahren zu Gunsten der Kirche ihren Anfang genommen hatte, beginnt der Aufstieg der „Technokraten" des *Opus Dei*, die eine neoliberale Wirtschaftstheorie umsetzen wollen. Erst eine erneute Streikwelle im März 1958 führt jedoch dazu, dass im Juni 1959 mit dem sogenannten *Plan de Estabilización* die Autarkiepolitik offiziell ihr Ende findet. Folgen des Gesetzes sind jedoch Lohnsenkungen, eine steigende Arbeitslosigkeit, eine massive Landflucht sowie die Abwanderung von

Arbeitern nach Amerika und ins europäische Ausland, wobei ca. 1,5 Millionen Spanier in den 1960er Jahren in die europäischen Nachbarländer auswandern, was 1961 in Lauro Olmos Drama *La camisa* eine eindringliche literarische Ausgestaltung erfährt (s. S. 115).

Wirtschaftswunder

Ab 1962 ereignet sich sodann das spanische Wirtschaftswunder, das auf den Überweisungen der emigrierten Arbeiter, der Tourismusindustrie, der US-amerikanischen Wirtschaftshilfe und den ausländischen Investitionen in Spanien beruht. Symbol des Wirtschaftswunders ist der „Seat 600" (*seiscientos*).

Streiks

Gleichwohl kommt es 1962 erneut zu zahlreichen Streiks, darunter ab April zu demjenigen der asturischen Bergleute, mit denen sich die Studenten solidarisieren. Der Streik wird brutal unterdrückt; die Hinrichtungen des Kommunisten Julián Grimau am 20. April 1963 und der Anarchisten Francisco Granados Gata und Joaquín Delgado Martínez im August desselben Jahres, auf die Luis García Berlanga im selben Jahr in seinem Film *El verdugo* anspielt, sowie die Ausweisung des Abts von Montserrat, Monseñor Escarré, sind weitere Belege für die Repressalien des Staates.

Widerstand

Durch die skizzierten staatlichen Unterdrückungsmaßnahmen sowie den Einfluss des Tourismus zeichnen sich gerade im Bereich der Meinungsfreiheit, der katholischen Moralvorstellungen und der Frage nach Gerechtigkeit tiefgreifende Veränderungen in der spanischen Gesellschaft am deutlichsten ab, so dass sich ab Anfang der 1960er Jahre der Widerstand gegen das diktatorische Regime von der Arbeiter- und Studentenbewegung immer mehr auf alle gesellschaftlichen Bereiche und Berufszweige ausweitet. Die *Ley orgánica del Estado* von 1967 reagiert auf diese Entwicklungen, indem sie den Bürgern mehr Freiheit in Fragen der Religion und der politischen Organisation gewährt und mit der Nachfolgeregelung im Falle von Francos Tod eine Trennung von Staats- und Regierungschef vorsieht.

ETA

Francos zentralistische Politik und Unterdrückung der Basken führt zu einem folgenreichen und bis heute ungelösten Konflikt. ETA (*Euzkadi Ta Azkatasuna*, dt. „Das Baskenland und die Freiheit") geht auf eine Studentenorganisation zurück, die 1952 als antifranquistische und baskisch-nationalistische Bewegung gegründet wird und einen unabhängigen baskischen Staat zum Ziel hat. Ab 1959 tritt sie unter dem Namen ETA in Erscheinung. ETA versucht, ihre Ziele terroristisch mit Waffengewalt und Anschlägen durchzusetzen. Nach ihrer vorübergehenden Zerschlagung durch die Polizei im Jahre 1963 ist ETA seit 1965 erstarkt und führt seit 1967 Terroranschläge aus.

Bis 1974 erlebt das Land aufgrund des erwähnten Wirtschaftswunders den Wandel von einer Agrar- zu einer Industrienation. Die starken innenpolitischen Spannungen leiten jedoch ab 1969, als wegen der seit 1962 anhaltenden und sich verschärfenden Studenten- und Arbeiterproteste für drei Monate der Ausnahmezustand über das Land verhängt wird, das Ende des *aperturismo* und die Agonie des Systems ein: Die Verschlechterung der sozioökonomischen Lage Spaniens, die erneute Verschärfung der Zensur ab 1969, der Matesa-Skandal (1969), der auf starke Proteste aus dem In- und Ausland stoßende Burgos-Prozess gegen ETA-Mitglieder (1970), die Ermordung von FRANCOS designiertem Nachfolger CARRERO BLANCO durch die ETA (1973), Konflikte zwischen Staat und Kirche (1974) sowie weitere Arbeiterstreiks (1974) und nicht zuletzt das Siechtum des Staatschefs machen die ‚Sklerose' des Franquismus offenkundig, dem inzwischen eine breite Front von Regimekritikern, Arbeiterorganisationen und liberal-demokratischen Politikern entgegensteht.

***Aperturismo* und Agonie des Systems**

Die oben erwähnten Verhaftungen, Folterungen, Hinrichtungen und Prozesse sind Belege dafür, dass die ideologische Spaltung des Landes zu FRANCOS Lebzeiten nie überwunden wurde, sondern vielmehr den jahrhundertelangen Kampf der *dos Españas* perpetuiert. Dieses Konzept wird nicht nur seitens der „Sieger" durch die Interpretation des Militärputsches als *Glorioso Alzamiento Nacional* und des Bürgerkriegs als *Cruzada* ständig präsent gehalten, sondern auch seitens der katholischen Kirche. Desgleichen sind die von der franquistischen Propaganda betriebene Stilisierung der Einheit, Freiheit und Größe Spaniens sowie des durch FRANCO gesicherten „Friedens" allesamt Mythen, die im Laufe der Jahre von der antifranquistischen Opposition immer offener unterhöhlt werden.

Dos Españas

Literatur

Fernández Vargas (1981), Biescas/Tuñón de Lara ([2]1983), Bernecker ([3]1997: 61–77), Juliá ([5]2006).

3 Die antifranquistische Opposition

Beginn

Nach Ende des Bürgerkriegs ist die Opposition – Kommunisten, Sozialisten, Anarchisten, Republikaner und die Gewerkschaften UGT und CNT – zunächst durch den Unterdrückungsapparat des Staates in Spanien selbst so gut wie zerschlagen. Zudem erfolgt aufgrund von Unstimmigkeiten innerhalb dieser oppositionellen Gruppierungen im Exil keine einheitliche Front gegen die Diktatur FRANCOS, was bereits während des Bürgerkriegs zur Schwächung der republikanischen Seite geführt hatte.

Probleme

Der in Spanien agierende Widerstand verliert zudem seine Schlagkraft durch seine letztlich erfolglose Guerrillataktik, die Ende der 1940er Jahre dann auch aufgegeben wird. Auch die Kommunistische Partei Spaniens (PCE) ist in den ersten Jahren nach Ende des Bürgerkriegs nicht mehr in der Lage, eine antifranquistische Opposition zu bilden. Das liegt zum einen daran, dass das Zentralkomitee im Exil keinen geschlossenen Rückhalt in Spanien aufbauen kann. Zum anderen gelingt es dem franquistischen Überwachungssystem mehrmals, die neu formierten Parteispitzen zu verhaften.

Ziel

Trotz dieser Rückschläge kann der PCE 1942 erfolgreich die erste antifranquistische Oppositionsbewegung, die *Unión Nacional Española* (UNE), ins Leben rufen. Erklärtes Ziel dieser Organisation ist der Sturz FRANCOS. Neben der „lucha guerrillera" (Biescas/Tuñón de Lara [2]1983: 209) organisiert die Opposition ab Mitte der 1940er Jahre ihre politischen Aktivitäten in Form von Streiks und Propaganda im Arbeitermilieu (s.u.).

Falange

Auch innerhalb der an der Regierung beteiligten Herrschaftseliten vollzieht sich als Folge von Macht- und Interessenkonflikten ein Prozess, aus dem dissidente Strömungen hervorgehen. Das bekannteste Beispiel ist dasjenige des Falangisten DIONISIO RIDRUEJO (s. S. 119), der sich bereits 1942 offen von FRANCO distanziert und dessen wachsende Distanz zum Regime symptomatisch ist für die Reaktion der enttäuschten Falangisten auf den Machtverlust der *Falange* innerhalb des Regierungsgefüges.

Strategiewechsel

Die Wirkungslosigkeit der skizzierten Aktivitäten veranlasst die Opposition Ende der 1940er Jahre zu einem „Strategiewechsel": Mit einer gezielten Infiltration in den Apparat der Staatssyndikate versucht die Opposition nun, sich effektiver zu organisieren. Ziel dieser neuen Taktik sind das Arbeitermilieu und die Universitäten. Ihnen kommen daher angesichts des desolaten Zustandes der politischen Opposition seit Ende der 1940er Jahre herausragende Rollen in der Formierung dissidenter Strömungen zu. Insbesondere der PCE macht sich das regimekritische Potential der Studenten zunutze, indem er den Widerstand gegen die kulturelle und ideologische Bevormundung der jungen Generation kanalisiert und entscheidend unterstützt. Im Universitätsbereich ist das Ziel der Unterwanderungstaktik beispielsweise das SEU und dessen Kulturzeitschriften *Juventud, Haz, La Hora, Alcalá, Acento Cultural* und *Laye* (s. S. 75).

Rolle des PCE

So erklärt es sich, dass vor allem der PCE, im Spanischen Bürgerkrieg der größte Gegner der Faschisten, sich in den 1950er Jahren eines steigenden Zuwachses an oppositionellen Intellektuellen und

Künstlern erfreut, die zum Großteil jener *Generación del medio siglo* zuzurechnen sind, die den Bürgerkrieg nur als Kind erlebt hatte.

Protestbewegung

Ab Anfang der 1950er Jahre mehren sich die Protestbekundungen im Arbeiter- und Studentenmilieu. Während die *Comisiones Obreras* und andere Arbeiterbewegungen ihren Arbeitskampf und ihre Infiltrationstaktik ausweiten und bis 1965 eine breite Massenbasis aufbauen können, kommt es auch immer häufiger zu regimekritischen Stellungnahmen von Studenten und Intellektuellen, so etwa 1959 anlässlich des 20. Todestages von ANTONIO MACHADO, dem eine Sondernummer von *Acento Cultural* und Gedenkfeiern in Collioure und Segovia gewidmet werden, an denen zahlreiche oppositionelle Schriftsteller teilnehmen, die im vorliegenden Band behandelt werden: VICENTE ALEIXANDRE, JORGE GUILLÉN, DÁMASO ALONSO, ANTONIO BUERO VALLEJO und ALFONSO SASTRE sowie die oppositionellen Filmregisseure JUAN ANTONIO BARDEM und LUIS G. BERLANGA.

Widerstand gegen die Zensur

Die Konsolidierung der antifranquistischen Opposition und ihr Rückhalt im universitären, künstlerischen und intellektuellen Milieu zeigt sich auch durch die dezidierten Proteste gegen den franquistischen Zensurapparat.

1960er Jahre

Der antifranquistische Widerstand weitet sich in den 1960er Jahren von den oppositionellen Parteien, den Arbeitergewerkschaften, den Intellektuellen- und Künstlerkreisen sowie dem universitären Milieu immer weiter in alle Bevölkerungsschichten aus, da viele Spanier weder die engen katholischen Moral- und Wertvorstellungen, die geistige Bevormundung und die Beschneidung der Meinungsfreiheit noch die Verfolgung, Inhaftierung und Folterung politisch Andersdenkender länger hinnehmen wollen.

Literatur

Biescas/Tuñón de Lara (^{2}1983), Mangini (1987), Gracia (1994; 2004), Rubio (2004), Romero Samper (2005).

4 Die Rolle der Universitäten

Universität

Dem Universitätsmilieu, das ab Anfang der 1950er Jahre Ursprung von literarästhetischen Reformbemühungen ist, kommt eine besondere Bedeutung in der Formierung der Opposition zu, da von ihm entscheidende Impulse für den antifranquistischen Kampf ausgehen. Zudem stammen viele der im Folgenden zu behandelnden Autoren aus dem universitären Milieu.

Entwicklung

Die Universitätslandschaft der 1940er Jahre ist durch die „Säuberungskampagnen" des Regimes stark betroffen: Lehre und Wissenschaft werden, wie der politische Bereich auch, nach der Absetzung und Vertreibung von ideologisch anders gesinnten Professoren zunächst von der *Falange*, dann vom katholischen Dogmatismus dominiert. Eine Beschäftigung mit liberalem oder ideologisch vom Regime abweichendem Gedankengut wird rigoros unterbunden; die Lehre wird auf die national-katholischen Dogmen verpflichtet, und für alle Studenten wird die Mitgliedschaft im *Sindicato Español Universitario* (SEU) obligatorisch. Die Lektüre avantgardistischer oder moderner Literatur des In- und Auslandes wird von offizieller Seite verhindert, wozu die Zensur wesentlich beizutragen hat.

Widerstand

Gleichwohl formiert sich zu Beginn der 1950er Jahre im universitären Milieu der Widerstand der *Generación del medio siglo*, wegen der massiven Studentenunruhen auch *Generación del 56* genannt, welche insbesondere die verbotene, aber heimlich ins Land eingeschleuste Literatur sowie verbotene Kinofilme des Auslandes rezipiert. Trotz der scharfen Überwachung durch die Zensur, die mit größter Härte gegen Werke und oppositionelle Strömungen vorgeht, gelten die 1950er Jahre als eine Phase des „despertar cultural" (Gubern 1981: 119), da in Intellektuellen- und Künstlerkreisen sowie im universitären Milieu, in den Kulturzeitschriften des SEU und in den *cine-clubs* eine intensive Auseinandersetzung mit literarischen und filmischen Strömungen des Auslandes einsetzt (s. S. 87–90).

Ortegas Tod

Nachdem Studentenunruhen bereits 1954 stattgefunden haben, löst der Tod Ortega y Gassets im Oktober 1955 eine erste ernste Krise aus: Eine Demonstration anlässlich des Begräbnisses dient Studenten und Professoren dazu, Meinungsfreiheit zu fordern; Ehrungen und Nachrufe geben der Opposition die Möglichkeit, an Ortegas Liberalismus zu erinnern. Die Ortega gewidmete monographische Sondernummer der Zeitschrift *Ínsula* wird im Dezember verboten, ebenso weitere diesbezügliche Pressemitteilungen, die nicht den vom Staat ausgegebenen Vorgaben entsprechen.

Studentenunruhen

Den studentischen Widerstand gegen die geistige Bevormundung und die dirigistische Kulturpolitik des Regimes unterstützen etwa Dionisio Ridruejo (s. S. 72, 119), der sich 1942 öffentlich vom Regime distanziert hat, sowie die Liberalfalangisten und Rektoren der Universität von Madrid und Salamanca, Pedro Laín Entralgo und Antonio Tovar. Sie schließen sich den Protestbekundungen und Forderungen der Studenten im Februar 1956 nach freier Wahl ihrer Vertreter in den Studentenverband, das falangistische SEU, an. Es folgen massive Studentenkrawalle, als das für das SEU ungünstige Wahlergebnis von staatlicher Seite annulliert wird. Die Studenten, und mit ihnen die Schriftsteller, die im Umkreis der studentischen Kulturzeitschriften wirken, reagieren auf diese erneute Beschneidung der Freiheit mit der Besetzung des Universitätsgeländes. Von dort dehnen sich die Demonstrationen ins Zentrum von Madrid aus, wo sie von der Polizei gewaltsam unterdrückt werden. Die Folgen dieser Tumulte sind weitreichend: Sie führen zu einer zweiwöchigen Schließung der Universität, zur Aufhebung von drei Artikeln der Grundrechte (*Fuero de los Españoles*, Artikel 14, 15, 18), zur Verhaftung von Studenten und Intellektuellen – darunter Dionisio Ridruejo, Ramón Tamames, der Filmemacher Juan Antonio Bardem und der Dramatiker Alfonso Sastre (s. S. 112–115) –, zur Entlassung von Laín Entralgo und Tovar sowie zur Absetzung des Erziehungsministers.

Gleichwohl ebben die Studentenunruhen ab Beginn der 1960er Jahre nicht mehr ab. Vielmehr verschärft sich der Konflikt zwischen Studenten und Regierung: PCE, PSOE und FLP gründen 1961 gemeinsam die Studentengewerkschaft FUDE (*Federación Universitaria Democrática Española*), die dazu beiträgt, dass das SEU 1965 aufgelöst wird; 1961 kommt es außerdem zu Demonstrationen in Barcelona, Madrid und Bilbao; im April 1963 und Januar 1965 folgen weitere Streiks; im Sommer desselben Jahres werden die Professoren Tierno Galván, Aranguren und García Calvo entlassen, da sie offene Kritik am Regime äußern; im Mai 1965 geben FUDE und UED (*Unión de Estudiantes Demócratas*) eine *Declaración conjunta de FUDE-UED* ab, in der sie demokratische Grundrechte wie Meinungs-, Versammlungs- und Informationsfreiheit fordern; im März 1966 werden Studenten verhaftet, die eine weitere, vom Staat unabhängige Gewerkschaft gründen wollen; 1967 ereignen sich Unruhen im Baskenland; im Januar 1968 werden Institute der Madrider Universität geschlossen. Ihren Höhepunkt erreichen die Studentenunruhen 1969, auf die die Regierung mit der Verhängung des Ausnahmezustandes vom 24. Januar bis 25. März 1969 reagiert.

Kulturzeitschriften

Eine wichtige Rolle bei der Formierung und Konsolidierung der antifranquistischen Opposition spielen auch die vom Staat bzw. dem SEU abhängigen, jedoch ideologisch pluralistischen Kulturzeitschriften – *La Hora* (1946–1958), *Laye* (1950–1953), *Alcalá* (1952–1955) usw. –, da sich in den Beiträgen erste Anzeichen einer oppositionellen, ab etwa Anfang der 1960er Jahre dann als *falangismo de izquierda* bezeichneten Gesellschafts- und Kulturkritik manifestieren.

Realismo social

Anhand dieser Zeitschriften sowie der u.a. von Ignacio Aldecoa, Alfonso Sastre, Rafael Sánchez Ferlosio gegründeten *Revista Española* (1953–1954) ist die Entstehung des *realismo social* im universitären Umfeld nachweisbar. Diese Rolle hat ab 1958 auch *Acento Cultural* (bis 1961) inne, da die ersten beiden Nummern dem *realismo social* gewidmet sind. Sowohl die Vertreter der *novela social* als auch die Dramatiker der *Generación Realista* entstammen den Universitäten von Madrid und Barcelona.

Dialog

In den 1960er Jahren und insbesondere während MANUEL FRAGA IRIBARNES Amtszeit (s. S. 77) als Informationsminister wird damit dem Monolog des offiziellen Diskurses zunehmend ein ideologisch pluralistischer Dialog entgegengesetzt. Diesen Prozess spiegeln insbesondere die 1963 von RUIZ-GIMÉNEZ gegründeten *Cuadernos para el Diálogo* wider.

Literatur

Biescas/Tuñón de Lara ([2]1983: 450f.), Mangini (1987), Jordan (1990), Rubio (2004).

5 Die Zensur im franquistischen Spanien

Beginn

Nach der liberalen Phase der Zweiten Republik von 1931 bis 1936 wird sofort nach Beginn des Spanischen Bürgerkriegs in den von FRANCOS Truppen besetzten Landesteilen eine Zensur für Presse, Bücher, Literatur, Kino und Radio eingerichtet. Werke sozialistischen oder kommunistischen Inhalts, die sich in Schulen und Bibliotheken befinden, sollen zerstört werden.

Textbeispiel

Die *Junta Técnica del Estado* schreibt in einem Erlass vom 16. September 1937 folgende Richtlinien für die „Säuberung" der Bibliotheken vor. Anhand des Textbeispiels ist auch der franquistische Diskurs gut erkennbar:

Las comisiones depuradoras, a la vista de los anteriores índices o ficheros, ordenarán la retirada de los mismos, de libros, folletos, revistas, publicaciones, grabados e impresos que contengan en su texto láminas o estampas con exposición de ideas disolventes, conceptos inmorales, propaganda de doctrinas marxistas y todo cuanto signifique falta de respeto a la dignidad de nuestro glorioso Ejército, atentados a la unidad de la Patria, menosprecio de la Religión Católica y de cuanto se oponga al significado y fines de nuestra Gran Cruzada Nacional. (zitiert nach Gubern 1981: 23)

Zensurapparat

Nach verschiedenen Dekreten formiert sich die Zensurbehörde am 18. November 1937 unter dem Namen *Delegación del Estado para Prensa y Propaganda*, zu deren Mitarbeitern u.a. die Schriftsteller ERNESTO GIMÉNEZ CABALLERO und ANTONIO DE OBREGÓN zählen (s. S. 57) und die sich aus Mitgliedern des Militärs, der *Falange* und der Kirche zusammensetzt. Diese Zusammensetzung bleibt auch in den folgenden Jahren bestehen. Auch die grundlegenden Richtlinien zur Zensur bleiben im Wesentlichen von 1938 bis 1966 gültig.

Nachdem FRANCO 1939 die Macht über ganz Spanien ergriffen hat, weitet er die Zensur auf das gesamte Land aus. Die 1941 geschaffene *Vicesecretaría de Educación Popular de Falange Española Tradicionalista y de las JONS* ist von da an für die Zensur zuständig. Im Juli 1945 wechselt die Zensurbehörde in das Erziehungsministerium.

Der Öffnung nach Europa und der Einbeziehung Spaniens in die internationale Politik entspricht 1951 die Gründung des *Ministerio de Información y Turismo* (MIT), das als Propagandazentrale des Regimes nun den Spagat zwischen der systemkonsolidierenden Funktion des Zensurapparates und der Förderung des Tourismus realisieren soll.

MIT

Ab 1962 leitet Manuel Fraga Iribarne das *Ministerio de Información y Turismo*. Von Beginn seiner Ministertätigkeit an verfolgt Fraga Iribarne eine liberale Kulturpolitik, die *apertura* oder auch *aperturismo* genannt wird.

1962

Neben der staatlichen Zensur ist die Kirche in großem Maße an einer rigorosen Kontrolle der freien Meinungsäußerung interessiert, da sie als alleinige Instanz über religiöse, moralische und sittliche Fragen entscheiden will.

Kirche

Ziel des Zensurapparates ist es, den Bestand des franquistischen Systems zu gewährleisten, indem das gesamte politisch-ideologische Gedankengut, das dem antidemokratischen Staatsgebilde eine Gefahr werden könnte, verboten wird. Dem dient auch die am 1. März 1940 erlassene *Ley sobre Represión de la masonería y el comunismo* – auf Francos Obsession wurde schon mehrfach hingewiesen –, die jedwede Form von antifranquistischer Meinungs- und Presseäußerung verhindern soll.

Ziel

Alle Druckerzeugnisse, d. h. Bücher, Aufsätze, Zeitungen, Zeitschriften und natürlich literarische Werke, werden einer *consulta previa* (Vorzensur) unterzogen. Bei Theaterstücken und Kinofilmen kommt zusätzlich noch eine Nachzensur, die *censura de espectáculos* bzw. *censura posterior de la película concluida* hinzu, die darin besteht, dass der fertigen Inszenierung bzw. dem Film bei der Generalprobe Zensoren beiwohnen, um die Einhaltung der Zensurvorgaben zu überprüfen.

Zensurpraxis

Zensoren sind die sog. *lectores*, die über das Werk befinden und es genehmigen, mit Auflagen genehmigen oder ganz ablehnen.

Lectores

Die *lectores* übernehmen dabei die Aufgabe zu entscheiden, welches Werk dem Publikum vorgelegt bzw. gezeigt werden darf und welches nicht. Diese Bevormundung des Volkes durch den Staat wird als Paternalismus bezeichnet.

Paternalismus

Verbindliche und konkret gefasste Richtlinien für die Beurteilung der Werke gibt es bis 1963 nicht. So müssen die einzelnen *lectores* auf der Suche nach oppositionellem Gedankengut darüber wachen, ob folgende Aspekte in den Werken behandelt werden, die sich aus „criterios fijos" und „criterios variables" (Abellán) zusammensetzen.

Richtlinien

Zu ersteren zählen: 1. „moral sexual“ (Verletzung der Moral und der guten Sitten, obszöne und pornographische Textstellen), 2. „opiniones políticas“ (Angriffe gegen den Staat und vor allem gegen General Franco, Darstellungen, die der franquistischen Geschichtsschreibung widersprechen, eine positive Darstellung nicht-autoritärer oder marxistischer Ideologien, Stiftung von Aufruhr oder Bestrebungen nach einer Reform des Staates, Gefährdung der öffentlichen Ruhe und des Friedens sowie Verletzung der Gesetze und der Ehre des Staatschefes), 3. „religión“ (Verletzung der Religion als Institution und Hierarchie zur Wahrung aller katholischer Dogmen sowie sittlicher Verhaltensnormen), 4. „uso del lenguaje“ (unanständiger, anstößiger, provokanter und unangemessener Sprachgebrauch). Die „criterios variables“ bezeichnen diejenigen Kriterien, die von den Interessen der jeweiligen im Zensurapparat vertretenen Machtgruppen abhängen.

Arbitrarismo

Die Folgen des Fehlens konkreter Zensurnormen sind die Undurchschaubarkeit und Willkür des Zensurverfahrens, *arbitrarismo* genannt.

Silencio administrativo

Eine weitere Taktik der Zensurbehörde ist das *silencio administrativo* (amtliches Stillschweigen), das darin besteht, keinerlei Reaktion auf ein eingereichtes Werk zu zeigen. Wird das Werk dann ohne eine Stellungnahme der Zensur veröffentlicht, kann es von offizieller Seite sofort beschlagnahmt und aus dem Verkehr gezogen werden.

1966

Das Pressegesetz (*Ley de Prensa e Imprenta*) vom 18. März 1966 löst die *Ley excepcional de Prensa* von 1938 ab. Zwar wird die Vorzensur (*consulta previa*) für alle Druckerzeugnisse aufgehoben, doch bedeutet diese *Ley Fraga* in der Zensurpraxis keine Veränderung des bestehenden Systems. Gleichzeitig wird nämlich neben der *consulta voluntaria* das *depósito legal* eingeführt, das die Einreichung von sechs gedruckten Pflichtexemplaren eines jeden Werkes vorschreibt und als Machtinstrument fungiert, da bei Verletzung der Tabus die gesamte Auflage konfisziert werden kann.

1969

Der Ausrufung des Ausnahmezustandes (s. S. 71) fällt jedoch die Liberalisierung der Zensur zum Opfer. Es folgt eine Phase besonders puritanischer Ausrichtung, in der die Zensur deutlich verschärft und auch bereits erteilte Aufführungserlaubnisse rückgängig gemacht werden.

Abschaffung

Da die Bücherzensur erst per Gesetz in der Verfassung von 1978 abgeschafft wird, finden auch nach Francos Tod (1975) Zensurakte statt. Auch für Filmdrehbücher und Theaterstücke bleibt die Zensur bis 1977 bzw. 1978 bestehen.

Die Existenz, aber auch die Willkür und Undurchschaubarkeit der Zensur veranlasst systemkritische Schriftsteller und Cineasten, Vorschläge für die Etablierung von Normenkatalogen zu formulieren, die jedoch allesamt unberücksichtigt bleiben. So greifen viele Literaten und Filmemacher zu einem großen Repertoire von Zensurumgehungsstrategien. Gemeint sind damit Text- oder Filmstrategien, die ein Verbot der Werke durch die Zensur verhindern sollen, indem beispielsweise die Verlegung der Handlung, der Zeit und des Ortes ins Ausland oder in die Vergangenheit die Zensoren über die kritische Aussage hinwegtäuschen sollten. Die Nachzensur kann in einigen Fällen dadurch ausgetrickst werden, dass zwei unterschiedliche Inszenierungen eingeprobt werden: eine systemkonforme und eine oppositionelle. Nach der Nachzensur, die auf der systemkonformen Inszenierung basiert, wird dem Publikum die oppositionelle Inszenierung gezeigt.

Zensurumgehungsstrategien

Abellán (1980), Gubern (1981), Neuschäfer (1991), Knetsch (1999).

Literatur

2 Die während der Diktatur entstandene Literatur

1 Einleitung

Wie schon mehrfach erläutert wurde, bleibt die ideologische Spaltung des Landes in die *dos Españas* nach Ende des Bürgerkriegs bestehen. An der Zementierung dieser Spaltung ist der franquistische Diskurs der „Sieger" maßgeblich beteiligt. Das Land zerfällt in die Zweiteilung von Siegern (*vencedores*) und Besiegten (*vencidos*). Das gilt auch für die Literatur, die sich einerseits in die offiziell vom Staat erlaubte und geförderte Literatur und andererseits in die regimekritische, oppositionelle Literatur in Spanien sowie in die Exilliteratur aufspaltet.

Ideologische Spaltung

Die literarischen Werke und Kulturzeitschriften, die während des Bürgerkriegs zur Verherrlichung des *Glorioso Alzamiento*, der *Cruzada* und des *Caudillo* verfasst wurden (s. S. 63f.), erlangen mit dem Beginn der Diktatur Francos den Status der *cultura oficial*. Anhand der schon geschilderten inhaltlichen Tabus der Zensur lässt sich ermitteln, welche Themen überhaupt noch in der Literatur, dem Kino, dem Radio und der Presse behandelt werden dürfen: die nationalen „Glanzepochen" wie etwa die Herrschaft der *Reyes Católicos* und das *Siglo de Oro*, die oben genannten Verherrlichungen zur Verbreitung der Werte und Mythen des Franquismus sowie unverfängliche Verwicklungs- und Liebesgeschichten mit rein unterhaltender Funktion. Dabei ist ein typisches Zeichen der systemkonformen und systemstützenden

Cultura oficial

Literatur entweder die eindeutig propagandistische Ausrichtung oder aber die Schaffung von konfliktfreien Scheinwelten, die den evasiven Charakter und die realitätsverschleiernde Funktion der offiziell vom Regime gebilligten und geförderten Literatur belegen. In der Forschung hat sich dafür der Begriff „Literatur der Sieger" (Schmolling 1990) etabliert.

Oppositionelle Literatur

Anhand der antifranquistischen Opposition und insbesondere der Studentenbewegung ist bereits erläutert worden, dass im dissidenten Studentenmilieu eine kämpferische, regimekritische, oppositionelle Literatur entsteht, welche bis zum Ende der Diktatur aktiv bleibt. Die Zensur überwacht diese Literatur der *vencidos* und Regimekritiker jedoch strengstens und verhindert vielfach die Publikation kritischer Werke, was im Folgenden immer wieder anhand der behandelten Werke zu sehen ist. Dabei wird auch deutlich, dass die Autoren auf unterschiedliche Art die Tabus der Zensur brechen, die im vorangegangenen Kapitel erläutert wurden.

Dieser sich immer deutlicher durch kritische Darstellungen der *posguerra* bemerkbar machende literarische Widerstand beginnt bereits Anfang der 1940er Jahre und wird ab 1950 immer massiver. Folgende später ausführlich zu behandelnden Werke besitzen Fanalwirkung und erschüttern entsprechend stark die literarische Landschaft und die Friedhofsruhe der *posguerra:* CELAS Roman *La familia de Pascual Duarte* (1942), der Gedichtzyklus *Hijos de la ira* (1944) von ALONSO sowie das Drama *Historia de una escalera* (1949) von BUERO VALLEJO.

Exil

Der Sieg FRANCOS hat eine enorme Auswanderungs- und Fluchtbewegung zur Folge, auf die im Kapitel zur Exilliteratur zurückzukommen ist (s. S. 124–136). Auch die Exilautoren gehören zu den *vencidos;* sie haben nicht nur das eigene spanische Publikum verloren (weil ihre Werke wegen der Zensur nicht in Spanien erscheinen können), sondern auch und vor allem die Heimat.

1975

Anhand der Lebensläufe und Werke der im Folgenden zu behandelnden Autoren und Autorinnen wird sichtbar, dass der Tod des Diktators FRANCISCO FRANCO zwar eine wichtige Zäsur bedeutet, aber dennoch keinen Einfluss auf die Kontinuität des literarischen Schaffens der Schriftsteller hat. Daher finden sich in den nachstehenden Ausführungen auch immer Hinweise auf die nach Ende der Diktatur verfassten Werke der Literaten.

2 Die Erzählprosa

Literatur der Sieger

Spielarten des Romans

Der systemkonforme Roman der Nachkriegszeit manifestiert sich in verschiedenen Themen und Gattungen.

Beispiele sind der propagandistische historische Roman *Cara al sol* (1939) von ANGEL CRUZ RUEDA (1888–1961), der schon erwähnte Bürgerkriegsroman *Checas de Madrid* (1940) von TOMÁS BORRÁS (s. S. 63) und der religiöse Roman *Cristo en los infiernos* (1943) von RICARDO LEÓN (1877–1943), in dem der Bürgerkrieg zum Religionskrieg und heiligen Kreuzzug zwischen Cristo (Vertreter des national-katholischen, konservativen Spaniens) und dem Anticristo (Vertreter der Linken, insbesondere des Marxismus) stilisiert wird, wobei der Autor FRANCOS Obsession von einer marxistisch-jüdischen Konspiration bedient (s. S. 66f.). Erwähnung soll auch der Roman *Raza* (1942) von JAIME DE ANDRADE finden, da sich hinter diesem Pseudonym der *Caudillo* FRANCO selbst verbirgt, was jedoch erst Anfang der 1960er Jahre enthüllt wurde. In dem autobiographisch geprägten Roman, der im selben Jahr verfilmt wird, wird anhand der Lebenswege verschiedener Brüder einer konservativen und großbürgerlichen Familie gezeigt, dass der „rechte" Weg einzuschlagen ist, um erfolgreich durchs Leben zu kommen. Die ideologische Spaltung einer Familie und insbesondere die Konfrontation zweier Brüder gehört bereits seit der Generation von 1898 zum zentralen Motiv der spanischen Literatur.

Neben diesen eindeutig franquistischen Romanen gibt es aber auch Romane über den Bürgerkrieg, die aus betont unparteiischer Perspektive die *preguerra*, den Krieg und die *posguerra* beschreiben, so etwa JOSÉ MARÍA GIRONELLAS (1917–2003) Trilogie *Los cipreses creen en Dios* (1953), *Un millón de muertos* (1961) und *Ha estallado la paz* (1966).

Literatur

Sanz Villanueva (1980), Rodríguez Puértolas (1986–1987), Schmolling (1990).

CAMILO JOSÉ CELA und der *tremendismo*

Biografie

Der 1916 in Galicien geborene CAMILO JOSÉ CELA siedelt 1925 mit seiner Familie nach Madrid um. Sein Medizin- und Jurastudium schließt er nicht ab. Im Spanischen Bürgerkrieg kämpft er auf Seiten FRANCOS und arbeitet nach dem Bürgerkrieg als Zensor – gleichwohl hat er selbst wiederholt Schwierigkeiten mit der Zensurbehörde. Später distanziert er sich aber vom *Caudillo*. CELAS Werk umfasst etwa 70 Romane, Erzählungen, Gedichte und Essays. 1989 erhält er den Nobelpreis für Literatur; 1995 wird ihm der Cervantes-Preis verliehen. Zahlreiche Universitäten verleihen ihm den Ehrendoktor. Er ist bis zu seinem Tod im Jahre 2002 als Schriftsteller aktiv.

Bedeutung

CELA ist einer der bedeutendsten spanischen Schriftsteller des 20. Jhs. In seinen Romanen und Erzählungen setzt CELA sich kritisch mit dem Bürgerkrieg und der Nachkriegszeit auseinander, was ihm mehrfach Probleme mit der Zensur einbringt. Seine Romane *La familia de Pascual Duarte, La colmena, San Camilo, 1936* und *Mazurca para dos muertos* gehören zu den besten spanischen Romanen des 20. Jhs. und erfreuen sich einer weltweiten Rezeption. *La familia de Pascual Duarte* ist nach *Don Quijote* das weltweit am häufigsten übersetzte spanische Werk.

Von großer Bedeutung ist auch sein Reisebericht *Viaje a la Alcarria* (1948), da er darin realistische und testimoniale Erzählverfahren wieder einführt. Gerade für die regimekritischen jungen Schriftsteller der 1950er Jahre (s. S. 87f.) hat dieses Werk eine große Vorbildfunktion, denn die detaillierte, realistische Beschreibung der soziopolitischen Zustände, verbunden mit einem gesellschaftskritischen Impetus, vermittelt den Autoren entscheidende Impulse.

Thematisch dominieren bei CELA Einsamkeit, Gewalt, Liebe, Sex und Tod.

Tremendismo

Der Begriff *tremendismo* bezeichnet die schonungslose, schockierende, exzessive und detaillierte Darstellung von Gewalt, Brutalität und Mord in Romanen der 1940er und 1950er Jahre (vgl. *tremendo:* ‚schrecklich', ‚furchterregend', ‚gewaltsam', ‚furchtbar'; *tremendismo:* ‚schockierender Realismus').

Während einige Forscher den *tremendismo* bereits in anderen Epochen nachweisen und wieder andere Forscher ihn als spanische Version des Existentialismus deuten, wird auch die Position vertreten, dass der *tremendismo* aus der Opposition zur schönfärberischen und realitätsfernen Literatur der „Sieger" entstanden ist. Einflüsse der Grotesken GOYAS und VALLE-INCLÁNS werden ebenfalls diskutiert (zu den Positionen der Forschung vgl. Sanz Villanueva 1980: 43–45).

La familia de Pascual Duarte

Das Erscheinen von *Pascual Duarte* im Jahre 1942 markiert nicht nur den Beginn von CELAS literarischer Karriere, sondern auch den Beginn einer kritischen Literatur, die das Bürgertum erschüttert.

Der Roman gehört zu den Klassikern der spanischen Erzählprosa nach 1939 und ist nach *Don Quijote* der meistübersetzte und international bekannteste spanische Roman.

Der 1942 in Burgos gedruckte, dann von der Zensur verbotene Roman stellt in mehrfacher Hinsicht Tabubrüche dar. Zum einen werden aufgrund der Gewalt- und Mordbeschreibungen moralische, ethische und religiöse Werte verletzt. Zum anderen bricht der Roman auch mit der literarischen Tradition, das Landleben der Bauern als idealisiert, idyllisch, friedlich und glücklich darzustellen. Durch diesen Bruch unterhöhlt CELA auch den franquistischen Mythos eines in Frieden lebenden und glücklichen Volkes, indem er die sozialen Missstände in der Provinz und die Verbrechen des Bauern Pascual Duarte darstellt.

Der Roman präsentiert sich als Aufzeichnungen des Protagonisten Pascual Duarte, die dieser 1937 in der Todeszelle verfasst und einem seiner Opfer gewidmet hat. Versehen mit einem Begleitschreiben ist das unvollendete Manuskript dem Freund des Opfers zur Publikation übergeben worden. Dieser hat das Manuskript jedoch verwahrt; ein „transscriptor" findet das Manuskript 1939, überarbeitet und publiziert es. Zur Rahmung von Pascuals Manuskript gehören der Bericht des Empfängers sowie eines Pfarrers und eines Polizisten, welche die angebliche moralische Funktion des Manuskripts diskutieren.

Mit schonungsloser Detailtreue beschreibt Pascual Duarte in 19 Kapiteln sein von Kindheit an von Gewalt geprägtes Leben und die von ihm begangenen Verbrechen und Morde: Er tötet seinen Hund, vergewaltigt seine zukünftige Frau auf dem Grab seines Bruders, ersticht ein Pferd und tötet den Verführer seiner Schwester und seiner Frau. Das Manuskript bricht ab, nachdem Pascual auch seine Mutter ermordet hat. Ein weiterer Mord, seine Verhaftung und seine Verurteilung bleiben daher weitgehend unbekannt.

Pascuals Ausführungen belegen, dass er nur mit Gewalt auf seine Umwelt reagieren kann. Seine Erklärungsversuche – familiäres Erbe und Milieu sowie die Verfolgung durch einen Unglücksstern – sind knapp gehalten und dienen eher der Selbstanalyse. Pascuals Ziel, mit seiner Lebensdarstellung anderen als abschreckendes Beispiel zu dienen, wird sowohl durch die Diskussion der Figuren der Rahmenhandlung als auch durch Pascuals Erzählhaltung selbst in Frage gestellt. Durch die Beschreibung des Wegs des Manuskriptes von Pascual zum Transskriptor gelingt es CELA einerseits, eine gewisse Distanz zum Bericht des Verbrechers aufzubauen, gleichzeitig ist jedoch dessen Ich-Erzählung so angelegt, dass sich dem Leser Wut, Gewalt, Hass und Mord unvermittelt präsentieren. Es gelingt CELA auch, durch sprachliche Details seinen brutalen und grausamen Protagonisten als schüchternen und im Kern womöglich guten Menschen erscheinen zu lassen. In diesem Sinne endet der Roman mit der Einschätzung des Gefängnispfarrers, der abschließend die Schwierigkeit zum Ausdruck bringt, menschliches Verhalten bewerten zu können.

In *La familia de Pascual Duarte* verschmelzen zahlreiche Einflüsse: die Tradition der *novela picaresca*, die karikaturesk-groteske Verzerrung nach dem Vorbild GOYAS und VALLE-INCLÁNS, der Naturalismus und der Existentialismus.

La colmena

Der Roman *La colmena* (1951) ist ein weiteres Meisterwerk von CELA und einer der wichtigsten spanischen Romane des 20. Jhs. Der 1951 erschienene, aber schon in den 1940er Jahren entstandene Roman ist aufgrund der Kritik an den gesellschaftlichen Zuständen der *posguerra* von der Zensur verboten worden und daher zunächst in Buenos Aires erschienen.

Zentrales Thema des Romans, der im Jahre 1942 an drei Tagen vor Weihnachten spielt, ist der Hunger, der ganz Spanien nach dem Bürgerkrieg im Griff hat (*años de hambre*, s. S. 68). *La colmena* besteht aus einer Folge von Handlungsfragmenten, Szenen und Momentaufnahmen, die an verschiedenen Orten in Madrid spielen: in Kaffeehäusern, Bars, Pensionen, Freudenhäusern und Wohnungen. Es treten ca. 300 Figuren in Erscheinung, deren soziale Not, Armut, Hunger und Verschuldung behandelt werden. Auch die sexuellen Beziehungen nehmen einen breiten Raum ein. Aus der Masse der Figuren tritt u.a. Martín Marco heraus, der sich durch verschiedene Cafés und Kneipen schlägt und dessen ziellose Wanderungen durch die Stadt auf der Suche nach einer festen Bleibe mit seiner drohenden Verhaftung enden.

Der titelgebende Bienenkorb verweist auf den Mikrokosmos Madrid, dessen alltägliches Treiben dargestellt wird, ohne dass eine Erzählerfigur die einzelnen Szenen kommentierend oder eingreifend ordnet. Zugleich vermittelt Cela die zwischenmenschlichen Probleme in der Nachkriegszeit: Unsicherheit, Inkommunikation und Verzweiflung. Der eigentliche Protagonist des Romans ist aber Madrid, was eine absolute Neuheit ist. Cela verwendet zahlreiche filmische Techniken (z. B. abrupte Szenenwechsel und Montagen verschiedener Szenen).

Darüber hinaus ist *La colmena*, wie auch *Viaje a la Alcarria*, für die Anfang der 1950er Jahre entstehende soziale und realistische antifranquistische Literatur von großer Vorbildfunktion.

San Camilo, 1936

In diesem 1969 erschienenen Roman beschäftigt Cela sich erneut mit dem Bürgerkrieg. Der Untertitel verweist auf den dreiteiligen Aufbau des Romans und die behandelte Zeitspanne: „Vísperas, festividad y octava de San Camilo del año 1936“. Gemeint ist damit die Zeit vom Vorabend (13. Juli) des Namenstags des Heiligen Kamillus – und damit des Namenspatrons von Cela selbst – bis zum achten Tag der Festwoche, also bis zum 21. Juli. Der Roman kreist um die Frage des Brudermordes, jenem Thema, das im vorliegenden Band seit Unamunos literarischem Schaffen wiederholt mit der ideologischen Spaltung Spaniens und insbesondere mit dem Bürgerkrieg assoziiert wird, zumal der Bürgerkrieg explizit als *guerra fratricida* bezeichnet wird. Das Zentrum des Romans ist daher auch der 18. Juli 1936, also der Tag, an dem der Spanische Bürgerkrieg losbricht. Der erste Teil spielt zwischen dem 13. Juli und dem Morgen des 18. Juli und zeigt das geschäftige Alltagstreiben auf Straßen, in Cafés und Bordellen, wobei die Morde an Calvo Sotelo und Castillo, die Franco zum Anlass für seinen Putsch nahm, sowie die von Gewalt geprägte Stimmung in der Stadt widergespiegelt werden: Aus Radio- und Zeitungsmeldungen sowie aus politischen Reden erschließt sich die Chronologie der Ereignisse, die zum Ausbruch des Kriegs führen. Berichte über Sportereignisse sowie über Theater und Kino werden in Montagetechnik integriert. Dieses Neben- und Ineinander von aktuellem politischen Geschehen und banaler Alltagsrealität verdichtet sich zu teils grotesken, teils tragischen Szenen, in denen deutlich wird, wie das Kriegsgeschehen das Leben des Einzelnen beeinflusst. Der zweite Teil spielt am 18. Juli und zeigt, wie sich die Stadt unter dem Eindruck des Kriegs und der Ausgabe von Waffen an die Zivilbevölkerung verändert. Der dritte Teil umschließt die Tage bis zum 21. Juli und führt das Leben unter Kriegsbedingungen vor.

Der Grundsituation des zweigeteilten Landes – hier erscheint mit aller Deutlichkeit wieder das Bild der *dos Españas* – trägt erzählerisch die zentrale Figur eines Mannes vor einem Spiegel Rechnung: Der Mann spricht mit seinem Spiegelbild und klagt sich bzw. sein Abbild als „tú" an. Die vielstimmige Präsentation der Ereignisse bricht sich im Spiegel, vor dem das Ich sich positioniert hat. Der Spiegel zeigt jedoch kein kohärentes, unveränderbares Bild, sondern erscheint blutbefleckt und zerbrochen als Ausdruck des von der *guerra fratricida* zerbrochenen Landes. Eine solche ins Surrealistische tendierende Aufarbeitung des nationalen Traumas vor FRANCOS Tod stellt einen ungeheuren Tabubruch dar.

Mazurca para dos muertos

Ein weiterer Höhepunkt in CELAS Werk ist *Mazurca para dos muertos* (1983). CELA greift hier zahlreiche Themen wieder auf: den Bürgerkrieg sowie die Darstellung von Sex, Gewalt und Tod.

Im Zentrum des narrativ komplexen, weit verästelten und vielstimmigen Romans stehen zwei Morde, die zu Beginn des Bürgerkriegs begangen und nach dessen Ende 1940 gerächt wurden. Die Mazurka, die der blinde Ziehharmonikaspieler Gaudencio bei den beiden Todesfällen spielt, untermalt die Familiengeschichte der Toten, die sich bei unaufhörlichem Regen im ländlich-abgelegen Galicien abspielt. Neben dem Verzicht auf eine chronologische Handlung ist auch die Verwendung von Galicismen innovativ. Ein dem Roman beigefügtes Wörterbuch ermöglicht es, die Ausdrücke zu erschließen.

Literatur

Spires (1968), Henn (1974), Ilie (1978), Matzat (1984), Gullón (1985), Roloff (1986), Pérez (2000).

CARMEN LAFORET und *Nada* (1945)

Biografie

CARMEN LAFORET ist 1921 in Barcelona geboren worden und auf den Kanarischen Inseln aufgewachsen. Sie studiert Jura und Philosophie in Barcelona und Madrid, ohne ihr Studium jedoch abzuschließen. Mit ihrem Erstlingswerk *Nada* gewinnt sie 1945 den erstmals verliehenen, angesehenen *Premio Nadal*. LAFORET lebt vollkommen zurückgezogen und stirbt 2004 in Madrid. Einige weitere Romane und Erzählungen, darunter der thematisch eng mit *Nada* verbundene Roman *La isla y los demonios* (1952), können nicht an den Erfolg des Erstlings anknüpfen.

Nada

Der auch beim damaligen Publikum bereits sehr erfolgreiche und mit weiteren Preisen ausgezeichnete Roman *Nada* gehört zusammen mit *La familia de Pascual Duarte* von Cela zu den Hauptwerken der *posguerra*. *Nada* ist außerdem nach *Don Quijote* und *La familia de Pascual Duarte* der weltweit am häufigsten übersetzte spanische Roman.

Auch bei Laforet bildet der Spanische Bürgerkrieg den Hintergrund der Handlung. Der in Barcelona spielende Roman zeigt schonungslos die Schäbigkeit, Bitterkeit und soziale Misere des noch vom Bürgerkrieg traumatisierten Bürgertums. Protagonistin ist die Waise Andrea, die von den Kanaren nach Barcelona zum Studium kommt und bei ihrer Großmutter lebt. Ihr autobiographischer Rückblick über ihr Leben in einer von Bigotterie, Konflikten, Hass und Zerfall geprägten Familie und ihr Einblick in die einzelnen Schicksale und seelischen Abgründe widern sie an. Als sie nach einem Jahr das Haus und die dort herrschende beklemmende Situation verlässt, nimmt sie „nichts" (*nada*) an Positivem, Gutem oder Zukunftsweisendem mit.

Literatur

Johnson (1981), Truxa (1982), Alfaya (2005).

Ana María Matute

Biografie

Ana María Matute wird 1926 in Barcelona als Tochter eines Fabrikanten geboren und leidet als Kind unter einer schwachen Gesundheit. Mit 17 Jahren wendet sie sich der Literatur zu. Sie erhält zahlreiche Literaturpreise (1954: *Premio Planeta*; 1958: *Premio de la Crítica* und *Premio Nacional de Literatura*; 1959: *Premio Nadal*; 1964: *Premio Fastenrath*). Seit 1996 ist sie als zweite Frau Mitglied der *Real Academia Española de la Lengua*.

Bedeutung

Wie kaum ein anderer Schriftsteller hat Ana María Matute den spanischen Bürgerkrieg und die Spaltung des Landes in ihren Werken verarbeitet. Ästhetisch beschreitet Matute von jeher einen eigenen Weg, obwohl sie in den 1950er Jahren dem *realismo social* nahe steht und durch die Darstellung der Folgen des Bürgerkriegs und der Ungerechtigkeit einen kritischen Ton anschlägt. In ihren Werken beschäftigt sie sich vorzugsweise mit den Erfahrungen und Erinnerungen von Kindern und Jugendlichen, die den Bürgerkrieg miterlebt haben. Matute verfasst auch Kinderbücher, für die ihr 1984 der spanische Kinderliteraturpreis verliehen wird.

Seit Anfang der 1970er Jahre beschäftigt sich Matute auch mit der mittelalterlichen Literatur: Ihr Romanzyklus *Trilogía medieval*, der aus *La torre vigía* (1971), *Olvidado rey Gudú* (1996) und *Aranmanoth* (2000) besteht, ist 2005 anlässlich des 80. Geburtstags der Autorin erschienen.

In dem Roman *Los Abel* (1948) greift MATUTE auf den biblischen Mythos von Kain und Abel zurück, den UNAMUNO schon verwendet hatte, um die Spaltung Spaniens zu versinnbildlichen (s. S. 19). Bei MATUTE geht es ebenfalls um einen Brudermord. Über diese Geschehnisse sowie über Einsamkeit, Frustration, Neid und Hass im elterlichen Haus berichtet die Schwester der feindlichen Brüder. *En esta tierra* (1949; publ. 1955) spielt während des Bürgerkriegs und thematisiert die ideologische Spaltung des Landes anhand einiger Figuren, die zum Teil auch Opfer der Kriegshandlungen werden. Der Roman *Fiesta al noroeste* (1953) gilt als einer der besten Romane der Autorin. Sie greift darin das Thema des Bruderkonfliktes erneut auf, indem ein böser und allen Lastern zugeneigter Mann das Leben seines Stiefbruders zu zerstören versucht. In dem pessimistischen Roman dominieren Hass, Verrat, Gewalt und Tod. *Los hijos muertos* (1958) basiert erneut auf dem Bürgerkrieg und der Nachkriegszeit. Die schon lange zurückliegenden, traumatischen Erlebnisse verhindern immer noch das friedliche Zusammenleben. Der in drei Teile gegliederte Roman behandelt im erinnernden Rückblick einiger Figuren den Bürgerkrieg, die Emigration nach Frankreich, Hunger, Elend, Tod der Eltern und schließlich das Abgleiten in die Delinquenz. Die Erinnerungen an Kindheit und Jugend während des Kriegs stellen auch das Bindeglied dreier Romane dar (*Primera memoria*, 1960; *Los soldados lloran de noche*, 1964; *La trampa*, 1969), die MATUTE unter dem Titel *Los mercaderes* zu einer Trilogie zusammengestellt hat. Die Opposition von Gut und Böse, die die Autorin anhand verschiedener männlicher Figuren durchspielt, verweist erneut auf die ideologische Spaltung des Landes und deren psychologische Folgen. Die Erinnerungen der einzelnen Figuren an Krieg und Nachkriegszeit, die in Tagebucheintragungen oder Dialogen evoziert werden, determinieren noch immer das Verhalten und Leben der Figuren.

Bürgerkriegsthematik

Truxa (1982).

Literatur

Die *Generación del 56* und der *realismo social*

Nachdem im Jahrzehnt nach Ende des Bürgerkriegs die propagandistische Literatur zur Konsolidierung des Regimes beizutragen hat, stoßen in Studenten-, Intellektuellen- und Künstlerkreisen erste Überlegungen bezüglich der gesellschaftskritischen Funktion der Literatur einen Prozess an, der in den 1950er Jahren im *realismo social* seine Ausprägung findet. Die skizzierten wirtschaftlichen und politischen Umstände bereiten zudem das Terrain für einen Funktionswandel der Literatur und die dadurch ausgelöste Hinwendung zum Realismus.

Entstehung des *realismo social*

Eine realistische Ästhetik gilt daher gemeinhin als Kennzeichen derjenigen Strömung der spanischen Literatur der 1950er und der frühen 1960er Jahre, die unter dem Begriff *realismo social* subsumiert wird und sich sowohl in der Erzählprosa als auch im Theater und in der Lyrik als Ausdrucksform einer Gruppe regimekritischer Autoren aus dem Universitätsmilieu, der *Generación del 56*, auch *Generación del medio siglo* genannt, manifestiert.

Bruch

Aus gesellschaftspolitischer Sicht wird der *realismo social* als ein weiteres Zeichen eines Bruchs mit der *cultura oficial* bewertet. Der mit dem Realismus aufs engste verbundene literarische *compromiso* (Engagement) geht demnach mit dem von Studenten, Politikern, Intellektuellen und Künstlern geführten antifranquistischen Kampf einher, der ebenfalls Ende der 1940er Jahre eine neue, effektive Form annimmt (s. S. 72f.).

Politisierungsprozess

Der Politisierungsprozess der Studenten, der anfangs zumindest implizit von Konzepten wie Klassenkampf und sozialer Ungerechtigkeit getragen wird, führt auch dazu, dass die Lebensbedingungen der unteren Gesellschaftsschichten und der *vencidos* ins Bewusstsein der Studenten dringen und schließlich ihre literarische Ausgestaltung in der realistischen Literatur finden.

Vorbilder

Die Identifizierung der Vorläufer und literarischen Modelle des *realismo social* ist in der Forschung umstritten. Während etwa Pablo Gil Casado (1973) die *novela social* der 1920er und 1930er Jahre als Vorläufer des realistischen Romans der 1950er und 1960er Jahre bezeichnet – eine Position, die inzwischen als überholt gilt, da den Nachkriegsautoren aufgrund der „Säuberung" der Bibliotheken keine Rezeption der Vorkriegsromane möglich war –, geht etwa Santos Sanz Villanueva (1980) davon aus, dass der *realismo social* auf dem Tremendismus der 1940er Jahre fußt. Dergestalt sieht er die kontinuierliche Entwicklung einer realistischen Ästhetik in der Nachbürgerkriegsnarrativik. Barry Jordan entwickelt dagegen die These, dass ein fundamentaler „break with previous writing styles in certain crucial aspects" (Jordan 1990: 1–28) zu Beginn der 1950er Jahre stattgefunden habe. Diesen begründet Jordan vor allem damit, dass die Entstehung der *novela social* aufs engste mit dem ideologisch dissidenten Studentenmilieu verbunden ist, das die soziale Revolution herbeisehnt und die Literatur in den Dienst der politisch-ideologischen Aktion stellt. Grundlage dieser Überlegungen zu einer *littérature engagée* ist Jean-Paul Sartres Essay *Qu'est-ce que la littérature?* (1947), der in spanischer Übersetzung – freilich klandestin – ab 1950 in Spanien zirkuliert und im Umkreis der Zeitschriften *Laye* und *Revista Española* rezipiert wird. In der Auseinandersetzung mit Sartre entsteht das Bewusstsein von der realitätsenthüllenden Funktion der Literatur, welches das gesellschaftliche Engagement der Schriftsteller weckt und deren Hinwendung zur soziopolitischen Aktualität des Landes in der Literatur initiiert. Vorbilder sind auch Celas Reisebericht *Viaje a la Alcarria* (1948) sowie sein

Roman *La colmena* (1951). Auch die Romane FAULKNERS, DOS PASSOS', HEMINGWAYS und STEINBECKS sind Vorbilder der spanischen Autoren.

Italienischer Neorealismus

Einen besonders starken Einfluss übt auch der italienische Neorealismus auf die jungen Schriftsteller aus. Ausgangspunkt für das Interesse am Film des italienischen Neorealismus ist zunächst der politisch-ideologische Hintergrund: Die Überwindung des Faschismus in Italien seit Ende des Zweiten Weltkriegs und die links-orientierte Ausrichtung der neorealistischen Bewegung finden sofort in den spanischen Intellektuellen- und Künstlerkreisen großen Anklang; in einem zweiten Schritt liefern der Bezug des neorealistischen Kinos zur zeitgenössischen Aktualität sowie die Erprobung neuer Filmtechniken – etwa Szenenwechsel und Schnitt-Techniken zur polyperspektivischen Darstellung im Dienste einer realistischen Ästhetik – im kulturellen Bereich die methodische Grundlage für die Ablehnung der triumphalistischen *cultura oficial* und des *cine de la Cruzada*. Der im neorealistischen Kino vorgeführte dokumentarische und objektive Blick auf die marginalisierten und unterprivilegierten Gesellschaftsschichten, der aus Gründen der Authentizität mittels filmischer Kamera- und Schnitt-Techniken eine vollkommene Wirklichkeitsillusion schaffen will, hat jene *toma de conciencia* seitens des Publikums zum Ziel, welche die spanischen Autoren bereits in den Überlegungen SARTRES gefunden hatten und die sie nun bestätigt sehen.

Filme

Obschon die Aufführungsmöglichkeiten für italienische neorealistische Filme von offizieller Seite stark beschränkt werden, gelangen die bekanntesten Filme – ROSSELLINIS *Roma, città aperta* und DE SICAS *Ladri di biciclette* – bereits 1950 in privaten, heimlich organisierten Vorführungen an eine freilich minoritäre Öffentlichkeit. Die im November 1951 von der italienischen Filmgesellschaft *Unitalia Films* in Madrid organisierte *Primera Semana de Cine Italiano*, an der die jungen Intellektuellen und Schriftsteller sowie Studenten und Absolventen der *Escuela Oficial de Cinematografía* wie etwa FERNÁNDEZ SANTOS (s. S. 92), BARDEM und BERLANGA teilnehmen, wird als Offenbarung gefeiert.

Realistische Ästhetik

Folgende Themen und literarische Verfahren prägen den *realismo social*: die Hinwendung zur Alltagswelt und Ereignislosigkeit, die Schilderung immergleicher Tagesabläufe; die Darstellung von Not, Hunger, Armut, Trostlosigkeit, Delinquenz, Gewalt; das Kollektiv als Protagonist (z.B. eine Gruppe von Jugendlichen); ein präziser, einfacher Stil; Objektivität; dokumentarische Aufzeichnung von Ereignissen und Gesprächen; und schließlich die bevorzugte Verwendung des Dialogs, um authentisch und objektiv zu wirken.

Autoren

Die Reihenfolge der Behandlung von Autoren und Hauptwerken des *realismo social* orientiert sich im Folgenden am Erscheinungsdatum der Romane, um die Entwicklung und Bandbreite des *realismo social* in Bezug auf Themen und narrative Verfahren sichtbar zu machen.

Literatur

Sanz Villanueva (1980), Jordan (1990), Ramos Ortega (1995), Rubio (2004).

Ignacio Aldecoa

Biografie

Der 1925 in Vitoria im Baskenland geborene Ignacio Aldecoa studiert Literaturwissenschaft in Salamanca und Madrid, wo er Mitglied der jungen Schriftstellergeneration wird. 1952 heiratet er die Schriftstellerin Josefina Rodríguez (*1926), die auch einige Werke im Umfeld der *Generación del 56* verfasst. 1969 stirbt Ignacio Aldecoa. Seine Frau Josefina Rodríguez de Aldecoa zieht sich nach seinem Tod zurück, ist aber seit den 1980er Jahre wieder mit Romanen und Erzählungen präsent.

Hauptwerke

El fulgor y la sangre (1954) ist der erste Sozialroman des Autors. Ort der Handlung ist ein verlassenes Schloss, in dem sich das Quartier der *Guardia Civil* angesiedelt hat. Ein *Cabo* und fünf *Guardias* leben dort mit ihren Familien. Die Handlung erstreckt sich über etwa sieben Stunden, von mittags 12 Uhr bis 19 Uhr. Am Mittag erreicht die Frauen, deren Männer dienstlich unterwegs sind, die Nachricht, dass einer der Polizisten erschossen wurde. Die langen Stunden des Wartens auf die Mitteilung, welcher Mann getötet wurde, dienen dem Erzähler, die Lebensgeschichten der fünf Frauen und ihrer Männer darzustellen. Die Nachricht über die Ermordung des unverheirateten *Cabo* stellt das Ende des Romans dar.

Die Sorgen und Ängste der Frauen sind Ausdruck ihrer prekären Existenz. Anhand ihrer Biografien wird deutlich, welche fatalen Folgen der Bürgerkrieg sowohl psychologisch als auch materiell hat. Auch die Nachbürgerkriegszeit wird objektiv und realistisch beschrieben.

In *Con el viento solano* (1956), der Fortsetzung von *El fulgor y la sangre*, stellt Aldecoa nun den Mörder des *Cabo* ins Zentrum, dessen Flucht über die Dauer von einer Woche dargestellt wird. Während seiner Flucht trifft der Mörder, der Zigeuner Sebastián, auf weitere Randfiguren der Gesellschaft, die ebenfalls unter den materiellen Zuständen der *posguerra* leiden. Erschöpft und von Einsamkeit geplagt, kehrt der Mörder schließlich ins Dorf zurück und ergibt sich. Neben der Schilderung der sozioökonomischen Situation steht die Problematik von Schuld und Gewissen im Zentrum des Romans.

Auch *El gran sol* (1957) und Aldecoas letzter Roman *Parte de una historia* (1967) gelten als realistische *novelas testimoniales* (dokumentarische Romane). Sie zeichnen sich durch eine psychologisch feinfühlige, sprachlich konzise Darstellung aus. Das Thema der Nachkriegszeit steht in diesen Romanen jedoch nicht mehr im Zentrum.

Lasagabaster (1978), Sanz Villanueva (1980: 319–333).

Literatur

Juan Goytisolo

Biografie

Juan Goytisolo gehört bis zu seinem selbstgewählten Exil in Paris ab 1957 zu den Hauptvertretern des antifranquistischen und regimekritischen *realismo social*. Auch im Exil wird er sich weiterhin überaus kritisch mit der Franco-Diktatur auseinandersetzen (s. S. 133–136).

Goytisolo wird 1931 in Barcelona geboren. Auch seine Brüder José Agustín (1928–1999) und Luis (*1935) sind Schriftsteller. Während des Bürgerkriegs stirbt die Mutter der drei Brüder bei einem Bombenangriff. Goytisolo studiert Jura in Barcelona und Madrid und engagiert sich in der regimekritischen Studentenbewegung (s. S. 73–76). Nach seiner Teilnahme an den Studentendemonstrationen in Madrid im Jahre 1956 wird er verhaftet. Er verlässt daraufhin 1957 Spanien und geht ins freiwillige Exil nach Paris.

Exil

Dort arbeitet er als Verlagslektor beim Verlag Gullimard, wo er maßgeblich an der Bekanntmachung der lateinamerikanischen Boom-Autoren und der Publikation spanischer Autoren beteiligt ist. Goytisolo lebt in Paris und Marrakesch. Er gehört zu den international bekanntesten spanischen Gegenwartsautoren.

Werke

Während Goytisolos frühe Werke, die im Folgenden vorgestellt werden, realistisch und sozialkritisch sind, tritt in seinen im Exil entstandenen, narrativ überaus komplexen Romanen die Suche nach dem Sinn des Lebens und der eigenen Identität in den Vordergrund.

Juegos de manos

Goytisolos erster sozialkritischer Roman *Juegos de manos* (1954) handelt von einer Gruppe von Jugendlichen aus gutem Hause, die – oberflächlich von marxistischem Gedankengut inspiriert – mit einer revolutionären Aktion gegen den konservativen Wertekanon ihrer Eltern rebellieren wollen. Sie planen daher einen Anschlag gegen Francisco Guarner, den sie als ideale Verkörperung der von ihnen abgelehnten Werte betrachten. Sie wählen einen der Ihren, David, aus, um den Mord zu begehen, doch David ist im entscheidenden Moment unfähig zu töten. Von den Freunden verachtet und ausgeschlossen, wartet er darauf, von ihnen getötet zu werden. Sein Freund Agustín setzt den Mord in die Tat um und liefert sich dann der Polizei aus. Allen wird deutlich, welche Ausmaße ihr Scheitern – sie sind tatsächlich alle zu Mördern geworden – erreicht hat.

Goytisolo vermittelt das Porträt von sorglos aufgewachsenen, verwöhnten Jugendlichen aus dem gut situierten Bürgertum, die unter der Leere, der *abulia* (s. S. 22), Orientierungslosigkeit und Unfähigkeit, gesellschaftliche Zusammenhänge zu erkennen, leiden und einen

Ausweg in dem nur oberflächlich rezipierten, auf Floskeln basierenden politischen Denken zu finden glauben.

Duelo en El Paraíso

Der Roman *Duelo en El Paraíso* (1955) spielt gegen Ende des Bürgerkriegs und thematisiert den biblischen Mythos von Kain und Abel – es zeigt sich hier erneut, dass dieser Mythos leitmotivisch die spanische Literatur seit der Generation von 1898 durchzieht. Der Ort der Handlung, das Landgut El Paraíso, steht in starkem Kontrast zum Kains-Mythos. Eine Gruppe von Kindern, die in El Paraíso spielen und dabei die Soldaten des Bürgerkriegs imitieren, beschließen, den Nachbarsjungen Abel zu exekutieren. Das Landgut El Paraíso ist der Mikrokosmos, der die reale Kriegssituation im Makrokosmos Spanien wiederholt. Der Bruderkrieg und die – sinnlose – Ermordung des kleinen Abel knüpfen an Überlegungen an, die schon bei UNAMUNO für die ideologische Spaltung Spaniens und deren fatale Konsequenzen gestanden hatten.

Literatur

Albert Robatto (1977), Lázaro (1982), Gruber (2003), Ribeiro de Menezes (2005).

JESÚS FERNÁNDEZ SANTOS

Biografie

JESÚS FERNÁNDEZ SANTOS (1926–1988) studiert von 1943 bis 1948 an der Universität von Madrid, wo er Freundschaft mit ALDECOA, SASTRE und SÁNCHEZ FERLOSIO schließt. FERNÁNDEZ SANTOS ist auch Mitglied des Madrider TEU (s. S. 105f.). Er schließt sein Studium nicht ab und schreibt sich 1949 in die neu geschaffenen *Escuela Oficial de Cinematografía* ein, an der auch SÁNCHEZ FERLOSIO studiert und wo auch die berühmten regimekritischen Regisseure CARLOS SAURA, JUAN ANTONIO BARDEM und LUIS G. BERLANGA studieren. FERNÁNDEZ SANTOS verfasst bis kurz vor seinem Tod Erzählungen und Romane (u.a. *Jaque a la dama,* 1982; *Los jinetes del alba,* 1984), in denen der Bürgerkrieg jedoch ein lange zurückliegendes Ereignis ist, welches das Leben der Protagonisten nicht mehr nachhaltig prägt.

Hauptwerke

Die ersten beiden Romane des Autors zählen zum *realismo social. Los bravos* (1954) beschreibt mithilfe filmischer Techniken das harte Leben der Bauern in einem Dorf der Leoneser Berge. Der Roman spielt während einiger Tage eines heißen Sommers und zeigt die ausweglose, triste Situation der Dorfbewohner, die mit ihren Problemen zu kämpfen haben: Einsamkeit, Passivität, Armut, Neid, sexuelle Frustration, Krankheit.

FERNÁNDEZ SANTOS entfaltet hier das Panorama eines Dorfes, in dem außer banalen und alltäglichen Ereignissen nichts passiert. Stillstand, Monotonie und Ausweglosigkeit sind Aspekte, die immer wiederkehren und schon von ANTONIO BUERO VALLEJO in seinem bahnbrechenden

Theaterstück *Historia de una escalera* (1949) zum Gegenstand der Kritik gemacht wurden (s. S. 108–112).

In seinem nächsten Roman, *En la hoguera* (1957), verfolgt der Erzähler mit ähnlichem Pessimismus das Leben in einem Dorf in der kastilischen Meseta. Die zwischenmenschlichen Beziehungen sind hier von Ehebruch, Krankheiten, Vergewaltigungen sowie Schwangerschaft und Totgeburt eines Kindes bestimmt. Brutalität und Gewalt verweisen auf die psychologischen Folgen des Bürgerkriegs.

Literatur

Sanz Villanueva (1980).

Rafael Sánchez Ferlosio

Biografie

Rafael Sánchez Ferlosio wird 1927 in Rom geboren. Sein Vater ist der falangistische Politiker Rafael Sánchez Mazas, der aber von Franco 1940 aus der Regierung entlassen wird. Dieses Ereignis wird den Sohn geprägt haben, der während seines Studiums an der Universität und später an der *Escuela Oficial de Cinematografía* mit oppositionellem Gedankengut in Berührung kommt und zusammen mit Aldecoa und Sastre Initiator des antifranquistischen *realismo social* wird. Sánchez Ferlosio wendet sich nach dem großen Erfolg seines zweiten Romans *El Jarama* (1955) von der Literatur ab und publiziert erst seit den 1970er Jahren wieder Essays und Zeitungsartikel. Sánchez Ferlosio ist mit der ebenfalls zur *Generación del 56* gehörenden Schriftstellerin Carmen Martín Gaite verheiratet, die 2000 stirbt (s. S. 94f.). 2005 wird ihm der Cervantes-Preis verliehen.

El Jarama

Nach dem avantgardistischen Roman *Industrias y andanzas del Alfanhuí* (1951) verfasst Sánchez Ferlosio seinen zweiten und letzten Roman *El Jarama* (1955), der zu den Hauptwerken des *realismo social* gehört. 1955 erhält Sánchez Ferlosio für *El Jarama* den *Premio Nadal,* ein Jahr später den *Premio de la Crítica.*

Ort der Handlung ist eine Uferstelle am Jarama, jenem Fluss bei Madrid, an dem im Februar 1937 die verlustreiche Schlacht um die Hauptstadt stattgefunden hat, nachdem Franco mehrfach vergeblich versucht hatte, die Stadt einzunehmen. An diesem Fluss verbringen 11 junge Leute aus Madrid einen Sonntag im August. Sie baden, unterhalten sich, verzehren das mitgebrachte Essen und gehen abends in ein nahegelegenes Tanzlokal. Als einige von ihnen in der Nacht nochmals im Fluss baden, ertrinkt eine der jungen Frauen. Die Polizei nimmt die Ermittlungen auf, während die Freundesgruppe nach Madrid zurückfährt. Nach anfänglichen Ängsten, wie der Mutter der Ertrunkenen die Nachricht vom Tod ihrer Tochter zu überbringen sei, fallen die jungen Leute in ihren Alltagstrott, ihr Desinteresse und die Monotonie ihres Lebens zurück.

Kennzeichen dieses realistischen Romans ist die strenge Einhaltung der Außenperspektive, deren Ziel eine möglichst große Objektivität in der Vermittlung der Ereignisse, der alltäglichen Probleme und Gespräche sowie der Passivität und Indifferenz der jungen Leute ist. Letztlich wird dadurch die Bedeutungslosigkeit ihrer Existenz augenfällig, so wie auch der Tod der Freundin für sie im Grunde unwichtig ist. In den Dialogen der Ausflügler und einiger Anwohner wird die triviale Alltagsrealität erkennbar. Das Überwiegen der Dialoge, die der Erzähler kommentarlos und wie durch eine Filmkamera übermittelt, sowie die alltägliche Redeweise der Figuren erwecken den Anschein, es handele sich um eine Tonbandaufzeichnung der Gespräche, so dass der Roman überaus authentisch wirkt und den Charakter eines Dokumentarromans hat. Die Simultaneität von verschiedenen Gesprächen und Handlungen verweist ebenfalls auf filmische Techniken.

Das Thema des Bürgerkriegs taucht nur einmal schlaglichtartig auf: Der Fluss, der den jungen Leuten ursprünglich als Ort der Freizeit und der Unterhaltung dienen sollte, erweist sich als ewig fließende, von menschlichen Ereignissen unbeeinflussbare und todbringende Naturkraft. Der Tod ist daher ein Ereignis, das die jungen Leute nur kurzfristig aus ihrer Indifferenz und Langeweile herausreißen kann.

SÁNCHEZ FERLOSIO knüpft an Techniken an, die CELA in *La colmena* zur Anwendung gebracht hatte. *El Jarama* hat eine große Wirkung auf das Romanschaffen der anderen Vertreter der *Generación del 56*.

Literatur

Villanueva (1973), Sanz Villanueva (1980), Helfer (1998).

CARMEN MARTÍN GAITE

Biografie

CARMEN MARTÍN GAITE (1925–2000) studiert in Salamanca, wo sie IGNACIO ALDECOA kennenlernt, und später in Madrid. Dort gehört sie zur *Generación del 56*; sie ist mit SÁNCHEZ FERLOSIO verheiratet. In ihrer Erzählung „Un día en libertad“ (1953) kündigt sich schon ihr sozialkritisches Schreiben an. 1958 erhält sie für *Entre visillos* den *Premio Nadal*. Nachdem sie lange als Vertreterin des *realismo social* galt, wendet sie sich experimentelleren narrativen Formen zu, etwa in dem Roman *Retahílas* (1974), in dem sie die Notwendigkeit zwischenmenschlicher Kommunikation behandelt. Weitere bekannte Werke sind *El cuarto de atrás* (1978), in dem sie innovative narrative Strukturen ihrer Novelle *El balneario* (1955) wieder aufnimmt und das Thema der Erinnerung verarbeitet, und die moderne Version des Märchens *Caperucita en Manhattan* (1990). In *Lo raro es vivir* (1996) geht es um das moderne Leben in der Großstadt Madrid. Von Bedeutung ist auch ihre Studie *Usos amorosos de la postguerra española* (1987), in der sie die Rolle und Situation der Frau im Franquismus untersucht. 1988 ist ihr der *Premio Príncipe de Asturias* verliehen worden.

In dem Roman *Entre visillos* (1958) behandelt sie die individuell und gesellschaftlich motivierten Schwierigkeiten und Konflikte, die eine Reihe von jungen Leuten in den 1950er Jahren in einer Provinzstadt erleben. Das Leben dieser jungen Leute ist durch strenge Konventionen und Traditionen geregelt. Monotonie, Unzufriedenheit, Frustration und das Bestreben junger Frauen, möglichst schnell verheiratet zu sein, sind Reaktionen auf das Gefühl der Ein- und Beengung durch soziale Normen, Heuchelei und Vorurteile – kurz die *opinión*, die schon bei LORCA zur Katastrophe führte (s. S. 47). Diese beklemmende Situation des *huis-clos* sowie die Ausbruchsversuche aus dem Kleinstadtmief werden detailliert dargestellt. Durch die wechselnden Erzählperspektiven und Erzählerfiguren, die zum Teil auch zu unterschiedlichen Darstellungen und Bewertungen von Ereignissen führen, obliegt es dem Leser, die Geschehnisse in ihren Zusammenhängen zu situieren und zu deuten.

Entre visillos

Die sozialkritische Haltung, die auch im Titel anklingt – das Leben wird durch halb geöffnete Gardinen wahrgenommen, die Schutz bieten und zugleich Distanz schaffen, aber auch durch den scharfen Blick nach außen zu Erkenntnis leiten –, wird dergestalt durch die Erzählhaltung unterstützt. Eine solche kritische Sicht wird insbesondere durch Tagebuchaufzeichnungen der Figur Natalia deutlich. Obschon Natalias Aufzeichnungen den Begrenzungen dieser als „weiblich" konnotierten Gattung unterliegen (gemeint ist damit die Tatsache, dass Natalias persönliche Aufzeichnungen nur ihr dienen und damit in keinen größeren Rezeptionskontext eingebunden sind), so bedeutet der Umstand, dass sie im Schreiben Tabus bricht und von Normüberschreitungen berichtet, doch einen gewissen Akt der Rebellion gegen das vom Vater diktierte Schweigen. Auch der Lehrer Pablo, der als einziger von außen in die Kleinstadt kommt und dem es nicht gelingt, Unterrichtsreformen durchzusetzen, hält in seinen Aufzeichnungen Tabuüberschreitungen fest.

Auf einer Metaebene reflektiert MARTÍN GAITE so die Möglichkeiten eines im Kern subversiven Schreibens. Themen, die schon bei LORCA dominierten, belegen MARTÍN GAITES kritischen Blick auf die Situation der Frau in einer von konservativ-katholischen Werten und Traditionen bestimmten Gesellschaft. Aufgrund dieser ästhetischen Verfahren unterscheidet sich MARTÍN GAITES kritischer Realismus deutlich von dem SÁNCHEZ FERLOSIOS oder ALDECOAS.

Literatur

Sanz Villanueva (1980), Martinell (1997), Mangini (2001), Gruber (2003), Jurado Morales (2003).

Die Überwindung des *realismo social* durch narrative Innovationen

Abkehr vom *realismo social*

Wie auch noch anhand des Theaters und der Lyrik zu zeigen ist, erfolgt Anfang der 1960er Jahre eine Abkehr vom *realismo social*, da die Schriftsteller die Hoffnungen aufgeben, mit einer kämpferischen, realistischen regimekritischen Literatur einen gesellschaftlichen und politischen Wandel erreichen zu können. Hinzu kommt die Überlegung, dass eine realistische Literatur der komplexen Wirklichkeit nicht mehr gerecht werden kann.

Es entstehen daher ab Beginn der 1960er Jahre einige Romane, die aufgrund ihrer komplexen Struktur und innovativer narrativer Verfahren den Bruch mit dem Realismus vollziehen. Anhand von fünf Schriftstellern soll dies erläutert werden. Zugleich sei darauf hingewiesen, dass auch im Exil lebende Autoren – darunter JUAN GOYTISOLO – zu neuen Schreibweisen finden, um die Problematik von Bürgerkrieg, Diktatur, Identitätssuche und Vergangenheitsbewältigung zu verarbeiten (s. S. 133–136).

LUIS MARTÍN-SANTOS

Biografie

Der 1924 in Larache in Marokko geborene LUIS MARTÍN-SANTOS studiert Chirurgie und Psychiatrie in Madrid, wo er ab Ende der 1940er Jahre mit den Schriftstellern der *Generación del medio siglo* zusammentrifft. Er ist Mitglied des PSOE und beteiligt sich an der antifranquistischen Opposition, wofür er in den Jahren 1958, 1959 und 1962 inhaftiert wird. 1964 stirbt MARTÍN-SANTOS durch einen Autounfall.

Tiempo de silencio

Tiempo de silencio (1962) ist einer der bedeutendsten modernen spanischen Romane und ein Klassiker der während der Diktatur entstandenen literarischen Werke. Trotz seiner Freundschaft mit Vertretern des *realismo social* und seiner politischen Position ist MARTÍN-SANTOS'erster Roman eine harsche Kritik an der realistischen und objektiven Ästhetik. *Tiempo de silencio* markiert daher den Umbruch, der sich in der Literatur vollzieht.

Der Titel des Romans verweist auf das vom Staat und der Zensur oktroyierte Schweigen und die Unterdrückung im Spanien der Diktatur. Aufgrund seiner Kritik an der zeitgenössischen Gesellschaft verbietet die Zensur die Veröffentlichung des Romans, der daraufhin 1961 in Mexiko erscheint; 1962 darf eine zensierte Fassung in Spanien erscheinen. Der vollständige Text erscheint aber erst im Jahr 1980.

Protagonist des im Jahr 1949 in Madrid spielenden und in 61 Kapitelfragmente untergliederten Romans ist Pedro, ein Wissenschaftler und Arzt ohne Approbation, der einen wissenschaftlichen Versuch mit krebsinfizierten Ratten durchführt, um das Verhältnis von Vererbung und Milieu zu erforschen. Pedro bewegt sich in verschiedenen gesellschaftlichen Kreisen: in der erwähnten Wissenschaft, in den Vorstadtslums und im betuchten und intellektuellen Bürgertum. Pedro wird verhaftet, weil er Florita, einer jungen Frau in den Slums, die an den Folgen einer Abtreibung stirbt, nicht mehr helfen konnte und nun unter dem Verdacht steht, die Abtreibung vorgenommen zu haben. Seine Unschuld stellt sich aber heraus, so dass er freigelassen wird. Dennoch verliert er sein Stipendium und seine Forschungsarbeit. Er will Dorita heiraten und mit ihr in die Provinz gehen, um dort seine Forschungen fortzusetzen. Während einer Feier ersticht jedoch der Geliebte der an der Abtreibung gestorbenen Frau aus Rache Dorita. Pedro überlässt sich daraufhin der *abulia* und verlässt Madrid.

Anhand der drei gesellschaftlichen Kreise, in denen Pedro sich bewegt, entwirft der Autor ein Panorama der Nachbürgerkriegsgesellschaft. Als Vertreter der Mittelschicht ist Pedros Existenz von finanzieller und existentieller Unsicherheit geprägt. Durch Pedros Kontakt zu Florita und ihrer Familie, die in den Vorstadtslums leben, zeigt Martín-Santos die soziale Misere gesellschaftlicher Randgruppen. In der *tertulia* eines reichen Intellektuellen lernt Pedro dagegen die aristokratische, literarisch-künstlerische Welt der Oberschicht kennen. In seiner – bisweilen karikaturistisch-ironischen – Gesellschaftskritik knüpft Martín-Santos an Ideen der 98er-Generation an, insbesondere an die von Azorín beschriebene *abulia* (s. S. 22).

Formalästhetisch geht *Tiempo de silencio* weit über den *realismo social* hinaus. Einflüsse von Valle-Incláns grotesker Ästhetik, von Kafka und von Joyce sind erkennbar. Weitere Merkmale der innovativen Romanästhetik sind die Fragmentierung der Handlung in Szenen, die zum Teil simultan abzulaufen scheinen, wechselnde Erzählperspektiven, Passagen von inneren Monologen, eine teils ironisch, teils parodistisch gebrochene Darstellung politischer und gesellschaftlicher Zustände, Digressionen, eine rhetorisch ausgefeilte, metaphernreiche Sprache und die Aufnahme zahlreicher Neologismen.

Die von Martín-Santos geplante Fortsetzung *Tiempo de destrucción* ist unvollendet geblieben und postum 1973 veröffentlicht worden.

Literatur

Labanyi (1985), Rey (^{3}1988), Acereda (1997).

Miguel Delibes

Biografie

Miguel Delibes wird 1920 in Valladolid geboren und studiert Jura und Volkswirtschaft. Neben seiner schriftstellerischen Tätigkeit lehrt er ab 1945 Handelsrecht und ist als Chefredakteur der Tageszeitung *Norte de Castilla* journalistisch tätig. 1947 wird ihm der *Premio Nadal* für seinen ersten Roman *La sombra del ciprés es alargada* (1948) verliehen. Delibes hat eine Vielzahl von Romanen geschrieben. Nachdem er zunächst existentialistische, realistische, teils auch zum *tremendismo* tendierende Romane verfasst hat, schreibt er mit *Cinco horas con Mario* (1966) denjenigen Roman, der nach *Tiempo de silencio* eine bahnbrechende Wirkung auf die Erneuerung des spanischen Romans hat. Auch in seinen späteren Romanen – darunter *La guerra de nuestros antepasados* (1975) und *Los santos inocentes* (1981) – behandelt DELIBES die Folgen des Kriegs, die Spaltung des Landes in die *dos Españas,* die Gewalt und die Ausbeutung der Landbevölkerung. DELIBES ist seit 1973 Mitglied der *Real Academia Española.* Er gehört zu den erfolgreichsten spanischen Autoren der Gegenwart und hat zahlreiche Literaturpreise erhalten (1955: *Premio Nacional de Literatura;* 1957: *Premio Fastenrath;* 1962: *Premio de la Crítica;* 1982: *Premio Príncipe de Asturias;* 1991: *Premio Nacional de Literatura;* 1993: *Premio Cervantes;* 1999: *Premio Nacional de Narrativa).*

Cinco horas con Mario

Der Roman *Cinco horas con Mario* (1966) ist aufgrund seiner Textstruktur ein besonders originelles Beispiel für Zensurumgehungsstrategien, die eine scharfe Kritik am Franquismus ermöglichen.

Der Roman beginnt mit der Todesanzeige von Mario Díez Collado, der im Alter von 49 Jahren verstorben ist und um den seine Frau María del Carmen Sotillo, ihre fünf Kinder sowie weitere Angehörige trauern. Durch diese Anzeige werden Zeit und Ort der Handlung sowie die Hauptfiguren eingeführt. Es folgt eine Rahmenhandlung, in der die Ereignisse des Tages nach Marios Tod geschildert werden: wie Carmen ihren toten Mann gefunden hat, wie die Kinder reagiert haben und wie die Kondolenzbesuche verlaufen sind. Dabei wird bereits deutlich, dass Mario, der als Gymnasiallehrer, Journalist und Schriftsteller tätig war, in linken Intellektuellenkreisen verkehrte, während Carmen und ihre Familie Vertreter des national-katholischen, konservativen Spaniens sind. In der Nacht hält Carmen ihre Totenwache bei Mario – es sind die im Titel genannten fünf Stunden. In diesen fünf Stunden rechnet Carmen, so scheint es vordergründig, mit Mario ab, dessen nonkonformistisches Verhalten und dessen politische Aktivität in der antifranquistischen Opposition sie anprangert. Durch Carmens Vorhaltungen, die sie dem toten Mario macht, wird ersichtlich, dass das Ehepaar die ideologische Spaltung der *dos Españas* verkörpert. Nach der Totenwache schließt sich die Rahmenhandlung an. Während der Totenmesse um 8 Uhr kommt es zum Zusammenprall der *dos Españas*: Zwischen Marios „linken" Freunden und Carmens „rechter" Familie kommt es zu einem Streit, der von der Ankunft der Leichenträger beendet wird.

Die fünf Stunden der Totenwache sind in 27 Kapitel strukturiert, die stets nach demselben Schema aufgebaut sind: Carmen verliest eine von Mario in der Bibel markierte Passage vor und leitet aus dieser ihre Vorwürfe ab. Dabei reflektiert sie ihr gemeinsames Eheleben, rechtfertigt den Bürgerkrieg und den Franquismus und offenbart schließlich einen beinahe begangenen Ehebruch. Durch die Bibelzitate wird aber auch Marios oppositionelle Haltung deutlich, die sich in einer sozial orientierten, postkonziliären Auslegung der Bibel manifestiert, während Carmen die national-katholische Amtskirche verteidigt. Durch die von Carmen vorgelesenen Zitate ist Mario doch sprachlich präsent und als Oppositioneller nicht mundtot, wie es die Todesanzeige zunächst suggeriert hat. Auch die Situation – Carmen spricht zum toten Mario, der sich nicht wehren kann – kehrt sich im Laufe der Totenwache um, denn die Bibelzitate, die Carmen liest, empfindet sie als Angriff, der sie zur Verteidigung zwingt. Dadurch erscheint Mario wiederum als der Überlegene, der Carmens Rechtfertigung herausfordert und zugleich ihre konservative und katholische Weltanschauung entlarvt.

In Carmens Ausführungen kommen alle Themen und Klischees des franquistischen Diskurses zum Ausdruck: der Hass auf die „Roten", die positive Bewertung des Bürgerkriegs als *Cruzada*, die Ablehnung (linker) Intellektueller, wie Mario einer war, die auf Küche, Kinder und Kirche festgelegte Rolle der Frau, die sittenstrenge Erziehung, die (darauf zurückgehende) sexuelle Frustration und das Streben nach Wohlstand – dessen Symbol der Seat 600 (*seiscientos*) ist, den Mario Carmen nie kaufen wollte. Carmen bietet demnach in ihren Verteidigungen einen Überblick über die soziopolitische Situation Spaniens vom Bürgerkrieg bis 1966, eine Darstellung ihres und Marios Lebenswegs sowie ihrer beider ideologischen Positionen und schließlich einen tiefen Einblick in ihre innere Zerrissenheit zwischen ihrer sittenstrengen Erziehung und ihrer eigenen sexuellen Frustration, die anhand ihrer leitmotivisch wiederkehrenden Erwähnungen ihres großen Busens deutlich wird, der von allen anderen Männern – offensichtlich nicht aber von Mario – bewundert wird und Symbol ihrer unerfüllten Wünsche ist. Ihre am Ende der Totenwache stehende Beichte eines beinahe begangenen Ehebruchs entlarvt die zuvor von ihr formulierten Grundwerte des Franquismus und der Kirche schließlich mit aller Deutlichkeit als unehrlich und scheinheilig.

Anhand von Carmens Monolog zeigt sich, dass die Eheleute bei jedem Thema (Politik, Religion, Werte und Normen, Wohlstand, Sexualität, Literatur usw.) konträrer Meinung waren – hier zeigt sich die Spaltung in die *dos Españas* – und dass zwischen beiden nicht nur ein unüberbrückbarer Graben lag, sondern auch eine unlösbare Kommunikationslosigkeit herrschte – wie es die Situation am Totenbett noch einmal eindrücklich bestätigt.

Durch die originelle Präsentation der Geschichte gelingt Delibes eine listige Zensurumgehungsstrategie: Das Wort hat die linientreue, von national-katholischen Werten geprägte Carmen, während der Regimekritiker Mario im wahrsten Sinne mundtot ist.

Literatur

Neuschäfer (1991: 89–101), Palacio Gutiérrez (1994).

Biografie

Der 1933 in Barcelona geborene Juan Marsé arbeitet zwischen 1946 und 1960 in einer Schmuckwerkstatt, bis er sich ganz seinem journalistischen und literarischem Schaffen zuwendet. Seitdem ist Marsé als Autor präsent. Zusammen mit Juan Goytisolo gehört Marsé zu den wichtigsten spanischen Gegenwartsautoren. 1997 erhält er den Juan-Rulfo-Preis, den wichtigsten lateinamerikanischen Literaturpreis; 2001 wird ihm der *Premio Nacional de Literatura* für seinen Bürgerkriegsroman *Rabos de lagartija* verliehen.

Últimas tardes con Teresa

Nach seinem ersten Roman *Encerrados con un solo juguete* (1960), in dem ein Liebespaar einen Ausweg aus der vom Bürgerkrieg geprägten, trostlosen Existenz sucht, verfasst Marsé den bahnbrechenden Roman *Últimas tardes con Teresa* (1966), mit dem er 1965 den *Premio Biblioteca Breve* gewinnt.

Neben Martín-Santos' *Tiempo de silencio* (1962) und Goytisolos *Señas de identidad* (1966) zählt *Últimas tardes con Teresa* zu den wichtigen Romanen, die mit neuen Erzähltechniken den spanischen Roman weiterentwickeln.

Últimas tardes con Teresa spielt in Barcelona vom Sommer 1956 bis zum Herbst 1957. Den Hintergrund der Handlung bilden die beschriebenen Studentenunruhen und -streiks. Im Zentrum der Handlung steht der aus wirtschaftlichen Gründen von Andalusien nach Barcelona gezogene Gelegenheitsarbeiter und Kleinkriminelle Manolo, der sich durch Liebesaffären Zugang zur vornehmen Gesellschaft verschaffen will. Sein erster Versuch scheitert: Im Glauben, eine Tochter aus reichem Hause gefunden zu haben, verliebt er sich in die schöne Maruja. Er findet aber bald heraus, dass sie nur das Dienstmädchen einer reichen katalanischen Industriellenfamilie ist. Durch Maruja lernt Manolo aber Teresa, die Tochter des Industriellen, kennen und verliebt sich in sie. Teresa ist eine linksorientierte Aktivistin und Studentin, die 1956 an den Studentenunruhen in Barcelona teilnimmt. Nach dem tödlichen Unfall Marujas werden Manolo und Teresa ein Paar. Durch Teresa hat Manolo Zugang zum reichen katalanischen Bürgertum und zum oppositionellen Studentenmilieu, während Teresa durch ihn die Misere des Arbeiter- und Zuwanderermilieus kennenlernt. Manolos Hoffnungen werden aber durch Teresas Eltern zerstört, die der Beziehung ein Ende setzen. Als Manolo mit einem gestohlenen Motorrad zu Teresa fahren will, wird er verhaftet. Als er nach zwei Jahren aus dem Gefängnis kommt, erfährt er, dass Teresa ihr Studium abgeschlossen und geheiratet hat, dass sie kein Interesse an politischen Aktivitäten mehr hat und nun so lebt wie ihre Eltern.

Der Roman macht anhand der Beziehung zwischen Teresa und Manolo deutlich, dass eine Verbindung von Arbeiter- und Studenten-

bzw. Intellektuellenmilieu nur punktuell möglich, aber letztlich nicht wirklich realisierbar ist. Insofern ist der Roman auch ein kritischer Kommentar über die Verknüpfung der Arbeiter- und Studentenbewegung, wie sie in den 1950er Jahren stattgefunden hat.

Erzähltechnisch geht der Roman über den *realismo social* hinaus, da die subjektive Perspektive der Hauptfiguren, insbesondere Manolos, durch innere Monologe zum Ausdruck kommt. In solchen inneren Monologen überkreuzen sich die zeitlichen Ebenen von Erinnerungen, aktuellen Ereignissen und Hoffnungen. Auch der ironische Blick auf die Figuren und das Studentenmilieu unterscheidet sich von der streng objektiven Darstellung der Romane der 1950er Jahre. Zugleich betont dieser ironische Blick auf die Studentenbewegung die Distanz, die MARSÉ zu den Ereignissen hat und deren Oberflächlichkeit er offen legt. Neben dieser Kritik an der Haltung des Großbürgertums und der Intellektuellen zeigt MARSÉ die katastrophale ökonomische Situation der marginalisierten Gesellschaftsschichten.

Si te dicen que caí

Da MARSÉ keine Chance für eine Publikation von *Si te dicen que caí* in Spanien sieht, erscheint der Roman 1973 in Mexiko. Eine in Spanien erschienene Ausgabe wird 1975 von der Zensur beschlagnahmt.

Der Titel des Romans ist ein Vers aus der *Falange*-Hymne *Cara al sol* (s. S. 57). Gegenstand des Romans sind die komplexen und schwer rekonstruierbaren, bruchstückhaften Erinnerungen der Erzählerfigur, welche von der Nachbürgerkriegszeit bis in die 1960er Jahre reichen. Dabei liegt der Schwerpunkt auf der Misere in den slumartigen Vorstädten, dem dort herrschenden Hunger und der Armut, aber auch der Gewalt. Auch die Aktionen einiger Anarchisten gegen die *vencedores* des Bürgerkriegs finden Erwähnung. Die Folgen des Bürgerkriegs und der Zustand Spaniens in der *posguerra* werden aus der Beschreibung der Stadt und ihrer Bewohner rekonstruierbar: Ruinen, Bunker, Autowracks, aufgerissene Straßen sowie zerstörte Familien und der Schwarzmarkthandel (vgl. die *años de hambre* und die *España del estraperlo,* s. S. 68f.) verweisen auf die entsetzlichen materiellen, wirtschaftlichen und psychologischen Folgen des Kriegs.

Anhand der beschriebenen Gewaltausbrüche und Notsituation dekuvriert MARSÉ mittels innovativer Erzähltechniken die Unterdrückungsmechanismen und Tabuisierungsstrategien des franquistischen Regimes, das sich unablässig um die Aufrechterhaltung der Fiktion eines glücklichen und in Frieden lebenden Spaniens bemüht.

Literatur

Amell (1984), Mangini (2001).

GONZALO TORRENTE BALLESTER

Biografie

GONZALO TORRENTE BALLESTER (1910–1999) studiert Geschichte und Philosophie in Madrid und Santiago; er lehrt als Universitätsprofessor in Santiago und den USA. Seit 1936 ist er Mitglied der *Falange* und verfasst während des Bürgerkriegs propagandistische Theaterstücke (*El viaje del joven Tobías*, 1938; *El casamiento engañoso*, 1939). TORRENTE hat eine Reihe von Romanen und literaturkritischen Schriften über das Theater verfasst. Von Bedeutung ist sein Roman *Don Juan* (1963) über den spanischen Nationalmythos, in dem TORRENTE eine intertextuelle und philosophische, teils auch ironisch gebrochene moderne Version des Mythos in einem farcenhaft-phantastischem Ambiente präsentiert. TORRENTE ist seit 1975 Mitglied der *Real Academia Española*; 1982 erhält er den *Premio Príncipe de Asturias*, 1985 wird ihm der Cervantes-Preis und 1988 der *Premio Planeta* verliehen.

La saga/ fuga

Der Roman *La saga/fuga de J.B.* ist zwischen 1964 und 1971 entstanden und 1972 erschienen. Er ist einer der originellsten und innovativsten modernen spanischen Romane und gilt als TORRENTES Meisterwerk. *La saga/fuga de J.B.* markiert zusammen mit *Tiempo de silencio* von MARTÍN-SANTOS die Abkehr vom politisch engagierten *realismo social*.

La saga/fuga de J.B. ist der erste Teil einer Trilogie, die erst 1980 abgeschlossen wird (2. Teil: *Fragmentos del Apocalipsis*, 1977; *La isla de los jacintos cortados*, 1980). Thema und zugleich narrativer Anspruch dieser Trilogie ist das Verhältnis zwischen Realität und Fiktion.

Der Titel von *La saga/fuga de J.B.* verweist auf drei zentrale Aspekte des Romans: die Sage als kollektive Geschichte eines Volkes, die Flucht, die hier die Hauptfigur José Batista antritt, und die Fuge als ein Musikstück, das durch ein wiederkehrendes Leitmotiv – hier sind es u.a. die Initialen J.B. – gekennzeichnet ist.

Die zentrale Figur des Romans ist José Batista, der als Literaturwissenschaftler und Stadtschreiber in der imaginären, von einer feindlichen Umwelt umgebenen Stadt Castroforte del Baralla lebt. José Batista ist in der Stadt, weil er eine Mission zu erfüllen hat: Er soll Castroforte vor der Erhebung in die Lüfte retten, wobei er aber, so wurde ihm vorausgesagt, sterben würde. In seinen Erzählungen und Dialogen geht Batista bis zur Tafelrunde des König Artus zurück, um seine Mission zu erläutern. Die Vorgeschichte, die zu Batistas Ankunft in der Stadt führte, ist folgende: Nachdem die Heiligenfigur der Stadt sowie die Neunaugen im Fluss verschwunden waren, begannen zwei Organisationen, die Sagen zu studieren, um den Messias zu finden, der die Stadt retten kann und dessen Initialen J.B. lauten – diesen glauben die Bewohner nun in José Batista gefunden zu haben. Zeitgleich mit Batista leben jedoch noch drei weitere Männer mit den Anfangsbuchstaben in der Stadt, und insgesamt gibt es sieben Männer, deren Namen mit den Initialen J.B. beginnen und die im Laufe der Jahre die Geschichte der Stadt geprägt haben. Als die Stadt sich tatsächlich in die Lüfte erhebt – und dies genau an dem Tag, an dem Batistas Tod vorausgesagt wurde – flüchtet Batista jedoch: Er springt mit seiner Geliebten Julia von der Stadt herunter und landet im Paradies.

Der Roman ist ein wahres Feuerwerk an Parodien literarischer Gattungen (z. B. des fantastischen und des experimentellen Romans), Sagen und Mythen (z. B. des Erlösermythos der Ritter der Tafelrunde). Auch die Wiederholung von Themen und Motiven (*fuga*) wird auf eine humorvoll-ironische Weise gebrochen.

TORRENTE schafft eine originelle und witzige Verbindung von fantastischer und realistischer Literatur, die ferner durch eine überbordende Erzählweise gekennzeichnet ist: vielschichtige Figuren, verschiedene Themen, unterschiedliche historische Epochen, verschiedenste Erzählperspektiven und wechselnde Erzählerfiguren werden auf höchst kunstvolle Weise miteinander verflochten. Auch sprachlich ist der Roman überaus geistreich.

TORRENTES Roman ist auch insofern von großer Bedeutung, als er durch die unentwirrbare Verflechtung von Realität und Fiktion eine parodistische und komische Entmythisierung postulierter Wahrheiten und Ideologien vornimmt.

Literatur

Tietz (1998), Charchalis (2005).

JUAN BENET

Biografie

Der in Madrid geborene JUAN BENET (1927–1993) gehört in den 1950er Jahren zum Kreis der regimekritischen Autoren und publiziert 1953 ein Theaterstück in der *Revista Española* (s. S. 75). Er ist mit MARTÍN-SANTOS befreundet und beginnt wie dieser erst Anfang der 1960er Jahre mit der Abfassung seiner Erzählungen und Romane. Das Thema des Bürgerkriegs dominiert in BENETS Werk. BENET hat neben Romanen auch zahlreiche essayistische Arbeiten publiziert. Sein Roman *El caballero de Sajonia* (1991) handelt von MARTIN LUTHER.

Volverás a Región

Der zwischen 1962 und 1964 verfasste, aber erst 1967 publizierte Roman *Volverás a Región* bildet den ersten Teil einer Trilogie, die in der imaginären und mysteriösen Stadt Región im Nordosten Spaniens spielt. Región ist ein vom Bürgerkrieg geprägter und hermetisch abgeschlossener Ort, in dem Trostlosigkeit, Gewalt, Hass, Einsamkeit und Unfähigkeit zur Kommunikation dominieren. Región ist auch bis weit in die 1980er Jahre der Handlungsort von BENETS Werken, so etwa in dem Romanzyklus *Herrumbrosas lanzas* (1983–1986). Auch einige Familien kehren immer wieder.

Der Roman spielt in den 1960er Jahren: Nach Ende des Bürgerkriegs hat sich eine Gruppe von Kämpfern nach Región zurückgezogen und dort verschanzt, darunter auch der Arzt Daniel Sebastián, der in einer heruntergekommenen Klinik mit einem geisteskranken Jungen lebt. Als er eines Tages Besuch von Marré Gamalla erhält, beginnen beide, ihre Erinnerungen an den Bürgerkrieg wachzurufen. Als Marré den

Arzt verlässt und dieser nach dem Jungen schaut, wird er von dem Jungen getötet.

In ihrer Unterhaltung unternehmen Daniel und Marré den Versuch, ihre Lebensgeschichten zu rekonstruieren, was aber aufgrund ihrer gelegentlichen Gedächtnislücken nicht vollständig gelingt. Auch sprachlich führt BENET vor, dass ein Vordringen zur Wirklichkeit nicht möglich ist: Lange, schwer verständliche Sätze, weitschweifige Formulierungen, die nicht den Kern treffen, ferner filmische Techniken und der Wechsel von Erzählern schaffen das Gefühl eines Chaos, das sich auch in der Beschreibung der geheimnisvollen Stadt wiederholt.

Die Fortsetzung *Una meditación* (1970), die mit dem *Premio Seix Barral* ausgezeichnet wird, spielt auch in Región, wo der namenlose Erzähler in einem langen Monolog versucht, die Erlebnisse und Ereignisse von der Zeit vor dem Bürgerkrieg bis in die *posguerra* in der Erinnerung wachzurufen. Die sprunghafte Form der Erinnerns und Evozierens führt zu komplexen Abschweifungen und Verästelungen, die sich ihrerseits wieder weiter verzweigen und eine kohärente Geschichte verweigern. Der dritte Teil der Trilogie, *Un viaje en invierno* (1971), spielt ebenfalls in Región.

Literatur

Margenot (1997), Díaz Navarro (2000).

3 Das Theater

Überblick: Das spanische Theatersystem nach 1939

Theaterbetriebe

Das spanische Theatersystem wird bis 1975 von den staatlichen Nationaltheatern und dem kommerziellen Theater bestimmt. Daneben entwickelt sich an einigen Universitäten ein kritisches und ästhetisch innovatives Theater, aus dem regimekritische Autoren hervorgehen (s.u. zu den TEUs). Ab Mitte der 1950er Jahre kommen schließlich die *Teatros de Cámara y Ensayo* (Kammer- und Versuchstheater) hinzu, die ebenfalls eine Erneuerung des spanischen Theaters anstreben.

Nationaltheater

Die wichtigsten staatlichen Bühnen sind das *Teatro María Guerrero*, benannt nach der berühmten Schauspielerin MARÍA GUERRERO (1867–1928), und das *Teatro Español*.

Kommerzielle Theater

Die kommerziellen Theater sind private Unternehmen, deren Ziel volle Kassen sind. So wird die Auswahl der Stücke nicht aufgrund literarischer oder künstlicher Qualitäten vorgenommen, sondern aufgrund der zu erwartenden Gewinnträchtigkeit. Dabei soll der Theaterabend ein angenehmes und unterhaltendes gesellschaftliches Ereignis sein. Organisatorisch sieht es so aus, dass der Besitzer eines Theatersaales sein Haus an einen Schauspieldirektor vermietet, der wiederum einen Regisseur und eine Schauspielertruppe engagiert.

In den Nationaltheatern und den kommerziellen Theatern finden zwei Aufführungen pro Tag statt: eine Abendvorstellung, die zwischen 18 und 19 Uhr beginnt, und eine Nachtvorstellungen, die im Anschluss an die Abendvorstellung um 22.30 oder 23 Uhr beginnt. Diese Anfangszeiten stellen nicht nur für die Schauspieler eine Strapaze dar, sondern verhinderten vor allem, dass die arbeitende Bevölkerung ins Theater geht. Dazu tragen auch die hohen Eintrittspreise bei. So bleiben die Theater wenig besucht und dem gut situierten, gehobenen Bürgertum vorbehalten.

Aufführungen

Das Theater unterliegt seit 1936 in den von FRANCOS Truppen besetzten Gebieten, nach 1939 dann in ganz Spanien der Zensur. Theaterautoren können ihre Werke nicht direkt bei der Zensur einreichen. Dies können nur die Theaterdirektoren, die bereits eine konkret geplante Inszenierung für die Erlangung der Aufführungserlaubnis einreichen müssen. Stücke von regimekritischen Autoren können nur in den *Teatros de Cámara y Ensayo* zur Aufführung gebracht werden, wobei oft nur eine einzige Aufführung, die *sesión única*, genehmigt wird, so dass das kritische Potential der Stücke meist nur einer kleinen Publikumsschicht zugänglich gemacht und dadurch in seiner Reichweite entschärft wird. Nach der Vorzensur muss ein Theaterstück auch noch die Nachzensur (*censura de espectáculos*) passieren. Diese erfolgt bei der Generalprobe und besteht in der Überprüfung der Gestik und Mimik der Schauspieler, des Bühnenbildes und der Kostüme. Sollte der Zensor dabei Tabubrüche entdecken, kann er die geplante Aufführung sofort verbieten.

Theaterzensur

Das *Teatro Español Universitario* (TEU)

In der Nachfolge des Studententheaters von FEDERICO GARCÍA LORCAS *La Barraca* (s. S. 16f.) entsteht als Projekt des SEU 1941 unter der Leitung von MODESTO HIGUERAS (1902–1985) in Madrid das erste *Teatro Español Universitario* (TEU), an dem namhafte Dramatiker und Regisseure wie ALFONSO SASTRE, RICARDO RODRÍGUEZ BUDED und JOSÉ MARÍA DE QUINTO beteiligt sind; HIGUERAS selbst war LORCAS Assistent bei *La Barraca*. 1945 formiert sich um ALFONSO SASTRE, ALFONSO PASO und JOSÉ MARÍA DE QUINTO das *Teatro Experimental de Cámara de la Facultad de Filosofía y Letras*, das 1946 unter dem Namen *Arte Nuevo* bekannt wird. Nach dem Scheitern von *Arte Nuevo* macht sich ALFONSO SASTRE zum Wortführer dramenästhetischer Erneuerungsbestrebungen. Aus dem Umfeld des Universitätstheaters gehen später auch das von SASTRE und DE QUINTO gegründete *Teatro de Agitación Social* (T.A.S.) und der *Grupo de Teatro Realista* (G.T.R.) hervor.

Gründung

Ziel der TEUs ist es, den jungen Dramatikern der *Generación Realista* (s. S. 112–116) – SASTRE, RODRÍGUEZ MÉNDEZ, MARTÍN RECUERDA, RODRÍ-

Ziel

GUEZ BUDED, OLMO, MUÑIZ und LÓPEZ ARANDA – die erste Möglichkeit zu geben, ihre Stücke zur Aufführung zu bringen, weil die Zensurbehörde Aufführungen dieser kritischen Autoren in den staatlichen Theatern verbietet.

Aufführungen

Die TEUs müssen, wie auch die *Teatros de Cámara y Ensayo* (s.u.), in ein *Registro Nacional* eingetragen sein, wodurch der Staat eine Kontrolle über sie ausübt. Auch die Aufführungen sind insofern beschränkt, als für jede Inszenierung nur eine einmalige Spielerlaubnis, die *sesión única*, erteilt wird.

Auflösung

Mit der Auflösung des SEU im Jahre 1965 werden auch die TEUs aufgelöst. Ihre Nachfolge tritt das *Teatro Independiente* an (s. S. 117f.).

Die *Teatros de Cámara y Ensayo*

Definition

Der Begriff *Teatro de Cámara y Ensayo* (Kammer- und Versuchstheater) bezeichnet insgesamt etwa 300 nicht-kommerzielle Theatergruppen, die zwischen 1953 und 1975 außerhalb des kommerziellen und staatlichen Theaters existieren. Unter dem Begriff fasst man Amateurgruppen und halb-professionelle Gruppen zusammen. Von Bedeutung sind hauptsächlich die letzteren, deren Wichtigkeit im Folgenden dargestellt wird.

Ziel

Das Bestreben der *Teatros de Cámara y Ensayo* umfasst drei Ziele. Zunächst soll der Versuch unternommen werden, europäische und amerikanische, ästhetisch innovative Stücke und deren Inszenierungen in Spanien bekannt zu machen. Zugleich handelt es sich um gesellschaftskritische und oppositionelle Stücke. Durch die Auseinandersetzung mit diesen Stücken soll die Erneuerung der spanischen Dramatik erreicht werden. Damit verbunden ist der Anspruch, das Niveau des spanischen Theaters zu heben, da das seichte und systemkonforme Konsumtheater der staatlichen und kommerziellen Bühnen abgelehnt wird. Dabei sollen vor allem die Gesellschaftsschichten ins Theater geholt werden, die wegen der oben genannten Gründe (Eintrittspreise und Anfangszeiten) üblicherweise nicht ins Theater gehen. Auch die wirtschaftliche Ausrichtung der kommerziellen Theaterbetriebe wird abgelehnt. Schließlich ist es das Ziel der *Teatros de Cámara y Ensayo*, der staatlichen Zentralisierung des Theaterwesens durch Aufführungen in der Provinz entgegenzuwirken.

TNCE

Nach dem ersten erfolgreichen Jahr wird das *Teatro de Cámara* 1954 in ein staatliches Theater mit dem Namen *Teatro Nacional de Cámara y Ensayo* (TNCE) umgewandelt und somit Teil der staatlich dirigierten Theaterpolitik. Erster Direktor wird MODESTO HIGUERAS, der bereits in den TEUs eine bedeutende Rolle spielte (s.o.) und nun auch, bis auf eine Ausnahme, für alle Inszenierungen als Regisseur verantwortlich zeichnet. Seine Sekretärin und zweite Direktorin wird CARMEN TROITIÑO. Ziel dieses Nationaltheaters ist es, insbesondere zeitgenössische spanische und ausländische Stücke aufzuführen. Auf dem Programm standen daher u.a. Dramen von UNAMUNO, AZORÍN, RODRÍGUEZ BUDED, MUÑIZ, BOADELLA, PIRANDELLO, ANOUILH, COCTEAU, DÜRRENMATT, PINTER, WEISS, O´NEILL, BECKETT und IONESCO. Nach anfänglichem Enthusiasmus verfällt das TNCE jedoch zusehends. Tiefgreifende Neustrukturierungen (keine festangestellten Regisseure und Schauspieler, neue Spielplangestaltung, Diskussionsabende) sollten dem TNCE aus der Krise helfen. Zugleich erhält das TNCE ein eigenes Haus, das *Teatro Beatriz*. Nach einigen erfolgreichen Inszenierungen wird das TNCE 1970 aufgrund staatlicher Finanzprobleme aufgelöst. Wenige Monate später eröffnet einer der letzten Direktoren des TNCE, MARIO ANTOLÍN, erneut für ca. ein Jahr die Tore dieser Institution, bis im Juni 1971 die Geschichte des TNCE endgültig endet.

Literatur

Kulenkampff (1979), Oliva (1989), Pedraza Jiménez/Rodríguez Cáceres (1995), Härtinger (1997), García Lorenzo (1999), Knetsch (1999).

Tendenzen des Theaters

Ideologisch-propagandistisches Theater

Das als *teatro de los vencedores* (Oliva 1989: 67–132) bezeichnete Dramenschaffen einiger Autoren ist dem Romanschaffen der „Sieger" thematisch eng verwandt. JOSÉ MARÍA PEMÁN, der schon während des Bürgerkriegs propagandistische Stücke verfasste, wird weiterhin gespielt. Auch die Lyriker LUIS ROSALES und LUIS FELIPE VIVANCO tragen mit Dramen wie *La mejor reina de España* (1938) – gemeint ist ISABEL LA CATÓLICA – zur *cultura oficial* bei. Der schon als Verfasser des Bürgerkriegsromans *Madrid de Corte a checa* (1938) behandelte AGUSTÍN DE FOXÁ schreibt einige Stücke, darunter *Baile en Capitanía* (1944), welche die national-katholischen Werte verbreiten.

Evasives Unterhaltungstheater

Aufgrund der Vorgaben der Zensur vermeidet das systemkonforme Unterhaltungstheater aus finanziellen Gründen jeden Bezug auf die zeitgenössischen gesellschaftlichen und politischen Zustände in Spanien. Das evasive bürgerliche Unterhaltungstheater wird von ADOLFO TORRADO (1904–1958) vertreten. Seine Stücke ermöglichen die Flucht aus der Realität der *posguerra* in leichte, konfliktfreie, oft auch sentimentale Komödien (z. B. *Chiruca*, 1941), in denen die Liebesthematik dominiert.

Komisches Theater

Im komischen Theater der 1950er Jahre hat MIGUEL MIHURA (1905–1977) eine besondere Stellung, da er mit dem großen Erfolg seines bereits 1932 verfassten, aber erst 1952 uraufgeführten Dramas

Tres sombreros de copa einen absurden Humor einführt. Ansonsten dominiert die bürgerliche Komödie im Stile der Unterhaltungsstücke ALFONSO PASOS.

ALFONSO PASO

ALFONSO PASO (1926–1978) beginnt seine Theaterkarriere im Umkreis der TEUs, jedoch entscheidet er sich dann für ein konfliktfreies bürgerliches Unterhaltungstheater. Ab 1953 beginnt eine Phase ungeheurer Kreativität; zahlreiche Stücke werden große Bühnenerfolge (z.B. *Usted puede ser un asesino*, 1958; *La corbata*, 1963), so dass PASO der erfolgreichste Dramatiker der Nachkriegszeit wird.

Beginn des regimekritischen Theaters

Die Uraufführung von ANTONIO BUERO VALLEJOS Drama *Historia de una escalera* im Jahre 1949 kommt der Erschütterung gleich, die das Erscheinen von CELAS Roman *La familia de Pascual Duarte* (1942) und von ALONSOS Gedichtband *Hijos de la ira* (1944) begleitet hatte.

In der Forschung hat sich daher der Konsens etabliert, dass die Uraufführung von *Historia de una escalera* die Geburtsstunde des antifranquistischen Theaters darstellt. Als nächster Meilenstein in dessen Geschichte gilt die Uraufführung von ALFONSO SASTRES *Escuadra hacia la muerte* im Jahre 1953. Aufgrund dieser Aufführungsdaten gelten BUERO VALLEJO und SASTRE als Wegbereiter des Oppositionstheaters. Es muss jedoch erwähnt werden, dass JOSÉ MARTÍN RECUERDA bereits 1947/48 – also genau zeitgleich mit der Entstehung von BUERO VALLEJOS *Historia de una escalera* – mit *La llanura* ein Drama verfasst hat, das ungleich radikaler und offener die katastrophalen Folgen des Spanischen Bürgerkriegs anprangert. Da *La llanura* jedoch erst 1954 uraufgeführt wird, kommt dem Stück nicht die bahnbrechende Wirkung zu, die es verdient hat. Auch die Dramen der *Generación Realista* (s. S. 115f.) sind regimekritisch.

Literatur

Rodríguez Puértolas (1986–1987), Oliva (1989), Pedraza Jiménez/Rodríguez Cáceres (1995), Ruiz Ramón ([10]1995), García Ruiz (2003), Oliva (2003), Bauer-Funke (2007).

ANTONIO BUERO VALLEJO

Bedeutung

ANTONIO BUERO VALLEJO (1916–2000) ist der wichtigste spanische Dramatiker der Nachkriegszeit und zugleich der bedeutendste Gegenwartsdramatiker. Er gehört zusammen mit VALLE-INCLÁN und GARCÍA LORCA zu den Klassikern der modernen spanischen Literatur. Zahlreiche Aufführungen seiner Stücke in Europa und den USA sowie Übersetzungen seiner Dramen in viele Sprachen belegen seine weltweite Anerkennung.

Die bahnbrechende Bedeutung BUERO VALLEJOS beruht darauf, dass er den Bruch mit dem systemkonformen Unterhaltungs- und Evasionstheater vollzogen hat und damit zum Wegbereiter des regimekritischen und oppositionellen Theaters geworden ist. Dabei ist sein Theater auch ästhetisch und dramaturgisch überaus anspruchsvoll.

Biografie

Antonio Buero Vallejo wird 1916 in Guadalajara geboren. Schon früh zeigt sich seine Begabung für die Malerei. 1934 beginnt er sein Kunststudium an der *Escuela de Bellas Artes de San Fernando*. Im Bürgerkrieg kämpft Buero in den republikanischen Truppen. Nach Ende des Kriegs wird er verhaftet, jedoch unter Auflagen freigelassen. Als er am Wiederaufbau des PCE mitwirkt, wird er erneut verhaftet und zu Tode verurteilt, dann aber zu 30 Jahren Haft begnadigt. Während seiner Haft trifft er Miguel Hernández (s. S. 35), den er 1940 portraitiert. Nach fast sieben Jahren Haft kommt Buero frei, jedoch mit der Auflage, Spanien nicht zu verlassen. Nach seiner Freilassung beginnt Buero zu schreiben. Für *Historia de una escalera* wird Buero 1949 der *Premio Lope de Vega* verliehen; mit fast 200 Aufführungen ist *Historia de una escalera* ein sensationeller Erfolg. Seit der Uraufführung von *Historia de una escalera* feiert Buero viele weitere Theatererfolge. Er schreibt bis kurz vor seinem Tod: 1999 wird sein Bürgerkriegsdrama *Misión al pueblo desierto* uraufgeführt.

Buero erhält überaus zahlreiche Auszeichnungen für seine Dramen. 1971 wird er in die *Real Academia Española de la Lengua* gewählt; 1980 erhält er den *Premio Nacional de Teatro*, 1986 wird ihm der Cervantes-Preis verliehen; 1996 erhält er als erster Bühnenautor den *Premio Nacional de las Letras Españolas*. Buero Vallejo stirbt im Jahre 2000.

Posibilismo

Trotz seiner politischen Vergangenheit und trotz des regimekritischen Inhalts seiner Dramen ist es Buero Vallejo gelungen, zum bedeutendsten Dramatiker der Nachbürgerkriegszeit zu avancieren. Buero Vallejo stellt in seinen Stücken die zeitgenössische Realität dar und zeigt die materielle Notsituation, die Stagnation und die Hoffnungslosigkeit der Nachbürgerkriegszeit. Außerdem prangert er diktatorische Regimes und deren Machterhaltungsstrategien an. Um seine Stücke aber trotzdem zur Aufführung zu bringen, hat Buero Vallejo stets in einer Gratwanderung versucht, seine Regimekritik so zu transportieren, dass seine Stücke – trotz zum Teil massiver Eingriffe der Zensur – ihr Publikum erreichen können. In einem Streit mit Alfonso Sastre ist Bueros Haltung als *posibilismo* bezeichnet worden, während Sastres kompromisslose Position als *imposibilismo* benannt wird.

Zensurumgehungsstrategien

Buero verwendet verschiedene Strategien, um Kritik an der Diktatur zu üben und trotzdem das Publikum zu erreichen: die Verwendung von Symbolen (s.u.), die Verlegung der Handlung in die Vergangenheit und/oder ins Ausland, die Darstellung eines geschlossenen Raums (der *huis-clos*, wie er schon bei Lorca Verwendung fand) und die Herstellung eines Mikro-Makrokosmos-Verhältnisses.

Ästhetik

BUEROS Theater entfaltet sich dramenästhetisch zwischen Realismus und Symbolismus, die sich aber stets gegenseitig durchkreuzen und befruchten. So sind z. B. die Blindheit und die Licht-Dunkelheit-Opposition wiederkehrende Motive, die symbolisch zu deuten sind. Mit diesen Symbolen und Metaphern gelingt es BUERO auch, die Zensur zu überlisten.

Efectos de inmersión

Efectos de inmersión (Doménech [3]1999: 49) sind dramaturgische Verfahren, die es den Zuschauern ermöglichen, sich ganz mit einer Figur und deren Sichtweise zu identifizieren. Ein Beispiel dafür findet sich im dritten Akt des Dramas *En la ardiente oscuridad* (1946), in dem das Licht vorübergehend bis zur vollkommenen Dunkelheit erlischt, damit die Zuschauer die Blindheit der Figuren nachempfinden können. Ein weiteres Beispiel für einen *efecto de inmersión* findet sich in *El sueño de la razón* (1969), in dem GOYAS Taubheit vermittelt wird, indem die übrigen Figuren stumm agieren. Diese Technik hat BUERO im Laufe seines Schaffens immer weiter ausgearbeitet.

Einteilung

BUEROS umfangreiches dramatisches Werk lässt sich in Phasen untergliedern, die sich durch ästhetisch immer innovativere Darstellungsverfahren und formale Erneuerungen voneinander abheben. Thematisch sind drei Werkgruppen erkennbar: 1. Stücke, die im zeitgenössischen Spanien spielen, so z. B. *Historia de una escalera* (1947–48), *Hoy es fiesta* (1955), *Jueces en la noche* (1978–79), *Las trampas del azar* (1994); 2. Geschichtsdramen: *Las meninas* (1960), *El sueño de la razón* (1969), *La detonación* (1977); 3. mythologische Stücke, z. B. *Las palabras en la arena* (1948).

Historia de una escalera

Die bahnbrechende Bedeutung des Stückes *Historia de una escalera* wurde bereits mehrfach erläutert. Das Drama ist in drei Akte strukturiert, die 1919, 1929 und 1949 spielen. Im Laufe der Handlung – und im Hinblick auf die Zensur – wird deutlich, dass BUERO das Jahr 1939 bewusst ausgelassen hat, obschon es im Bewusstsein der Figuren eine zentrale Rolle spielt, wie noch auszuführen ist. Ort der Handlung ist die titelgebende Treppe in einem Madrider Mietshaus, dessen Bewohner über drei Generation verfolgt werden. Von maßgeblicher Bedeutung für die konfliktreichen Beziehungen zwischen den Familien sind auch die Ereignisse, die in den 10 bzw. 20 Jahren zwischen den Akten stattgefunden haben.

Die Figuren der Handlung sind die Mitglieder von vier Familien, die im selben Stockwerk wohnen. Neben der Schilderung der allgemeinen wirtschaftlichen Notsituation ist der zentrale Aspekt im ersten Akt (1919) die Wette der beiden Freunde Urbano und Fernando darüber, welcher von beiden es zu Wohlstand bringen wird und damit der beklemmenden Situation im Mietshaus entkommen kann. Außerdem besteht zwischen ihnen ein Konkurrenzverhältnis, weil sie beide um die Nachbarstochter Carmina werden. Im zweiten Akt (1929) wird gezeigt, dass weder Urbano noch Fernando es geschafft haben, das Mietshaus zu verlassen. Außerdem kommt es zu Spannungen, weil Fernando Carmina verlassen hatte und sie daraufhin Urbanos Heiratsantrag angenommen hat, ohne mit Urbano aber glücklich zu sein. Im dritten Akt (1949) sind Urbano und Fernando inzwischen offen verfeindet – den Grund für ihren Hass aufeinander und die unüberbrückbare Feindseligkeit kann man nur anhand einiger Hinweise erahnen: Urbano hatte sich in der Arbeiterbewegung engagiert, so dass zu vermuten ist, dass er im Bürgerkrieg auf Seiten der Republik kämpfte, während Fernando als Verräter und als Vertreter jener *abulia* erscheint, die schon bei der 98er-Generation ein Grund für das Scheitern der Figuren war (s. S. 22). Der von Buero ausgelassene Bürgerkrieg, der aber eindeutig zur Spaltung in die *dos Españas* führte, wird vom Dramatiker hier also erwähnt, ohne ihn zu erwähnen – wodurch sich Bueros *posibilismo* erkennen lässt. Mit der Liebesbeziehung zwischen den Kindern von Urbano und Fernando scheint letztlich aber die Hoffnung auf eine Versöhnung der *dos Españas* durch.

Die Treppe ist dabei das Symbol für Monotonie, Stillstand und Ausweglosigkeit in der *España Eterna*. Indem sich die Treppe damit auch als ein geschlossener Raum (*huis-clos*) erweist, schafft Buero mit dem Mietshaus einen Mikrokosmos, der auf analoge Zustände im Makrokosmos Spanien verweist.

La doble historia del doctor Valmy

Ein zweites Drama soll Bueros originelle und zugleich regimekritische Theaterarbeit illustrieren. Außerdem wird anhand des Stückes sichtbar, wie stark die Zensur eingreifen und literarische Werke verhindern kann.

Buero stellt *La doble historia del doctor Valmy* im Jahre 1964 fertig und will es zur Aufführung bringen. Das Zensurverfahren zieht sich jedoch bis 1966 hin und endet mit einem Verbot des Dramas. Der Grund dafür liegt wahrscheinlich nicht allein im Stück begründet, sondern auch in der Tatsache, dass Buero sich 1963 mit dem Bergarbeiterstreik in Asturien solidarisiert hat und ein Protestschreiben an den obersten Zensor und Informationsminister Frage Iribarne anlässlich der Unterdrückung des Streiks unterzeichnet hat. Doch auch der Inhalt von *La doble historia del doctor Valmy* ist höchst brisant, denn es geht um die Folterung politisch Andersdenkender. Die zensurtaktische Verlagerung der Handlung in das fiktive Land Surelia ist aber keine wirkliche Verschleierung des äußerst kritischen Inhalts.

Protagonist ist David Barnes, ein Folterknecht des Regimes, der wegen seiner Alpträume und Potenzstörung den Arzt Dr. Valmy aufsucht, der wiederum seiner Sekretärin die Berichte von Barnes diktiert. Anhand der Ausführungen von Barnes lässt sich ein Bild des Staates nachzeichnen, dem er dient: Es ist ein Staat, in dem Oppositionelle unterdrückt und gefoltert werden und in dem die Propaganda der

Machterhaltung eines diktatorischen Regimes und der Zweiteilung des Landes in Sieger und Besiegte dient.

Einige innovative dramaturgische Strategien sollen jedoch die augenfälligen Parallelen zur Diktatur in Spanien verwischen: die Rahmung der Handlung und das Auftreten von zwei Figuren, die auf den rein fiktiven Charakter der Handlung verweisen, die Darstellung des Folterers als sympathischer Familienvater, dessen Beruf erst enthüllt wird, als der Zuschauer sich schon mit ihm identifizieren konnte, die Darstellung der Folter aus der Sicht der Täter, die die Folter zu legitimieren versuchen (und sich damit aber selbst anprangern), und schließlich der Erkenntnisprozess, den die Ehefrau des Folterers durchmacht, als sie vom Beruf ihres Mannes und seiner Abhängigkeit von Vorgesetzten erfährt – sie erschießt ihren Mann am Ende.

Das Verbot der Zensur belegt jedoch, dass Bueros Verhüllungsstrategien durchschaut und der politische Zündstoff des Dramas erkannt wurden.

Literatur

Neuschäfer (1991: 124–152), Härtinger (1997), Doménech ([3]1999), Paco (2000), Iniesta Galván (2002), Paco (2003).

Alfonso Sastre und die *Generación Realista*

Gruppe

Die regimekritischen Dramatiker Alfonso Sastre sowie die als *Generación Realista* zusammengefassten Dramatiker José Martín Recuerda, José María Rodríguez Méndez, Lauro Olmo, Carlos Muñiz, Ricardo Rodríguez Buded, Ricardo López Aranda und Joaquín Marrodán sind eng mit den Vertretern der *novela social* verbunden; ihre Stücke sind in der Auseinandersetzung mit denselben ideologischen und literarischen Quellen entstanden, wie die persönlichen Kontakte zwischen den Dramatikern und den Romanciers belegen: Nahezu alle Vertreter der *novela social* und die regimekritischen Dramatiker stammen aus dem Madrider und Barceloneser Universitätsmilieu, wo sie dieselben Seminare, TEUs, *cine-clubs*, Kongresse und *tertulias* frequentieren und dort dieselben ausländischen Werke rezipieren und diskutieren, welche die Grundlage für die Entstehung des *realismo social* bilden (s. S. 87–90).

Da die Lebensläufe und das sozialkritische Engagement der genannten acht Dramatiker einige fundamentale Parallelen aufweisen, die sie für das realistische und sozialkritische Theater prädestinieren, bietet es sich an, Sastre in die *Generación Realista* zu integrieren. Das Erlebnis des Bürgerkriegs als Kind und die Errichtung des franquistischen Staates mit dessen Auswirkungen auf die wirtschaftlichen, politischen, gesellschaftlichen und kulturellen Umstände sind von allen Dramatikern in ähnlich katastrophaler Weise empfunden worden – Erlebnisse, die jedes einzelne ihrer Dramen prägen. Zudem solidarisieren sich die Schriftsteller mit den unterprivilegierten Volksschichten, die sie zu Protagonisten erheben, um so mit einem in den

Dienst politisch-ideologischer Aktion gestellten Theater gegen die soziale Ungerechtigkeit zu kämpfen.

Imposibilismo

Die politische und literarische Motivation dieser Autoren führt zu dem Bedürfnis, dem offiziellen, vom Regime propagierten Bild Spaniens in ihren Werken ein „realistisches" Bild entgegenzuhalten, da das vom Staat propagierte Spanienbild den realen Lebensbedingungen des Volkes diametral entgegensteht. Die Solidarisierung mit den Marginalisierten und Ausgebeuteten zieht aber eine Reihe von Konsequenzen nach sich, die eine Eigendynamik entwickeln: Das Aufdecken sozialer Ungerechtigkeit in den Dramen führt zu Konflikten mit der Zensur, gegen welche die Dramatiker dann wieder anschreiben, was jedoch erneut die Verhinderung der Stücke durch die Zensur nach sich zieht und in letzter Konsequenz die Marginalisierung der Dramatiker selbst bedeutet. Anders als ANTONIO BUERO VALLEJO nehmen diese Dramatiker die Folgen ihrer nonkonformistischen Haltung aber in Kauf und machen sich wie ALFONSO SASTRE zu Vertretern des *imposibilismo*: Statt sich dem Diktat des Staates, des kommerziellen Theaterwesens oder des bürgerlichen Publikums zu beugen, nehmen sie den Kampf gegen die Zensur auf oder verzichten gar auf eine Aufführung ihrer Stücke.

Themen

Die Autoren der *Generación Realista* behandeln einige Problemkreise, anhand derer sie die materielle und psychologische Notsituation im Spanien der *posguerra* anprangern. Dadurch begehen sie die zahlreichen Tabubrüche, die zu ihren Schwierigkeiten mit der Zensur führen. Problemkreise sind der Spanische Bürgerkrieg, die Rebellion gegen die Staatsmacht, das Thema der Revolution gegen ausbeuterische Regimes und die Macht der Kirche, die deprimierende Situation der (unverheirateten) Frau in der franquistischen Gesellschaft – dieses Thema ist schon durch GARCÍA LORCA bekannt (s. S. 49–51) –, Arbeitslosigkeit, Unterdrückung, soziale Ungerechtigkeit, das unmenschliche Universitätssystem, das Elend in armen Stadtvierteln und schließlich die aus wirtschaftlichen Gründen erfolgte Emigration ins europäische Ausland.

Realistische Ästhetik

Grundlage der realistischen Ästhetik sind die tatsächlichen soziopolitischen und sozioökonomischen Zustände der Diktatur, die in den Stücken objektiv und multiperspektivisch dargestellt werden. Die Figuren und Handlungen sind konkret im Spanien der *posguerra* situiert und widerlegen das geschönte Bild des offiziellen Spanienbilds. Von Bedeutung ist auch der Dialog der Figuren, der dazu dient, Positionen der antifranquistischen Opposition dem monologischen Diskurs des Regimes gegenüberzustellen. Durch die Konstruktion analoger Verhältnisse zwischen der werkimmanenten und der außerliterarischen Realität werden die Mythen der *España Eterna* unterhöhlt und als Lüge entlarvt.

Raum-
konzept

Die Dramen der *Generación Realista* sind durch ein Raumkonzept geprägt, das die beklemmende Situation im diktatorischen Regime versinnbildlicht: Es ist die Opposition eines geschlossenen Raumes (*espacio cerrado*), wie er schon bei GARCÍA LORCA vorkam (*huis-clos*, und eines offenen Raums (*espacio abierto*), der eine Flucht aus dem als Gefängnis wahrgenommenen franquistischen Spanien in Aussicht stellt.

Abkehr vom Realismus

Wie schon anhand der Erzählprosa dargelegt wurde, erfolgt auch im Theater ab Anfang der 1960er Jahre eine Abkehr von der realistischen Ästhetik, indem die Dramatiker neue, auch nicht-realistische ästhetische Verfahren erproben.

ALFONSO SASTRE

Bedeutung

ALFONSO SASTRE hat aufgrund seiner zahlreichen regimekritischen Dramen, aufgrund seiner umfangreichen ästhetischen Theoriebildung und aufgrund seiner antifranquistischen Proteste eine Schlüsselposition im Entstehungsprozess der realistischen Dramenästhetik inne; dies belegen die Gründung von Theatertruppen wie *Arte Nuevo*, T.A.S. (*Teatro de Agitación Social*) und G.T.R. (*Grupo de Teatro Realista*), seine Mitwirkung im Madrider TEU sowie bei zahlreichen Kolloquien, Theaterseminaren und Autorenbefragungen, ferner seine Kontakte zu und Freundschaften mit oppositionellen Schriftstellern und schließlich seine Protestschreiben gegen die Zensur.

Zugleich ist er derjenige, der am kompromisslosesten gegen die Zensur ankämpft und im Streit mit ANTONIO BUERO VALLEJO seine Position des *imposibilismo* behauptet (s. S. 109).

Biografie

ALFONSO SASTRE (*1926) stammt aus Madrid, wo er studiert und sich im Kreis der antifranquistischen Opposition bewegt. Seit 1945 leitet er mehrere Theatergruppen, die sich um eine Erneuerung des spanischen Theaters bemühen. Im Universitätsmilieu entsteht auch SASTRES Überzeugung, mit einer sozialkritischen Literatur gegen die Diktatur kämpfen zu müssen. Er engagiert sich in den 1950er Jahren auch in der Studentenbewegung und wird mehrfach verhaftet. Nach FRANCOS Tod setzt er sein kritisches Theater mit ungebrochenem Engagement fort. 1993 erhält er den *Premio Nacional de Literatura Dramática*.

Hauptwerke

In den 1950er Jahren verfasst SASTRE zahlreiche realistische revolutionäre Dramen, in denen er die Ausbeutung der Arbeiter, die soziale Misere der kleinen Leute und die Situation von Widerstandskämpfern behandelt (*Prólogo patético*, 1949–50/53; *El cubo de la basura*, 1950–51; *Tierra roja*, 1954/56; *En la red*, 1959).

SASTRES bekanntestes Drama ist *Escuadra hacia la muerte* (1951–52), in dem er die Rebellion und ideologische Spaltung innerhalb eines

Soldatentrupps an der Front vorführt. Im Kontext des antifranquistischen Widerstands ist auch *La mordaza* (1953–54) wichtig, da der titelgebende Knebel auf die Situation des Volkes während der FRANCO-Diktatur verweist und im Stück zugleich die Rebellion gegen den Tyrannen in dessen Ermordung gipfelt. In seinem Geschichtsdrama *Guillermo Tell tiene los ojos tristes* (1955) prangert SASTRE die Unterdrückung und Folterung des Volks durch einen Tyrannen an; er verwendet als Zensurumgehungsstrategie die Verlegung der Handlung in die Vergangenheit, die jedoch durch Anachronismen gebrochen wird und so die Analogie zu Unterdrückungsmechanismen der FRANCO-Diktatur aufzeigt.

Anfang der 1960er Jahre orientiert SASTRE sich von dem von ihm propagierten *realismo social* weg und entwickelt das Konzept der *tragedia compleja*. Diese zeichnet sich durch eine starke metafiktionale Komponente aus und zeigt sich in Dramen wie *La taberna fantástica* (1966). SASTRE schreibt seitdem zahlreiche weitere Dramen, in denen er sich u.a. mit dem Problem des Terrorismus auseinandersetzt.

Literatur

Neuschäfer (1991: 153–181), Ruiz Ramón ([10]1995: 384–419), Ascunce (1999), Bauer-Funke (2007).

Weitere Dramatiker der *Generación Realista*

JOSÉ MARTÍN RECUERDA

Der aus Granada stammende JOSÉ MARTÍN RECUERDA (*1922) verfasst bereits 1947–48 ein Theaterstück mit dem Titel *La llanura*, in dem er auf radikale Weise den Spanischen Bürgerkrieg, die ideologische Spaltung des Landes sowie die Diktatur General FRANCOS anprangert. Die titelgebende Ebene wird zum Ort des Erinnerns und der Trauer, denn dort ist der republikanisch gesinnte Mann der Protagonistin nach seiner Ermordung durch Franquisten verscharrt worden. Ihren Bemühungen um die Bewahrung der Erinnerung stehen die Versuche der systemtreuen *vencedores* gegenüber, die alle Erinnerungen an den Bürgerkrieg auslöschen wollen.

In seinen Dramen lehnt MARTÍN RECUERDA sich gegen die Unterdrückung und die trostlose Situation der unverheirateten Frau auf (*Las ilusiones de las hermanas viajeras*, 1955; *Como las secas cañas del camino*, 1960), und er klagt die Rolle der Kirche als systemstützende Macht im Staat an (*El Cristo*, 1964). MARTÍN RECUERDA bemüht sich in seinen späteren Dramen auch um die Integration nichtrealistischer dramatischer Verfahren.

LAURO OLMO

Mit seinem Drama *La camisa* (1960) wagt es LAURO OLMO (1922–1994), eines der großen Probleme der franquistischen Wirtschaftspolitik anzuprangern: die Emigration von Spaniern in europäische Nachbarländer, die aus existenzieller Not erfolgt. OLMO kritisiert in *La condecoración* (1963–64) die erzkonservativen und auf der Kriegsrhetorik basierenden Denk- und Familienstrukturen sowie das durch national-katholische Werte bestimmte Leben der Frau (*La pechuga de la sardina*, 1962).

José María Rodríguez Méndez

Der Widerstand gegen den diktatorischen Staat und die Instrumentalisierung der Kirche sowie die scharfe Kritik an der ideologischen Spaltung des Landes und dessen Folgen bestimmen auch das dramatische Werk des in Madrid geborenen José María Rodríguez Méndez (*1925). Dies belegen seine Dramen *La batalla del Verdún* (1961), *La vendimia de Francia* (1961) und *Los inocentes de la Moncloa* (1961). In den 1980er und 1990er Jahren setzt Rodríguez Méndez seine kritische Auseinandersetzung mit der modernen Gesellschaft fort, wobei er insbesondere die Probleme der Massen- und Konsumgesellschaft anprangert. Ihm wird 1994 der *Premio Nacional de Literatura Dramática* verliehen.

Carlos Muñiz

Symptomatisch für die langsame Abkehr vom *realismo social* ist das Werk von Carlos Muñiz (1927–1994), der zunächst ein realistisches sozialkritisches Drama über die trostlose und ausweglose Situation der kleinen Leute verfasst (*El grillo*, 1955), dann aber 1960 mit *El tintero* den Übergang zum expressionistischen und esperpentischen Theater vollzieht.

Literatur

Oliva (1989: 217–336), Pedraza Jiménez/Rodríguez Cáceres (1995: 301–360), Bauer-Funke (2006; 2007).

Das *Nuevo Teatro Español*

Beginn

Anfang der 1960er Jahre vollzieht sich auch auf dem Gebiet des Theaters eine allmähliche Abkehr von der realistischen Ästhetik, wie anhand der *Generación Realista* bereits angeklungen ist. Die *Generación Realista* wird ab diesem Zeitpunkt vom *Nuevo Teatro Español*, auch *Generación Simbolista* genannt, abgelöst.

Regimekritik

In ihrer regimekritischen und antifranquistischen Haltung stimmen die Autoren des *Nuevo Teatro Español* mit den Vertretern der *Generación Realista* überein. Auch sehen sie die Funktion des Theaters darin, der Enthüllung soziopolitischer Missstände zu dienen.

Ästhetik

Sie distanzieren sich aber von der realistischen Theaterästhetik und befürworten stattdessen ein experimentelles und antirealistisches Theater, das an Lorcas Idee vom Totaltheater anknüpft (Aufwertung von Mimik, Gestik, Musik, Requisiten, Beleuchtung) sowie Anschluss an avantgardistische Strömungen wie z. B. Valle-Incláns *esperpentos* und das Absurde Theater sucht. Zugleich favorisieren die Autoren ein allegorisch-symbolistisches Theater, und sie hegen eine Vorliebe für die Farce, die Karikatur und abstrakte Darstellungen.

Vertreter dieses *Nuevo Teatro Español* sind u. a. José Ruibal (*1925), Francisco Nieva (*1927), Antonio Martínez Ballesteros (*1929), Luis Matilla (*1938) und Jerónimo López Mozo (*1942).

Autoren

Eine Breitenwirkung haben die Stücke des *Nuevo Teatro Español* jedoch nicht, so dass es weitgehend marginalisiert bleibt und daher auch als *„Spanish Underground Drama"* (Wellwarth 1972) in die Literaturgeschichte eingegangen ist. Gelegentlich werden die Dramen des *Nuevo Teatro Español* von Theatertruppen des *Teatro Independiente* inszeniert.

Underground Drama

Wellwarth (1972), Pörtl (1986), Oliva (1989: 337–356), Pedraza Jiménez/Rodríguez Cáceres (1995: 431–533), Barajón Muñoz (2003).

Literatur

Das *Teatro Independiente*

Die Bewegung des *Teatro Independiente* (T.I.), die bereits seit den 1950er Jahren in Lateinamerika besteht und dort gegen ein kommerzielles Theater gerichtet ist, weckt auch in Spanien das Bedürfnis, ein wirklich unabhängiges, nicht-kommerzielles und professionelles Theater zu schaffen, das sich an breite Publikumsschichten wendet. Nachdem die *Teatros de Cámara y Ensayo* und auch die TEUs Ende der 1960er bzw. zu Beginn der 1970er Jahre verschwinden, kann das *Teatro Independiente*, das ab Mitte der 1960er Jahre aus den beiden genannten Theaterformen hervorgeht, zumindest einige Errungenschaften dieser Theater retten, wie z. B. das Streben nach einer Erneuerung des spanischen Theaters durch die Inszenierung von aktuellen Stücken aus dem In- und Ausland.

Entstehung

Ziel des *Teatro Independiente* ist ein regimekritisches, subversives und ästhetisch innovatives Theater, das sich durch Volksnähe auszeichnet.

Ziel

In ihrer Organisationsform unterscheiden sich die Gruppen des *Teatro Independiente* jedoch von ihren Vorläufern: Die Gruppen verstehen sich als demokratisch funktionierende Kollektive gleichberechtigter Mitglieder. Sie streben zudem nach einer Kontinuität in der Zusammensetzung ihrer Mitgliedschaft, wodurch ein festes Repertoire gesichert werden soll. Auch gleichbleibende Aufführungsorte sollen eine Kontinuität ermöglichen.

Organisationsform

Von den vielen Gruppen des unabhängigen Theaters erlangen einige Berühmtheit über die Grenzen Spaniens hinaus. Es sind dies z.B. *Els Joglars* (1962) und *Els Comediants* (1971) aus Barcelona, das *Teatro Experimental Independiente* (1960), *Los Goliardos* (1964) und *Tábano* (1968) aus Madrid und das *Teatro Universitario de Murcia* (1967).

Gruppen

Literatur Fernández Torres (1987), Oliva (1989: 359–375).

4 Die Lyrik

Dos Españas Im Kapitel über die vor und während des Bürgerkriegs entstandene Literatur ist vielfach dargelegt worden, dass viele Literaten Spanien aus politischen Gründen verlassen haben. Die Dichter des „rechten Lagers“ setzen nach 1939 ihr panegyrisches Werk fort. Die Spaltung der spanischen Literatur in *vencedores* und *vencidos* lässt sich auch nach 1939 in der Lyrik nachweisen.

Tendenzen Im Folgenden werden die bedeutenden Tendenzen der spanischen Lyrik bis zum Ende des Franquismus behandelt. Anhand des Schaffens einiger Autoren, das bis in die 1980er und 1990er Jahre reicht, wird auch ersichtlich, dass das Jahr 1975 nicht als starrer Endpunkt gesetzt werden kann.

Literatur Cano (1974), García de la Concha (1987–1992), Fröhlicher et al. (2001), Pariente (2003).

Die Generation von 1936

Generación del 36 Bereits während des Kriegs hat sich um Luis Rosales (1910–1992) die *Generación del 36* gebildet, der auch Dionisio Ridruejo (s.u.), Luis Felipe Vivanco (1907–1975) und Leopoldo Panero (1909–1962) angehören. Der Name der Gruppe bezieht sich auf den 400. Todestag von Garcilaso de la Vega (1501?–1536), der als Idealverkörperung von *„armas y letras“* (Waffe und Feder) gilt. Die mit dem Begriff *garcilacismo* bezeichnete Dichtkunst der regimetreuen Lyriker hat die Aufgabe, eine neoklassizistische, religiöse Dichtung in den Dienst des Staates zu stellen. Diese Dichtung muss ahistorisch und unpolitisch sein, indem sie die soziopolitische Realität vollkommen ausklammert, und sie muss das Vaterland, die Religion und eine schöne Scheinwelt verherrlichen. Die Zeitschriften *Escorial*, 1940 von Ridruejo gegründet, und vor allem *Garcilaso* (1943) dienen dieser Aufgabe.

Luis Rosales Der aus Granada stammende Luis Rosales studiert Romanische Philologie in Madrid. 1935 erscheint sein erster Gedichtband *Abril*, der Liebesgedichte im neoklassizistischen Stil enthält. Während des Bürgerkriegs ist er in Francos Propagandazentrale tätig und gehört mit Ridruejo und Torrente Ballester (s. S. 101f.) zu einer Gruppe von Intellektuellen, die sich um Franco schart. In seiner Dichtung bemüht sich Rosales um die Rückgewinnung der verlorenen Identität, wobei ihm die Erinnerung und die Fixierung auf die Kindheit den Weg weisen. Die pessimistische Grundhaltung und das Kreisen um Einsamkeit, Vergänglichkeit und Tod werden durch den katholischen Glauben abgemildert (*La casa encendida*, 1949; *Rimas*, 1951). ROSALES ist bis weit in die 1980er Jahre schöpferisch tätig. Seit 1962 ist er Mitglied der *Real Academia Española de la Lengua*, 1982 erhält er den Cervantes-Preis.

DIONISIO RIDRUEJO

DIONISIO RIDRUEJO (1912–1975) hat schon mehrfach Erwähnung gefunden. Während des Bürgerkriegs war er FRANCOS Propagandachef. Als Mitglied der *Falange* huldigt er in seiner *Poesía en armas* (1940) seinem ermordeten Freund JOSÉ ANTONIO PRIMO DE RIVERA und FRANCO. Von 1940 bis 1942 ist er der Herausgeber der *Falange*-Zeitschrift *Escorial*, von 1941 bis 1942 gehört er zur *División Azul*, einer Einheit, die FRANCO HITLER zur Unterstützung nach Russland sendet. 1942 wendet RIDRUEJO sich jedoch enttäuscht von FRANCO ab, der ihn mit einer fünfjährigen Verbannung u.a. nach Ronda bestraft. In RIDRUEJOS *Sonetos a la piedra* (1943) erscheint der Stein als Symbol für die Unvergänglichkeit. Die in der Verbannung entstandenen Lyrikbände *En la soledad del tiempo* (1944) und *Elegías* (1948) zeugen von seinem *desengaño* (der Ernüchterung und Einsicht in die (Selbst-)Täuschung), von Einsamkeit, aber auch vom Glauben. In seinen späteren Gedichten befreit RIDRUEJO sein Dichten von festen Formen (*En once años*, 1950; *Hasta la fecha*, 1961).

RIDRUEJO spielt in den 1950er und 1960er Jahren eine entscheidende Rolle in der antifranquistischen Opposition und der Studentenbewegung.

DÁMASO ALONSO: *Hijos de la ira* (1944)

1944

Das Jahr 1944 gilt als Schlüsseljahr für die spanische Lyrik der *posguerra*, da zwei bedeutende Gedichtsammlungen erscheinen, die wie Bomben in die Friedhofsruhe der Nachkriegszeit einschlagen: *Hijos de la ira* von DÁMASO ALONSO und *Sombra del paraíso* von VICENTE ALEIXANDRE. Beide Autoren gehören der Generation von 1927 an (s. S. 29–36), entschlossen sich aber im Gegensatz zu vielen anderen Dichtern, nach Ende des Bürgerkriegs in Spanien zu bleiben.

Hijos de la ira

Mit *Hijos de la ira* schockiert ALONSO das Publikum, da der Band eindeutig als ein revolutionäres Protestbuch gegen Ungerechtigkeit und Hass zu lesen ist. Zu Beginn von *Hijos de la ira* ruft ALONSO den Kains-Mythos (der im vorliegenden Buch schon vielfach behandelt wurde) auf, weil er die innere Zerrissenheit und ideologische Spaltung des Landes verdeutlichen will. In *Hijos de la ira* lassen sich zwei Abschnitte erkennen: ein erster, der um den Tod kreist, und ein zweiter, der den Weg zu Gott weist; zwischen beiden Abschnitten steht ein Gedicht mit dem bezeichnenden Titel „Monstruos“. ALONSO bezeichnet sein Werk selbst wie folgt: „Es un libro de protesta y de indagación.“ Es dominieren Schreie, Schrecken, Zerstörung, Tod, Fäulnis, so dass in der Forschung auf die Nähe zum *tremendismo* verwiesen wird (s. S. 81f.). Schon der erste Vers zeigt, dass *Hijos de la ira* gegen alle Mythen des Franquismus verstößt: *„Madrid es una ciudad de más de un millón de cadáveres (según las últimas estadísticas)."* Wie auch Max Aub (s. S. 129–131) verwendet Alonso die Metapher des Labyrinths, um die Befindlichkeit des lyrischen Ichs zu erläutern: Die Erlebnisse des Bürgerkriegs, aber auch des Zweiten Weltkriegs lassen die Welt als Labyrinth erscheinen, in dem Nacht und Fäulnis dominieren. Dieser pessimistischen Weltsicht entsprechen formal der Verzicht auf eine strophische Gliederung, die Verwendung freier Verse ohne Reime und eine bisweilen schockierend harte, vulgäre Sprache.

Die heftigen Angriffe und Klagen sind Ausgangspunkt für das Entstehen der *poesía social*.

Literatur Debicki (1974), Huarte Morton et al. (1998), Russell (2004).

Die *poesía social*

Poesía social

Die um 1950 entstehende *poesía social* ist eine Bewegung der spanischen Dichtung, die dieselben Ursprünge wie der *realismo social* in der Erzählprosa und im Theater hat. In der *poesía social* ist auch der Einfluss der existentialistischen Lyrik spürbar. Diese kreist um die Frage, inwiefern der Existenz des Menschen ein Sinn innewohnt oder gegeben werden kann. Jean-Paul Sartre, dessen Überlegungen zur Funktion der *littérature engagée* die *Generación del 56* entscheidend prägen (s. S. 88), sieht im politischen und sozialen Engagement eine Sinnsetzung für den Einzelnen. Bei Albert Camus ist es die zwischenmenschliche Solidarität, die den Menschen von der Absurdität des Daseins befreit.

Die *poesía social* ist Zeichen des keimenden Widerstands gegen die *cultura oficial* der franquistischen Diktatur, welche diejenige Literatur knebelt und mundtot macht, die nicht der Einheit von Staat und Kirche sowie den franquistischen Mythen huldigt.

Erste Anklänge an eine sozial engagierte Lyrik finden sich schon bei Miguel Hernández (s. S. 35). In der *posguerra* werden die Forderungen nach Gerechtigkeit, Gleichheit und Freiheit immer drängender. Die politische Brisanz der *poesía social* manifestiert sich nicht nur thematisch, sondern auch durch die Verwendung einer einfachen, der realen Alltagswelt nachgebildeten Sprache. Diese wird so auch zur Waffe gegen die imperialistische Sprache der *vencedores*.

Hauptwerke der *poesía social* sind *Cantos Iberos* (1955) von Gabriel Celaya und *Pido la paz y la palabra* (1955) von Blas de Otero. Thematisch sind beide Dichtungen eng miteinander verbunden; die Opposition von Vergangenheit (Krieg, Leiden, Blutvergießen) und Zukunft (Frieden, Freiheit, Gerechtigkeit) wird zugunsten der Zukunft und mit Hilfe der engagierten Literatur überwunden. Auch die Verwendung einer symbolisch-allegorischen Sprache ist ähnlich. Auffällig ist auch, dass beide Dichtungen die soziopolitische Funktion des Dichters bzw. des lyrischen Ichs innerhalb der Dichtungen auf metafiktionaler Ebene reflektieren, damit die politische Botschaft auch tatsächlich beim Publikum ankommt.

Espadaña

Die 1944 von Antonio G. de Lama, Victoriano Crémer und Eugenio García de Nora in León gegründete Zeitschrift *Espadaña* ist das Forum für eine engagierte und gesellschaftsbezogene Dichtung. Die Vertreter der *poesía social* – Gabriel Celaya, Blas de Otero und José Hierro – sind ihre Mitarbeiter. Zugleich manifestiert sich in *Espadaña* der aufkeimende Widerstand gegen den *garcilacismo* (s. S. 118). Auch die Zeitschrift *Corcel* (1944), die José Hierro der Zensur zum Trotz gründet, belegt die Protesthaltung der regimekritischen Dichter.

Literatur

Mangini (1987), Ascunce Arrieta (1997).

José Hierro

Einer der bedeutendsten spanischen Dichter des 20. Jhs. und Hauptvertreter der *poesía social* ist José Hierro (1922–2002), der auch Verfasser existentialistischer Lyrik ist. Hierro hat schon im Bürgerkrieg auf Seiten der Republik gekämpft und am *Romancero de la guerra de España* mitgewirkt (s. S. 62). Nach dem Krieg ist Hierro vier Jahre in Haft. 1947 erscheint sein erster Gedichtband mit dem bezeichnenden Titel *Tierra sin nosotros* (entstanden 1944–1946). 1998 wird ihm der Cervantes-Preis verliehen.

Literatur

Albornoz (1981).

Gabriel Celaya

Bedeutung

Gabriel Celaya (1911–1991) ist ein Dichter, dessen Schaffen von den verschiedenen Tendenzen der spanischen Lyrik der ersten Jahrhunderthälfte geprägt ist. Zunächst von der Generation von 1927 und dem Surrealismus beeinflusst, zeigt Celayas Dichtung in den 1940er Jahren den Einfluss des Existentialismus, ab den 1950er Jahren ist Celaya dann Vertreter der *poesía social*. Angesichts der in allen Gattungen nachweisbaren Abkehr von der realistischen und sozial engagierten Literatur wendet er sich zu Beginn der 1960er Jahre einer *poesía personal* zu, die auch sein letztes Werk *Orígenes* (1990) kennzeichnet.

Biografie

Celaya lebt zwischen 1927 und 1935 in der *Residencia de Estudiantes*, ist mit Federico García Lorca befreundet und dichtet im Stil der 27er-Generation. Anfang der 1940er Jahre entscheidet er sich für das innere Exil. Sein Lebensgeist erwacht, als er seine Frau kennenlernt, mit der er 1948 die Zeitschrift *Norte* gründet. Das Ziel von *Norte* ist der Widerstand gegen die *cultura oficial* des Regimes sowie die Rückbesinnung auf die Lyriker der Generation von 1927. 1986 erhält CELAYA den *Premio Nacional de las Letras Españolas*.

CELAYA verwendet verschiedene Homonyme (z. B. RAFAEL MÚGICA, JUAN DE LECETA).

Werke

Aus seiner existentialistischen Phase stammen die Gedichte der Sammlung *Avisos de Juan de Leceta* (1944–1946), in denen eine nihilistische Grundstimmung spürbar ist. Mit *Lo demás es silencio* (1952) leiht CELAYA den von der Diktatur mundtot Gemachten und den zum Schweigen Verurteilten sein Stimme.

Seine *Cantos Iberos* (1955) sind eines der Hauptwerke der *poesía social*. Die Sammlung enthält 20 Gedichte in freier metrischer und rhythmischer Form, in denen fünf Problemkreise behandelt werden: Spaniens soziopolitische Realität, poetologische Überlegungen, die Rechtfertigung und Notwendigkeit literarischen Engagements, die persönliche Rechtfertigung und die soziopolitische Funktion der Dichtung. Dabei entwickelt das lyrische Ich eine emotionale Beziehung zu Spanien, das fortwährend angesprochen wird. Aus der Identität des lyrischen Ichs mit Spanien schöpft das lyrische Ich seine Kraft für das soziopolitische Engagement und die Hoffnung auf Freiheit, Gerechtigkeit und Frieden. Zugleich wird in der suggerierten Identität von lyrischem Ich und Spanien die innere Spaltung des Landes in „yo" und „tú" spürbar.

Literatur

Ascunce Arrieta (1997).

BLAS DE OTERO

Biografie

BLAS DE OTERO (1916–1979) stammt aus Bilbao und studiert Jura in Madrid. In seinen Frühwerken ist u.a. der Einfluss von SAN JUAN DE LA CRUZ (1542–1591) spürbar. Später verfasst der Dichter religiöse Lyrik (*Cántico espiritual*, 1942), bis er sich der *poesía social* zuwendet. In *Ángel fieramente humano* (1950) sind Religiosität und Nihilismus noch verbunden. Nachdem in *Redoble de conciencia* (1951) bereits Krieg und Nachkriegszeit aufscheinen, verfasst BLAS DE OTERO, der seit 1952 Mitglied des PCE ist, eines der Hauptwerke der *poesía social: Pido la paz y la palabra* (1955).

Pido la paz y la palabra

Der Nihilismus wird hier durch Solidarität und die Hoffnung auf einen gesellschaftlichen und politischen Wandel überwunden. Ins Zentrum rücken die psychologischen und materiellen Folgen des Bürgerkriegs sowie der Kampf gegen die Diktatur.

Die 34 Gedichte des Bandes suggerieren eine Reise, deren Ausgangspunkt „A la inmensa majoría" und deren Endpunkt „En la inmensa majoría" ist. Es lassen sich dabei sechs thematische Untergruppen herauskristallisieren: die Einführung des lyrischen Ichs, die Darstellung des Themas – gemeint ist die zeitgenössische Realität in all ihren Facetten –, die Erläuterung der sozial engagierten Mission des Dichters, der Konflikt zwischen Zeitgebundenheit und überzeitlicher menschlicher Konstante, die Sinnfindung des Einzelnen im politischen und sozialen Engagement und schließlich die zukunftsgerichtete Weitergabe der Mission und des Kampfgeistes an andere.

Literatur

Ascunce Arrieta (1997).

Nueve novísimos poetas españoles

Ende der *poesía social*

Zeitgleich zur Erzählprosa und zum Drama erfolgt auch in der *poesía social* die Einsicht, dass eine realistische Lyrik nicht zu einem soziopolitischen Wandel beitragen kann. Im Zuge einer stärkeren Rezeption ausländischer experimenteller, individualistischer und subjektiver Dichtkunst entsteht auch in Spanien eine innovative und bisweilen ironische Dichtkunst. Ein wichtiger Dichter dieses Übergangs ist Jaime Gil de Biedma (1929–1989), der in seiner Gedichtsammlung *Moralidades* (1966) mit ironischer Distanz auf die Befindlichkeiten der im Wandel begriffenen spanischen Gesellschaft blickt. Auch die bedeutenden Dichter Claudio Rodríguez (1934–1999) und José Ángel Valente (1929–2000) führen diesen Ablösungsprozess von der *poesía social* weiter.

Nueve novísimos

Markantes Zeichen dieses Umbruchs und zugleich Ausdruck einer Provokation ist die Lyrikanthologie *Nueve novísimos poetas epañoles*, die der ursprüngliche Mit-Initiator des *realismo social*, José María Castellet, im Jahre 1970 herausgibt. In dieser Sammlung manifestiert sich ein neues, spielerisches Lyrikverständnis: Statt des sozialen und politischen Engagements steht nun das (postmoderne) Spiel mit den Möglichkeiten der Sprache, der Literatur und anderen Medien wie dem Kino im Mittelpunkt der Dichtkunst. Damit vermittelt die Anthologie auch entscheidende Impulse für die Lyrik nach 1975. Zu den „neuesten" Autoren gehören u.a. der katalanische Dichter, Essayist und Literaturkritiker Pere Gimferrer (*1945) und Manuel Vázquez Montalbán (1939–2003), der einer der wichtigen Schriftsteller der letzten Jahrzehnte ist (s. S. 147–151).

Literatur

García de la Concha (1987–1992).

5 Die Exilliteratur

Einführung

Exil

In den vorangegangenen Kapiteln wurde anhand der Lebenswege zahlreicher Autoren schon dargestellt, dass der Spanische Bürgerkrieg und die darauf folgende Diktatur General FRANCOS viele Schriftsteller ins Exil getrieben hat. Diese vor, während und nach dem Bürgerkrieg erfolgte, politisch motivierte Flucht- und Auswanderungsbewegung stellt ein trauriges Kapitel der spanischen Geschichte dar. Schätzungen zufolge sind nach 1939 ca. 400.000 bis 500.000 Spanier ins politische Exil gegangen. Frankreich war das bevorzugte Ziel, und viele Spanier schlossen sich dort der *Résistance* an. Als Frankreich während des Zweiten Weltkriegs von Deutschland besetzt wurde, wurden etwa 13.000 als „Rotspanier" bezeichnete Exilanten in deutsche Konzentrationslager deportiert. Das literarische Schaffen JORGE SEMPRÚNS legt von diesen Erlebnissen Zeugnis ab. Auch Mexiko nahm etwa 35.000 Exilspanier auf. Die rechtmäßige republikanische Regierung Spaniens hatte dort bis 1977 ihren Sitz.

Durch das Exil spanischer Schriftsteller und Künstler in Lateinamerika intensivieren sich auch die Beziehungen zwischen Spanien und Lateinamerika. Kulturinstitutionen wie das *Colegio de México* (gegründet 1941), Verlage wie Losada in Buenos Aires und Kulturzeitschriften wie *España peregrina* (ab 1940) zeugen vom künstlerischen und literarischen Engagement der Exilierten.

Generationen

Es lassen sich zwei Auswanderungsbewegungen erkennen: Die erste erfolgt, wie oben beschrieben, vor, während oder unmittelbar nach dem Bürgerkrieg. Eine zweite Welle beginnt Mitte der 1950er Jahre, da viele Schriftsteller aufgrund der politischen Verfolgung und der Unterdrückung durch die Zensur das Land verlassen. JUAN GOYTISOLO und FERNANDO ARRABAL sind die bekanntesten Beispiele.

Themen

Thematisch sind die Werke der Exilautoren häufig von persönlichen Erlebnissen geprägt: dem Bürgerkrieg, der Flucht aus der Heimat, der Suche nach einer neuen Heimat, der Erfahrung der Fremdheit und Einsamkeit sowie der nostalgischen Erinnerung an die verlorene Heimat.

Literatur

Abellán (1976–1978), Albornoz/Doménech/Gullón/Sanz Villanueva (1976), Ugarte (1999), Aznar Soler (2000; 2003), González de Garay Fernández et al. (2001), Romero Samper (2005).

Exillyrik

Viele Dichter, die schon im Kontext der Generation von 1927 behandelt wurden, haben Spanien wegen des Bürgerkriegs aus politischen Gründen verlassen. Daher sei an dieser Stelle auf die entsprechenden Autoren und Werke verwiesen, darunter MANUEL ALTOLAGUIRRE und PEDRO SALINAS.

Autoren

Auch LUIS CERNUDA (s. S. 30, 61) reflektiert in der zweiten Ausgabe von *La realidad y el deseo* (1940) die Situation der Exilierten. In den erweiterten Fassungen von *Ocnos* (1949, 1963) erinnert sich der Dichter an die glückliche Kindheit, die jedoch von Erfahrungen der Einsamkeit überlagert wird, die mit dem Exil in Verbindung stehen.

LUIS CERNUDA

LEÓN FELIPE (1884–1968) klagt mit der Sammlung *Español del éxodo y del llanto* (1939) vor dem Hintergrund von Zerstörung und Niederlage mit aller Heftigkeit die Verursacher des Leids und des Exils an.

LEÓN FELIPE

In der Gedichtsammlung *Clamor* (1968) beklagt der Dichter JORGE GUILLÉN (s. S. 28) ebenfalls Krieg, Gewalt, Unterdrückung, die Gefangenschaft in Konzentrationslagern und das Schicksal des Exilierten.

JORGE GUILLÉN

Auch RAFAEL ALBERTI, dessen Leben und Werke bereits behandelt wurden (s. S. 33f.), widmet seine Dichtung der Situation des Exilierten und der nostalgischen Erinnerung, so etwa in *Retornos de lo vivo lejano* (1952) und *Ora marítima seguida de Baladas y canciones del Paraná* (1953).

RAFAEL ALBERTI

Albornoz/Doménech/Gullón/Sanz Villanueva (1976), Sicot (2003).

Literatur

Exiltheater

Das spanische Exiltheater soll hier anhand von zwei Autoren näher beleuchtet werden. ALEJANDRO CASONA gehört zu den Schriftstellern der ersten Auswanderungswelle, während FERNANDO ARRABAL zu den Exilautoren gehört, die Spanien erst später aus Protest gegen Verfolgung und Unterdrückung verlassen haben. Für Dramatiker ist die Situation des Exils besonders schmerzhaft, da sie den direkten Kontakt zum spanischen Theaterpublikum verlieren.

Autoren

ALEJANDRO CASONA

ALEJANDRO CASONA (1903–1965) stammt aus Asturien. Während der Zweiten Republik leitet er ab 1931 das *Teatro del Pueblo* der *Misiones Pedagógicas* (s. S. 16, 38). Er wird als Dramatiker bekannt, als er 1934 den *Premio Lope de Vega* für *La sirena varada* erhält. Ein großer Erfolg

Biografie

ist 1935 auch die Uraufführung von *Otra vez el diablo* (1927). CASONA verlässt Spanien 1937 und geht nach Mexiko, dann nach Argentinien ins Exil, wo er sein dramatisches Schaffen fortsetzt. 1962 kehrt er für die Aufführung von *La dama del alba* (1944) nach Spanien zurück. Das Publikum nimmt ihn begeistert auf, und er feiert einige weitere Erfolge. 1964 wird in Madrid auch sein letztes Stück, *El caballero de las espuelas de oro*, uraufgeführt.

Exil

CASONA ist jedoch in einer tragischen Weise vom Exil betroffen, da sein poetisch-allegorisches Theater einer vergangenen Epoche angehört: Während das Madrider Theaterpublikum seine poetischen, zum Teil auch schon vor dem Bürgerkrieg entstandenen Dramen schätzt, verfolgen ihn die jungen Theaterkritiker – allen voran JOSÉ MONLEÓN (*1927), RICARDO DOMÉNECH (*1938) und der Romancier JESÚS FERNÁNDEZ SANTOS (1926–1988, s. S. 92) –, die das realistische Drama der *Generación Realista* fördern und an die sozialkritische Funktion des Theaters glauben, mit böser Kritik, indem sie sein poetisch-zeitloses Theater als anachronistisch brandmarken.

CASONAS Stücke entsprechen nämlich thematisch und formal einem bewussten Rückzug aus der Realität in eine fantastische Welt oder eine Traumwelt, um den Konflikten und Problemen der Wirklichkeit zu entkommen. Hinzu kommt eine pädagogisch-didaktische Grundhaltung.

La dama del alba

La dama del alba gilt als CASONAS bestes Theaterstück. Es spielt in CASONAS Heimat Asturien. Protagonist ist der Tod in Gestalt einer schönen und geheimnisvollen Pilgerin, die zur Familie der vor Jahren verschwundenen Angélica kommt und dort aber nur vom Großvater wahrgenommen wird, der für mythische Zusammenhänge ein Gespür hat. Angélicas Mann Martín ist der einzige, der weiß, dass sie nicht, wie alle glauben, im Fluss ertrunken ist, sondern ihn mit einem anderen Mann verlassen hat. Martín lebt inzwischen aber mit Adela zusammen. Statt Martín mit sich zu nehmen, entscheidet der Tod sich für Angélica. Um den um sie entstandenen Mythos nicht zu zerstören, ertränkt Angélica sich nun wirklich im Fluss. Damit hat der Tod für poetische Gerechtigkeit gesorgt und Martín und Adela für ihre Liebe befreit.

Literatur

Rodríguez Richart (1986, 2003).

FERNANDO ARRABAL

Biografie

FERNANDO ARRABAL wird 1932 als Sohn eines Offiziers in Melilla geboren. Nachdem der Vater bei Ausbruch des Bürgerkriegs für die Republik eingetreten ist, wird er zum Tode verurteilt, dann aber zu 30 Jahren Haft begnadigt. Seitdem gilt der Vater als verschollen. Die

Mutter siedelt mit ihren Kindern nach Spanien über. Als sie Fernando Arrabal 1947 an einer Militärakademie anmeldet, weigert er sich, diese zu besuchen. Nach einer Ausbildung beginnt er 1952 in Madrid ein Jurastudium und führt erste Werke auf. 1954 reist er nach Paris, um eine Aufführung von Brechts *Mutter Courage* durch das Berliner Ensemble zu sehen. 1955 erhält er ein Stipendium für ein Theaterstudium in Paris; er entscheidet sich, in Paris zu bleiben. Nachdem 1958 die Aufführung von *El triciclo* von der Zensur verboten wird, ist Arrabals freiwilliges Exil endgültig. Er gehört damit zur zweiten Generation von Schriftstellern, die aus politischen Gründen ins Exil gegangen ist. In Paris gelangt er zu Weltruhm. Aufgrund seiner schockierenden Dramenästhetik ist Arrabals literarisches Schaffen von einer Reihe von Skandalen begleitet.

1962 gründet er mit Alejandro Jodorowski und Roland Topor das *Théâtre panique (Teatro pánico)*. In dieser Zeit unterhält Arrabal auch Kontakte zu Breton und den Surrealisten, ohne sich jedoch der Bewegung anzuschließen. Während eines Spanienaufenthaltes im Jahre 1967 wird Arrabal verhaftet und – nach weltweiten Protesten – nach einigen Tagen wieder freigelassen. Er engagiert sich auch politisch, nimmt an den Unruhen vom Mai 1968 teil und schreibt Protestbriefe, u.a. an Franco (1971). Parallel zum Theater verfasst Arrabal auch zahlreiche avantgardistische Romane (z.B. *Baal Babilonia*, 1958), einige Lyrikbände, Essays und Vorträge sowie Filmdrehbücher. In den letzten Jahren widmet er sich vermehrt der Erzählprosa.

Bedeutung

Obschon Arrabal neben Federico García Lorca der weltweit bekannteste spanische Dramatiker ist, ist er in Spanien selbst nie wirklich rezipiert worden. Einige punktuelle Würdigungen wie etwa die Verleihung des *Premio Nadal* im Jahre 1983 für seinen Roman *La torre herida por el rayo* (1983) bewirken keine grundlegende Änderung dieser Situation.

Arrabals avantgardistisches Paniktheater weist Einflüsse von Goya und Luis Buñuel auf und ist gegen jede Form von Dogmatismus gerichtet – sei er politischer, moralischer, religiöser oder ästhetischer Natur.

Dramen

Arrabals dramatisches Werk lässt sich in verschiedene Schaffensphasen gliedern. Eine erste Phase umfasst die in Spanien verfassten Stücke, die ästhetisch Parallelen zum zeitgleich entstandenen Absurden Theater aufweisen und 1952 mit *Pic-Nic* beginnt, einem Einakter über den Bürgerkrieg, in dem er die Absurdität des Kriegs mit der beunruhigenden Naivität der zunächst nicht vom Krieg Betroffenen kontrastiert. Auch *El triciclo* (1952/53) gehört zu dieser Phase. Die zweite Phase beginnt 1958/59, als Arrabal sich vom Absurden Theater abwendet und das surrealistische Paniktheater entwickelt. Dieser Übergang zeigt sich in *Guernica* (1959), das von Picassos Gemälde ausgeht und die Zerstörung der Stadt zeigt. ARRABAL stellt die Opfer des Bürgerkriegs ins Zentrum seines Stücks. Weitere Phasen sind das „Guerrilla-Theater", das sich im Kontext seiner Verhaftung in Spanien und Mai 1968 entwickelt und eine Radikalisierung des Paniktheaters ist, und das sich anschließende „Wort-Theater".

Théâtre panique

Merkmale des Paniktheaters sind die Übernahme von Strukturen des Unterbewussten, die Aufgabe von Logik und Linearität, eine komplex-konfuse Mischung von Realität und Traum, Traumbilder, Gewalt, sadomasochistische und rituelle Handlungen. In den Stücken entsteht oft ein starker Kontrast zwischen der grenzenlosen Naivität einiger Figuren einerseits und andererseits einer Flut von ritualisierten Spielen, Sadomasochismus, Gotteslästerungen, Folterungen, Auspeitschungen, Opferszenen, Hinrichtungen, Morden und Entweihungen von Toten. In Frankreich erscheint das Paniktheater ab 1958, in Spanien dagegen erst nach FRANCOS Tod und der Abschaffung der Zensur.

El arquitecto y el emperador de Asiria

ARRABALS bekanntestes Drama ist *El arquitecto y el emperador de Asiria* (1966), das in Spanien erst 1977 aufgeführt wird. Auf einer unbekannten Insel treffen sich nach einem Flugzeugabsturz ein Mann, der sich als Kaiser von Assyrien ausgibt, und ein Inselbewohner, der sich als Architekt bezeichnet. Im Laufe der Handlung nehmen die beiden zahlreiche unterschiedliche Rollen an und spielen dabei zentrale menschliche Beziehungen durch: Mutter – Sohn, Mann – Frau, Richter – Angeklagter, Herr – Knecht, aber auch Reiter – Pferd. Auch grundlegende Gefühle werden nachgespielt: Einsamkeit, Liebe, Hass, Schuldgefühle, Machtausübung. Sprachlich zieht ARRABAL alle Register vom Poetischen zum Skatologischen. Es dominieren Gotteslästerungen und Tabubrüche. Höhepunkt der sadomasochistischen Beziehung der beiden Figuren ist eine kannibalistische Szene, in der der Architekt den Kaiser verspeist und dessen Identität annimmt. Als danach ein neuer Reisender auf der Insel erscheint, der äußerlich dem Architekten gleicht, deutet sich eine Wiederholung des Spiels der beiden und damit eine zyklische Struktur des Dramas an.

Literatur

Kreis (1990), Cantalapiedra/Torres Monreal (1997).

Exilprosa

Autoren

In diesem Kapitel zur Exilprosa werden vier Schriftsteller vorgestellt, die das Exil auf sehr unterschiedliche Weise erfahren haben und deren teils autobiografisch geprägte literarische Verarbeitung von Bürgerkrieg, Diktatur und Exil in inhaltlicher und formaler Hinsicht überaus verschiedenartig gestaltet ist. Zunächst sollen MAX AUB und RAMÓN J. SENDER vorgestellt werden, die zur ersten Generation von

Exilschriftstellern zählen und den Bürgerkrieg selbst miterlebt haben. Juan Goytisolo hat den Bürgerkrieg als Kind erlebt; die *posguerra* und den keimenden Widerstand gegen die Diktatur hat er ebenfalls bis zu seinem freiwilligen Exil in Paris mitverfolgt. Jorge Semprún hat den Bürgerkrieg dagegen nicht persönlich miterlebt, da er in den Niederlanden und Frankreich aufgewachsen ist; aber aufgrund seiner Mitgliedschaft in der Kommunistischen Partei Spaniens (PCE) ist er seit 1942 aktiv an der antifranquistischen Opposition beteiligt.

Max Aub

Biografie

Der 1903 in Paris als Sohn eines Deutschen und einer Französin geborene Max Aub ist 1914 mit seiner Familie nach Valencia gezogen, wo er die Schulzeit verbringt und dann im elterlichen Unternehmen arbeitet. Er unternimmt Reisen nach Frankreich, Deutschland und Russland und ist Mitarbeiter der *Revista de Occidente* (s. S. 15, 27). Von 1933 bis 1936 leitet er *El Buhó*, das Universitätstheater in Valencia, das schon Erwähnung fand (s. S. 38). Er ist Mitglied des PSOE und arbeitet im Bürgerkrieg an der Botschaft in Paris. 1938 ist er bei den Dreharbeiten zu André Malraux' Bürgerkriegsfilm *Sierra de Teruel* beteiligt. Er verlässt Spanien 1939, wird in Frankreich inhaftiert und in ein französisches Konzentrationslager gebracht. Von dort deportiert man ihn nach Algerien, wo ihm 1942 die Flucht nach Mexiko gelingt. In Mexiko lehrt er an der UNAM Theaterwissenschaft und ist in der Filmbranche tätig. Er stirbt 1972 in Mexiko.

Werke

Aubs erste Werke – die zwei Erzählungen *Geografía* (1925) und *Fábula verde* (1930) – stehen unter dem Einfluss der Avantgarde. Im Exil kreist sein literarisches Schaffen im Wesentlichen um den Bürgerkrieg. Auch als Dramatiker hat Aub wichtige Werke verfasst, so bis zum Ausbruch des Bürgerkriegs avantgardistische Dramen (z.B. *Crimen*, 1923; *Narciso*, 1928). Während des Bürgerkriegs schreibt Aub politische und kämpferische Stücke (*teatro de urgencia*, s. S. 61f.). Im Exil behandeln seine Dramen ebenfalls die Exil-Problematik (*Los transterrados*). Im Drama *San Juan* (1943) geht es um die Judenverfolgung, in *Morir por cerrar los ojos* (1944) um die Verfolgung durch die Faschisten und um Konzentrationslager; *No* (1949) kreist um die Situation im Kalten Krieg. Der Großteil seiner ca. 50 Stücke ist jedoch nie aufgeführt worden.

Laberinto mágico

Der Romanzyklus *Laberinto mágico* (1939–1968) gilt als beeindruckendstes Werk über den Spanischen Bürgerkrieg und die Exilerfahrung. Der Zyklus besteht aus sechs Romanen, um die Aub eine Vielzahl von Erzählungen, Tagebuchaufzeichnungen sowie den Roman *La calle de Valverde* (entst. 1959, publ. 1961) gruppiert. Der Titel des Zyklus ist Ausdruck der Überzeugung des Autors, die menschliche

Existenz gleiche einem Labyrinth. Der Wahrnehmung des Spaniens des Bürgerkriegs als Labyrinth und Chaos trägt auch die Struktur der Texte Rechnung, indem filmische Techniken wie Überblendungen verschiedener Szenen oder das Sich-Überkreuzen von Lebensgeschichten eine geordnete Präsentation verhindern. Folgende Bände bilden den Zyklus:

Campo cerrado (entst. 1939, publ. 1943) entwirft die Jahre vor Ausbruch des Bürgerkriegs und zeigt, welche Gründe zum Ausbruch des Kriegs geführt haben und welche ideologischen Gegensätze aufeinanderprallen. In diesem Band erscheint ein Stier, der mit einem Sack über dem Kopf und mit brennenden Hörnern durch die Straßen von Viver de las Aguas bei Alicante gehetzt wird und verzweifelt einen Ausgang sucht. Am Ende bricht er tot zusammen. Das Schicksal des Tieres im Labyrinth der Straßen steht symbolisch für das Schicksal des spanischen Volks, das dem Labyrinth des Kriegs nicht entkommen kann.

Campo abierto (entst. 1948–1950, publ. 1951) umspannt die Zeit von Juli bis November 1936 und berichtet vom Leben des Volkes während des Kriegs sowie von der Belagerung Madrids durch FRANCOS Truppen.

Campo de sangre (entst. 1940–1942, publ. 1945) umfasst die Monate von Dezember 1937 bis März 1938 und erzählt von Barcelona und der grausamen Schlacht um Teruel.

Campo del Moro (entst. 1942, publ.1963) hat die Schlacht um Madrid, den Widerstand gegen die Einnahme durch FRANCO und die Niederlage der Stadt zum Thema.

Campo francés (entst. 1942, publ.1965) entrollt zwischen Januar 1939 und Oktober 1940 die Flucht und das Schicksal der Exilanten in Frankreich sowie die Verschleppung in deutsche Konzentrationslager.

Campo de los Almendros (entst. 1942, 1968 publ.) spielt Ende März 1939 nach dem Fall von Madrid und zeigt die Massenflucht der Republikaner nach Alicante, von wo aus sie in demokratische Länder zu gelangen hoffen. Nur wenige schaffen es; für die vielen Flüchtlinge, die zurückbleiben, sind Alicante und schließlich Viver de las Aguas das Labyrinth, das sie für den Stier des ersten Teils waren.

Die einzelnen Romane lassen spüren, wie groß die Verzweiflung des Autors angesichts des blutigen Konflikts und des unsagbaren Leidens war. Erzähltechnisch macht AUB sich zahlreiche Verfahren zunutze (wechselnde Erzählperspektiven, Aufbrechen der Chronologie, Monologe, Gespräche, Einfügung von Briefen, Berichten und Anekdoten), um den Bürgerkrieg und das spanische Volk in seiner ideologischen Bandbreite – beide sind die eigentlichen Protagonisten des Zyklus – möglichst mehrdimensional und multiperspektivisch darzustellen. Hervorzuheben ist auch die sprachliche Meisterschaft, die AUB als Erzähler auszeichnet: Obschon er erst mit 11 Jahren Spanisch lernte, beherrscht er mit großer Virtuosität alle Ausdrucksmöglichkeiten der spanischen Sprache.

Literatur

Borrás (1975), Aznar Soler (2003), Ette et al. (2005).

Ramón J. Sender

Biografie

Ramón J. Sender (1901–1982) stammt aus Chalamera/Huesca und studiert zunächst Literaturwissenschaft in Madrid. Er schließt sein Studium jedoch nicht ab und ist ab 1924 als Journalist tätig. Er schließt sich in dieser Zeit dem Anarchismus an und tritt später dem PCE bei. Sein erster Roman erscheint 1930. 1935 erhält er den *Premio Nacional de Literatura*. Sender kämpft im Bürgerkrieg; seine Frau und sein Bruder werden 1936 von Francos Schergen erschossen. 1938 emigriert er nach Frankreich, 1939 geht er nach Mexiko und 1942 siedelt er in die USA über. Ab 1976 kehrt Sender mehrfach nach Spanien zurück; 1982 stirbt er in San Diego/Kalifornien.

Senders umfangreiches literarisches Werk umfasst realistische, sozial engagierte, historische und autobiografisch geprägte Romane.

Bis zu seiner Emigration verfasst Sender *novelas sociales*, in denen er u.a. die brutale Bestrafung von Häftlingen sowie den repressiven Staat anklagt (*O.P.* [*Orden público*], 1931) oder die anarchosyndikalistische Bewegung reportageähnlich darstellt (*Siete domingos rojos*, 1932).

Exil

Im Exil entstehen zahlreiche und ästhetisch sehr unterschiedliche Romane. Die *Crónica del alba* (1942–1966) ist eine großangelegte Sammlung von neun autobiografisch geprägten Romanen über die Kindheit und Jugend des Protagonisten. *Las criaturas saturnianas* (1968) ist ein historischer Roman, der als Hauptwerk von Senders „magischem Realismus" gilt.

Réquiem por un campesino español

Der kurze Roman *Réquiem por un campesino español* ist 1953 mit dem Titel *Mosén Millán* in Mexiko erschienen. Seit der Publikation des Romans in New York im Jahre 1963 trägt er den obigen Titel. In Spanien bleibt der Roman lange verboten.

Während der Pfarrer Millán auf den Beginn der Totenmesse für den ein Jahr zuvor, d.h. 1936 ermordeten Bauern Paco wartet, erinnert er sich an Pacos Leben, das er von der Taufe bis zum Tod begleitet hat. Paco hatte sein Leben dem Kampf gegen soziale Ungerechtigkeit und Ausbeutung der Bauern gewidmet. Als der Krieg ausbrach, erschien ein *Falange*-Trupp, der den auf Seiten der Republik kämpfenden Paco verhaften sollte. Im Glauben, Paco retten zu können und ihm eine gerechte Gerichtsverhandlung zu ermöglichen, verrät Millán Pacos Versteck, doch Paco wird erschossen. Zur Totenmesse erscheint zufällig Pacos Fohlen, das seit Pacos Tod im Dorf umherirrt, sowie die reichen Vertreter der Obrigkeit, gegen die Paco gekämpft hatte und die Schuld an seiner Ermordung haben. Pacos Familienangehörige bleiben der Messe aus Angst fern.

SENDER gestaltet auf eindringliche Weise den Zusammenprall der *dos Españas*. Der auktorial erzählte, sprachlich schlicht gehaltene Roman stellt aber auch den Pfarrer in den Vordergrund, der aus Feigheit und Naivität seine schützende Rolle nicht erfüllt und damit den Freund an den Feind verraten hat. Zugleich prangert SENDER die Herrschaft der *vencedores* an.

Literatur

Heydenreich (1986), Vásquez (1987), Alcalá Galve (2004).

JORGE SEMPRÚN

Biografie

JORGE SEMPRÚN wird 1923 als Sohn eines Juraprofessors und Anhängers der Republik in Madrid geboren. Direkt nach Ausbruch des Bürgerkriegs flüchtet die Familie in die Niederlande, wo SEMPRÚNS Vater von 1936 bis 1939 im diplomatischen Dienst der Republik in Den Haag tätig ist. Ab 1938 ist SEMPRÚN Schüler am Gymnasium Henry IV in Paris, danach studiert er Philosophie an der Sorbonne. 1941 wird er Mitglied einer französischen kommunistischen *Résistance*-Bewegung, 1942 tritt er dem PCE bei. 1943 verhaftet und foltert ihn die deutsche Gestapo und deportiert ihn in das Konzentrationslager Buchenwald, wo er sich dem Widerstand innerhalb des Lagers anschließt. 1945 kehrt er nach Paris zurück und arbeitet als Übersetzer der UNESCO. Von 1953 bis 1962 organisiert er in der spanischen Exil-KP den Widerstand gegen die Diktatur FRANCOS. Zwischen 1957 und 1962 leitet er – u. a. unter dem Decknamen Federico Sánchez – in Spanien die Untergrundaktionen des PCE. Wegen Unstimmigkeiten mit der Parteileitung wird er 1964 aus dem PCE ausgeschlossen. Seitdem lebt er als freier Schriftsteller in Paris, unterbrochen von seiner Tätigkeit als parteiloser Kultusminister in den Jahren 1988 bis 1991 in der sozialistischen Regierung von FELIPE GONZÁLEZ.

1996 wird er in die *Académie Goncourt* gewählt. SEMPRÚNS literarisches Werk ist mit zahlreichen internationalen Preisen ausgezeichnet. Zusammen mit JUAN GOYTISOLO engagiert er sich auch für die spanische Exil-Presse. SEMPRÚNS literarisches Schaffen kreist um die Deportation nach Buchenwald und seine Tätigkeit in der Kommunistischen Partei.

Buchenwald

SEMPRÚN verfasst seine Werke in französischer Sprache. Die Erlebnisse seiner Deportation und die Gefangenschaft im Konzentrationslager Buchenwald hat SEMPRÚN in einer Trilogie zusammengestellt, die aus den Romanen *Le grand voyage* (1963), *L'évanouissement* (1967) und *Quel beau dimanche* (1980) besteht. Weitere Buchenwald-Romane, darunter *L'écriture ou la vie* (1994) und *Le mort qu'il faut* (2001), gruppieren sich um die Trilogie. In zahlreichen Rückblenden und Erinnerungen vergegenwärtigt sich der Erzähler das Erlebte, das er für seine Identitätssuche braucht.

Antifranquistischer Untergrundkampf

Die Erlebnisse als illegaler Aktivist im antifranquistischen Kampf in Spanien bilden den Gegenstand der *Autobiografía de Federico Sánchez* (1977), für die SEMPRÚN den *Premio Planeta* erhält. Federico Sánchez ist einer der Decknamen, die SEMPRÚN während seiner illegalen Aufenthalte in Spanien zwischen 1953 und 1964 benutzte. Die kritische Selbstanalyse des Federico Sánchez beginnt 1964, nachdem SEMPRÚN auf Veranlassung des Generalsekretärs, SANTIAGO CARRILLO (*1915), aus der Partei ausgeschlossen worden ist. In der Darstellung der Organisation des antifranquistischen Widerstands und der Planung von Streiks entsteht einerseits ein detailliertes Bild der Unterdrückungsmechanismen der FRANCO-Diktatur; andererseits übt SEMPRÚN scharfe Kritik an der Parteiführung und am Auseinanderfallen von Parteiführung im Exil und der konkreten soziopolitischen Lage in Spanien, an der die Parteiideologie und -sprache vorbeigeht. Im kritischen und erinnernden Rückblick auf die Jahre und Aktivitäten in der KP schließt SEMPRÚN sein parteipolitisches Lebenskapitel ab, ohne jedoch eine kritische Auseinandersetzung mit der kommunistischen Politik aufzugeben.

Bürgerkrieg

In seinem ersten auf Spanisch verfassten Roman *Veinte años y un día* (2003) wendet SEMPRÚN sich den Folgen des Spanischen Bürgerkriegs zu: Der Roman spielt am 18. Juli 1956 und handelt vom Gedenken an die Ermordung des Sohnes eines Großgrundbesitzers durch rebellierende Bauern beim Ausbruch des Bürgerkriegs am 18. Juli 1936.

Literatur

Küster (1989), Molero de la Iglesia (2000), Semilla Durán (2005).

JUAN GOYTISOLO

Biografie

Da JUAN GOYTISOLO zur oppositionellen *Generación del 56* gehört, sind im entsprechenden Kapitel bereits seine Biografie und seine vor dem Exil verfassten Romane behandelt worden (s. S. 91f.).

Exilroman: *Señas de identidad*

GOYTISOLOS Roman *Señas de identidad* (1966) gehört zu den wichtigsten zeitgenössischen spanischen Romanen. Er ist dabei in zweifacher Hinsicht von bahnbrechender Bedeutung. Zum einen gehört *Señas de identidad* zusammen mit MARTÍN-SANTOS' *Tiempo de silencio* (1962) und DELIBES' *Cinco horas con Mario* (1966) zu den formal innovativen Romanen, welche die Abkehr vom *realismo social* und den damit verbundenen Hoffnungen auf einen gesellschaftlichen Wandel in Spanien vollziehen. Zum anderen ist *Señas de identidad* der Exilroman par excellence.

Señas de identidad erscheint in Mexiko, da der Roman bis nach FRANCOS Tod in Spanien von der Zensur verboten ist.

Im Roman stehen die Enttäuschung, Selbstzweifel und schließlich scheiternde Identitätssuche des Schriftstellers – und noch dazu des exilierten – zur Debatte. Protagonist ist Alvaro Mendiola, ein 32-jähriger Journalist, der 10 Jahre im freiwilligen Exil in Paris gelebt hat und nun im Jahre 1963 nach einem Herzanfall nach Spanien zurückkehrt, um seine Identität wiederzufinden. Er versucht, seine Kindheit, Jugend und Studienzeit in Barcelona zu rekonstruieren. Dieses Projekt erweist sich aber immer deutlicher als unrealisierbar, da andere Erinnerungen und Erlebnisse seine chronologischen Ordnungsversuche beständig durchkreuzen. In diesem Geflecht entsteht ein Überblick über die politische und gesellschaftliche Lage Spaniens, die Darstellung seines Lebens als Exilierter und die Berichte über Alvaros Freund Antonio, einen Widerstandskämpfer, der von der franquistischen Polizei überwacht und schließlich verbannt wird. Diese Darstellung der spanischen Alltagsrealität sowie der Aktivitäten der antifranquistischen Opposition entlarven das vom franquistischen Staat sorgsam aufgebaute Bild eines glücklichen, friedlichen und materiell gesicherten Lebens in Spanien als pure Fiktion. Ziel dieses Scheinbilds ist die Vertuschung der tatsächlichen Probleme des Landes.

Alvaros Versuch der Identitätsfindung gelingt nicht, was auch anhand der Textstruktur und der Abfolge der Kapitel ersichtlich wird: Sein Tatendrang und seine Hoffnung, sein Vorhaben realisieren zu können, werden immer mehr von der enttäuschenden Einsicht in sein Scheitern verdrängt. Die Brüche im Erzählvorgang und in der Rekonstruktion der eigenen Geschichte verweisen auf die problematische und am Ende scheiternde Identitätssuche.

Durch das beschriebene Geflecht von zeitlich auseinanderliegenden Ereignissen, Zuständen und Prozessen, durch die Integration von Fotos und anderen Textsorten (Briefe, Zeitungsausschnitte, Überwachungsprotokolle, Gespräche von Touristen, Auszüge aus Reiseführern) und durch die verschiedenen Erzählerfiguren und -perspektiven entsteht ein heterogenes, mehrstimmiges und subversives Textgebilde, das dem monologischen Diskurs des Franquismus entgegensteht. Dies gilt auch für die sprachliche Gestaltung des Romans, in dem GOYTISOLO der franquistischen Rhetorik eine mythen- und ideologiezersetzende Sprache gegenüberstellt.

Aufgrund dieser innovativen narrativen Erzähltechnik hat *Señas de identidad* dem aktuellen spanischen Roman entscheidende Impulse vermittelt.

Weitere Exilromane

Die folgenden Exilromane *La reivindicación del conde don Julián* (Mexiko 1970) und *Juan sin tierra* (1975) bilden mit *Señas de identidad* die Trilogie *España sagrada*, die auch unter dem Titel *Del desarraigo y la ruptura* erscheint.

La reivindicación

La reivindicación del conde don Julián gilt als GOYTISOLOS Meisterwerk und zugleich als Hauptwerk des neuen spanischen Romans. Der Titel spielt auf die Legende an, derzufolge der Graf JULIÁN im Jahre 711 die Araber nach Spanien holte, um sich an König RODRIGO für die Vergewaltigung seiner Tochter zu rächen. Dies war das Ende des westgotischen Königreichs und der Beginn der arabischen Invasion. Mit der arabischen Invasion begann auch die *Reconquista*, die 1492 mit der Rückeroberung Granadas durch die *Reyes Católicos* beendet wurde.

Der Roman führt die kritische Auseinandersetzung mit der Propaganda-Sprache des FRANCO-Regimes fort, das seine Herrschaft durch die Rückbesinnung auf die *Reyes Católicos* zu legitimieren versuchte und FRANCO als letzten in einer Reihe von Herrschern darstellt, welche die Kultureinheit Spaniens zur Grundlage ihrer Ideologie gemacht haben (s. S. 65, 79).

Der Roman besteht aus dem inneren Monolog des namenlosen Erzählers, der als Exilant von Tanger aus nach Spanien blickt und das Land beleidigt und beschuldigt. Der Erzähler nähert sich dabei an den legendären Conde Julián an, um die Sprache des Franquismus und dessen offizielle Geschichtsschreibung anzugreifen, zu verraten und als Lüge bloßzustellen. Im sprachlichen Angriff auf die Mythen des Franquismus greift der Erzähler auch die Fundamente der *España Eterna* an: Er besudelt und verhöhnt das national-katholische Spanien, das seinen Ursprung in der Herrschaft der *Reyes Católicos* hat. Die Hasstiraden haben das Ziel, das repressive, vom *Caudillo* geknebelte Land durch die imaginäre Rückkehr des Grafen Julián zu zerstören. Am Ende des Romans kündigt der Erzähler an, am nächsten Tag seinen Kampf fortzusetzen.

Bei seinem inneren Monolog wendet der Erzähler sich an ein Du, das er selbst ist, das aber auch den Leser einbezieht. Der Leser muss jedoch die *España Eterna* genau kennen, um anhand der zahlreichen fragmentarisierten Gedanken, Berichte, Aussagen und Szenen, die nur durch Doppelpunkte voneinander getrennt sind, die mythenzerstörende Funktion des Textes zu erkennen. Der Roman führt vor, dass die Sprache zugleich Heimat, Identitätszeichen und Waffe ist.

Juan sin tierra

Der Roman *Juan sin tierra* (1975) ist der Endpunkt der Identitätssuche. Auch hier fordert GOYTISOLO vom Leser eine aktive Beteiligung. Der Titel spielt zum einen auf JUAN GOYTISOLO selbst an, der in Paris und Marokko lebt und als Exilierter sein Land verloren hat; zum anderen verweist er auf den englischen König JOHANN OHNE LAND (1167–1216).

Der Roman führt *La reivindicación del conde don Julián* weiter. Die Situation im Exil und die Identitätsproblematik werden hier anhand einer Figur gezeigt, die verschiedene Masken aufsetzt und in unterschiedlichen Ländern auftritt, um die Körperfeindlichkeit und repressive Sexualmoral des national-katholischen Spaniens vom Ende der

Reconquista (1492) bis zu Francos Diktatur zu attackieren. Ziel der Attacken ist die Rückkehr zu den pluralistischen Traditionen einer Mischkultur, die während der spanisch-arabisch-jüdischen *convivencia* (friedliches Zusammenleben) von 711 bis 1492 möglich war. Eine solche Rückkehr zur Mischkultur ist verbunden mit der Zerstörung aller starren Ideologien und Dogmen. Der Übergang von der spanischen in die arabische Sprache am Ende des Romans weist den Weg in diese Mischkultur.

Weitere Werke

Wichtig sind auch Goytisolos Essaysammlung *Disidencias* (1976), die wesentlichen Aufschluss über seine innovative Romanpoetik gibt, sowie seine Memoiren. Die Mischung der spanischen und arabischen Sprache setzt Goytisolo in seinem Roman *Makbara* (Friedhof, 1980) fort, um seine Kritik an einem dogmatisch erstarrten Sprachsystem und -gebrauch zu vertiefen. Thematisch geht es um Befreiung und Identitätssuche. In den letzten Jahren hat Goytisolo auch als Kriegsberichterstatter in Sarajewo (1993) und in Tschetschenien (1996) gearbeitet und seine Eindrücke und Erfahrungen in Artikeln und Büchern veröffentlicht.

Goytisolo hat zahlreiche internationale Preise und Auszeichnungen erhalten, zuletzt 2004 den mexikanischen Juan-Rulfo-Preis, der insbesondere seine Bemühungen um einen Dialog zwischen der christlichen, jüdischen und arabischen Kultur würdigt.

Literatur

Meerts (1972), Ortega (1972), Albert Robatto (1977), Navajas (1979), Asholt (1986), Neuschäfer (1991: 101–121), Black (2001).

3

KAPITEL **Die Literatur seit 1975**

1 Überblick über politische und kulturelle Entwicklungen nach 1975

1 Der Übergang von der Diktatur zur Demokratie und soziopolitische Entwicklungen bis 2006

Übergang von der Diktatur zur Demokratie

Nach FRANCOS Tod am 20. November 1975 beginnt der friedliche Übergangsprozess von der Diktatur zur Demokratie. Dieser Übergang wird mit dem Begriff *transición* bezeichnet. Die *transición* dauert bis 1982, als mit dem Wahlsieg des PSOE (der Sozialistischen Partei) der Demokratisierungsprozess endgültig abgeschlossen ist. Gelegentlich werden auch das Jahr 1978 mit der Ratifizierung der Verfassung oder das Jahr 1981 mit der Abwendung des TEJERO Putsches (s. S. 139) als Ende der *transición* genannt.

König

Als seinen Nachfolger hatte FRANCO bereits 1969 den jungen Prinzen JUAN CARLOS (*1938) eingesetzt. In seiner Thronrede zwei Tage nach FRANCOS Tod macht König JUAN CARLOS I. jedoch deutlich, dass er den friedlichen Übergang zur Demokratie entschieden unterstützen wird und keine Aufrechterhaltung des diktatorischen Regimes anstrebt. Dies verkündet auch die Regierungserklärung im Dezember 1975.

Umwandlungsprozess

Die Ausgangsbasis für den Umwandlungsprozess der politischen Struktur Spaniens nach FRANCOS Tod bilden die soziopolitischen Entwicklungen der 1960er und frühen 1970er Jahre, die im vorigen Kapitel erläutert wurden.

Um jedoch das noch mächtige Militär nicht zu provozieren und damit die Gefahr eines Putsches zu bannen, ist der Umwandlungsprozess unter Mitwirkung der franquistischen Institutionen und Politiker erfolgt, wobei die Strukturen des franquistischen Systems und des Militärs allmählich durch demokratische Strukturen ersetzt werden.

1976

Im Juli 1976 ernennt JUAN CARLOS I. den Politiker ADOLFO SUÁREZ (*1933) zum Regierungschef. SUÁREZ treibt den Demokratisierungsprozess entscheidend voran, indem er geschickt zwischen Altfranquisten und demokratischer Opposition, zwischen Reform und Bruch verhandelt. Er bewirkt die Annahme des „Gesetzes über die politische Reform“, das die Volkssouveränität und freie Parlamentswahlen garantiert. 95% des spanischen Volks stimmen diesem Gesetz im Dezember 1976 zu.

1977

In den folgenden Monaten gelingt es, das demokratische System weiter zu konsolidieren: das von FRANCO verhängte Verbot von Parteien und Gewerkschaften wird 1977 aufgehoben; die Zensur wird 1977 und 1978 abgeschafft. Die in Mexiko ansässige republikanische Exilregierung der Zweiten Republik (s. S. 124) tritt zurück und erkennt damit die spanische parlamentarische Demokratie an. Die Kirche als ehemalige Säule des franquistischen Systems bekennt sich zu den Reformen. FRANCOS Einheitspartei *Movimiento Nacional* wird aufgelöst (s. S. 66).

Autonomiestatuten

Die Unterdrückung der Autonomiebestrebungen insbesondere Kataloniens, Galiciens und des Baskenlandes während der franquistischen zentralistischen Diktatur wird nach 1977 durch die Autonomiestatuten beendet. Mit diesen drei Regionen, die während der Zweiten Republik bereits Autonomiestatuten besaßen, wird Spanien in 17 *Comunidades Autonómas* (Autonome Gemeinschaften) strukturiert, die den historisch-kulturellen Regionen entsprechen. Dieser Dezentralisierungsprozess vollzieht sich zwischen 1979 und 1983.

Regionalsprachen

Das von FRANCO erlassene Verbot der Regionalsprachen wird 1978 ebenfalls aufgehoben, so dass neben dem Spanischen auch Katalanisch, Galicisch und Baskisch als Nationalsprachen anerkannt sind.

Presse

Von der Abschaffung der Zensur profitiert die Presse in besonderem Maße: neue Zeitungen werden gegründet, und die franquistischen Publikationsorgane werden weitgehend zurückgedrängt oder ideologisch umgekrempelt. Die von der franquistischen Propaganda genutzten *Hojas del lunes* verschwinden ganz. Es werden auch Zeitungen in Katalanisch (*Avui*, 1976) und in Baskisch (*Egin*, 1977) gegründet.

El País

Der sich ab 1975 vollziehende politische und gesellschaftliche Wandel wird maßgeblich von der 1976 gegründeten linksliberalen Tageszeitung *El País* begleitet, die zum Symbol der *transición* wird. *El País* unterstützt den Demokratisierungs- und Liberalisierungsprozess und ist bis heute die bedeutendste spanische Tageszeitung. Zahlreiche bekannte Autorinnen und Autoren – darunter ROSA MONTERO, JAVIER MARÍAS, ALMUDENA GRANDES, MARUJA TORRES und MANUEL VARGAS LLOSA – publizieren Kolumnen, Reportagen und Erzählungen in *El País* und der Sonntagsbeilage *El País Semanal.*

Parteien

Regierungschef ADOLFO SUÁREZ gelingt es 1977, verschiedene konservativ-liberal-christliche Parteien als *Unión de Centro Democrático* (UCD) zusammenzuschließen und die ersten freien Wahlen zu gewinnen. Der frühere Propagandaminister und Chef der Zensurbehörde FRANCOS, MANUEL FRAGA IRIBARNE (s. S. 77), bildet im rechten Spektrum die national-konservative ALIANZA POPULAR (AP) und richtet sich an

Wähler aus der Finanzoligarchie, dem Militär und dem konservativen Bürgertum. Die AP wechselt in den Folgejahren mehrfach ihren Namen und firmiert nach der Ablösung der Altfranquisten ab 1989 unter dem Namen *Partido Popular* (PP); der PP wendet sich nun der bürgerlichen Mitte zu. Auch der 1879 gegründete PSOE und der legalisierte PCE beteiligen sich am Demokratisierungsprozess.

Verfassung von 1978

Im Dezember 1978 stimmt das spanische Volk mit 87,8% für die neu erarbeitete demokratische Verfassung, die das Land als parlamentarische Monarchie definiert. Das Parlament, das aus dem *Congreso de los Diputados* (Abgeordnetenhaus) und dem *Senado* (Senat) besteht, wird für vier Jahre gewählt. Die Funktion des *Presidente de Gobierno* (Regierungschef) ist in etwa mit der des deutschen Bundeskanzlers vergleichbar. Der König hat als Staatsoberhaupt repräsentative Aufgaben.

Pactos de la Moncloa

Zwischen 1977 und 1986 wird eine Reihe von Sozialpakten, die *Pactos de la Moncloa*, zwischen der Regierung, den Parteien, Gewerkschaften und Unternehmern geschlossen, die der wirtschaftlichen Modernisierung, weiteren politischen Reformen und einer Reform der Erziehungs- und Bildungspolitik dienen. Damit tragen sie zum paktierten Übergang zur Demokratie bei.

Militärputsch

Teile des Militärs opponieren gegen den Demokratisierungsprozess. Den Höhepunkt erreicht der Widerstand des Militärs gegen den Umwandlungsprozess am 23. Februar 1981, als Oberst Tejero das Parlament stürmt und mit einem Putsch die konservativ-autoritären Strukturen des Franquismus wiederherstellen will. Das mutige Verhalten einiger Politiker und vor allem die berühmte Ansprache des Königs an das spanische Volk, in der er sich zum Demokratisierungsprozess bekennt, führen dazu, dass der Putschversuch scheitert und damit die noch junge spanische Demokratie gerettet wird.

1982

Ende Januar 1981 tritt Suárez zurück. Als die oben erwähnte UCD 1982 auseinanderbricht, sind Neuwahlen erforderlich. Der phänomenale Wahlsieg des PSOE gilt als Ende der *transición* und als Beweis dafür, dass der Übergang zur Demokratie vollzogen ist. Felipe González (*1942) wird der Regierungschef.

Desencanto

Die auf einen Konsens angelegte Umwandlung Spaniens in eine Demokratie bewirkt, dass keine Partei – und insbesondere weder die Linke noch die Rechte – ihre ideologische Position durchsetzen kann. Dies führt zu einer Stimmung des *desencanto,* der Enttäuschung und Ernüchterung, bei zahlreichen und insbesondere der Linken zugehörigen Intellektuellen. Der *desencanto* ist auch in der Literatur ein wiederkehrendes Thema.

Außenpolitik

Auch außenpolitisch gelingt Spanien die schrittweise Integration in die westlichen Demokratien. 1982 tritt Spanien der NATO bei. 1986 erfolgt der Beitritt zur EU; 2002 übernimmt Spanien dann den EU-Vorsitz. Im Februar 2005 stimmt das spanische Volk für die EU-Verfassung.

1992

Im emblematischen Jahr 1992 anlässlich der 500-Jahrfeiern zur Entdeckung Amerikas finden bedeutende Veranstaltungen in Spanien statt: Madrid wird die Kulturhauptstadt Europas, Sevilla trägt die Weltausstellung aus und in Barcelona werden die Olympischen Spiele gefeiert.

1996

Weil sich während der Regierungszeit des PSOE die gesamtwirtschaftliche Lage Spaniens verschlechtert, die Arbeitslosenzahlen steigen, die Staatsverschuldung massiv zunimmt und zahlreiche Korruptionsaffären und Skandale das Land erschüttern, kommt es 1996 zum Wahlsieg des PP unter der Leitung von José María Aznar (*1953). Aznar treibt die Privatisierung vieler Staatsunternehmen voran, setzt weitere Reformen und eine Liberalisierungspolitik fort; er betreibt ferner eine zentralistische Politik. 2000 gewinnt der PP erneut die Parlamentswahlen, Aznar bleibt Regierungschef.

ETA

Die Regierungszeit Aznars ist jedoch auch durch eine massive Radikalisierung des Terrors durch die baskische Separatistenbewegung ETA gekennzeichnet. Die seit den 1950er Jahren bestehende ETA (s. S. 70) setzte ihren Terror auch nach Francos Tod fort, wenngleich es einige Phasen des Waffenstillstands gegeben hat. In den Jahren 1997 und 2000 eskaliert der Terror durch ETA jedoch; unzählige Politiker, Polizisten und Angehörige des Militärs fallen den Bombenattentaten und Morden zum Opfer. Auf diese Terrorwelle und die Erklärung ETAs Anfang 2003, den Tourismus zum Ziel der Terroranschläge zu machen, reagiert die spanische Bevölkerung mit zahlreichen Großdemonstrationen. Auch die baskische Bevölkerung distanziert sich in den letzten Jahren zunehmend vom Terrorismus der ETA. Die von dem Madrider Philosophieprofessor Fernando Savater (*1947) 1999 gegründete Bewegung *Basta Ya* ist auch Ausdruck der wachsenden Ablehnung des Terrors. Seit Anfang 2006 hat es den Anschein, als gäbe es die Hoffnung auf das Ende des bewaffneten Kampfes von ETA. Die spanische Regierung lehnt aber weiterhin die Forderungen nach einem eigenen Baskenstaat ab.

Innenpolitische Krisen

Zwei Ereignisse haben zu einer schweren Krise des PP in der Gunst der Wähler geführt: Zum einen handelt es sich um landesweite massive Protestbekundungen, welche das mangelhafte Krisenmanagement der Regierung während der Umweltkatastrophe anprangern, die durch die Havarie des Öltankers „Prestige“ vor der galicischen

Küste im Jahre 2002 entstanden ist. Zum anderen ist es 2003 AZNARS Position im Irak-Konflikt, die zu landesweiten Großdemonstrationen führt: Mehrere Millionen Spanier demonstrieren in den folgenden Monaten gegen AZNARS Irak-Politik.

11. März 2004

Das im Vorfeld der Parlamentswahlen verübte verheerende Bombenattentat auf einen Pendlerzug in Madrid am 11. März 2004, dem 191 Menschen zum Opfer gefallen sind, wird Terroristen aus dem Umfeld von Al-Qaida zugeschrieben. Dieses Attentat soll den Ausgang der Wahlen am 14. März entscheidend beeinflusst haben.

Regierungswechsel

Bei den Parlamentswahlen am 14. März 2004 wird der PP abgewählt; der PSOE und sein Spitzenkandidat JOSÉ LUIS RODRÍGUEZ ZAPATERO (*1960) gewinnen die Wahl. Die sozialistische Regierung vollzieht einen Bruch mit der Politik des konservativen PP, um Spanien durch Reformen weiter zu modernisieren (z.B. zur Verbesserung der Chancen von Frauen im Beruf, eine Wende in der Umweltpolitik und die Einführung der Zivilehe für homosexuelle Paare).

Literatur

Mainer (1988), Haubrich (1995–2005), Bernecker ([3]1997: 233–310), Mainer/Juliá (2000), Tusell ([2]2000).

2 Kulturelle Tendenzen

Movida

Ende der 1970er Jahre entsteht in Madrid eine schrille Künstler-Bohème, die als *movida* bezeichnet wird und sich in Mode, Musik, Film, Malerei und Fotografie zeigt. PEDRO ALMODÓVARS (*1949) Film *Pepi, Luci, Bom y otras chicas del motón* (1979–1980) gilt als Beginn der *movida;* ALMODÓVARS Film *Mujeres al borde de un ataque de nervios* (1988) ist ein weiterer Höhepunkt der *movida.*

Als Reaktion auf die repressive Sexualmoral während der FRANCO-Diktatur erfolgt eine provokante, enthemmte, apolitische und exaltierte Selbstbefreiung und Selbstdarstellung auch und gerade in sexueller Hinsicht, die mit zahlreichen Tabubrüchen einhergeht.

Destape

Diese Befreiung vom repressiven und kirchlich dominierten Erziehungswesen, von der repressiven Sexualmoral und der Körperfeindlichkeit des franquistischen Regimes führt in den ersten Jahren der Demokratie auch zum sogenannten *destape,* das heißt einer Zurschaustellung nackter Körper und sexueller Praktiken in Theater, Film und Literatur.

Vergangenheitsbewältigung

Aufgrund des erfolgreichen friedlichen Übergangs von der Diktatur zur Demokratie, aber auch aus Sorge, die noch junge Demokratie nicht zu gefährden, herrscht in Politik und Gesellschaft der Konsens, die Vergangenheit auszublenden und totzuschweigen. Diese Haltung des Stillschweigens und Vergessens, als *amnesia histórica* bezeichnet, wird jedoch ab etwa Mitte der 1980er Jahre durch vereinzelte Stimmen, ab Anfang der 1990er Jahre dann immer deutlicher durchbrochen. Eine wichtige Rolle spielt dabei die Literatur: Das Theaterstück *¡Ay, Carmela!* (1986) von José Sanchis Sinisterra sowie die Romane *Beatus ille* (1986) und *El jinete polaco* (1991) von Antonio Muñoz Molina stoßen den Prozess des Erinnerns entscheidend an.

Erinnerungsarbeit

Nach der Auflösung der ideologischen Oppositionen von Ost und West, von Links und Rechts nach 1989 erfolgt im politischen und intellektuellen Lager eine Umorientierung hin zur Aufarbeitung von Bürgerkrieg und Diktatur. Dieser Prozess der Aufarbeitung beginnt jedoch erst in den späten 1990er Jahren; ab diesem Zeitpunkt scheint die *amnesia* überwunden, und die Aufarbeitung des nationalen Traumas dringt auch ins Bewusstsein der breiten Öffentlichkeit. Seitdem stehen der Bürgerkrieg und die Diktatur in weiten Kreisen der spanischen Bevölkerung, in Geschichts- und Literaturwissenschaft, in Presse, Literatur, Film und Fernsehen (z.B. in der Serie *Cuéntame* über das Leben in der Endphase der Diktatur) zur Debatte, wobei sich – insbesondere in der Literatur – die Möglichkeit einer Versöhnung der *dos Españas* abzeichnet.

Die 2000 gegründete *Asociación para la Recuperación de la Memoria Histórica* (ARMH) trägt wesentlich dazu bei, gegen das Vergessen zu kämpfen. Für ihr Vorhaben, die anonymen Opfer der franquistischen Unterdrückung aus Massengräbern zu exhumieren, bittet die ARMH im Jahre 2002 die UNO um Unterstützung.

Am Todestag Francos, dem 20. November, beschließt das spanische Parlament im Jahre 2002, die Diktatur zu verurteilen, die Gräuel der franquistischen Repression nicht dem Vergessen anheimfallen zu lassen und die Opfer zu entschädigen. 2005 wird das letzte Standbild General Francos in Madrid abgebaut – unter Protesten einiger Altfranquisten.

In den letzten Jahren sind insbesondere die Exilforschung, die Erforschung der auf Seiten der Republik Kämpfenden und die am antifranquistischen Widerstand Beteiligten überaus intensiv mit der Bewahrung und Aufzeichnung des kollektiven Gedächtnisses befasst.

Die Zeitung *El País* trägt seit Jahren maßgeblich zur Aufarbeitung des nationalen Traumas durch Reportagen über die Opfer des Bürgerkriegs, über die *„niños de la guerra"*, über Massengräber, die Opfer von Francos Mausoleum im Valle de los Caídos, über die Frauen der Bürgerkriegsopfer, über das Schicksal der Exilierten usw. bei.

Insbesondere im Jahre 2006 – 70 Jahre nach dem Beginn des Spanischen Bürgerkriegs – tragen zahlreiche Buchpublikationen und Reportagen dazu bei, die Erinnerungsarbeit weiter voranzutreiben.

Die Aufarbeitung von Bürgerkrieg und FRANCO-Diktatur ist eng verknüpft mit der Debatte über die kulturelle und nationale Identität Spaniens in einem zunehmend multikulturellen und globalisierten Europa einerseits und andererseits über das Verhältnis von Nation und dem ausgeprägten innerspanischen Nationalismus, insbesondere Kataloniens und des Baskenlandes. Die schon skizzierten anhaltenden Konflikte mit ETA belegen dies.

Kulturelle und nationale Identitäten

Ein besonderes Phänomen der spanischen Literaturszene ist die enge Verflechtung zwischen Autoren, Verlagsgruppen, Kritikern und der Vergabe von Literaturpreisen. Verlagsgruppen wie PRISA (dazu gehören u.a. die Tageszeitung *El País* sowie der Verlag Alfaguara) nutzen die Preisvergabe als Marketingstrategie, um Marktanteile zu gewinnen, dadurch die Verkaufszahlen zu erhöhen und zugleich ihren Autoren zu einer großen Medienpräsenz zu verhelfen: Kultur und Literatur werden damit zum Medienereignis des Kulturbusiness. Ein Beispiel für diese enge Verflechtung von Kultur und Business ist die Verlagsgruppe Planeta, zu der die Verlage Planeta, Espasa Calpe und Seix-Barral gehören und die zwei Preise stiftet: den *Premio Planeta* und den *Premio Primavera de Novela*.

Kulturbusiness

Der Roman *El premio* (1996) von MANUEL VÁZQUEZ MONTALBÁN (s. S. 149) zeichnet ein satirisches Bild dieses Kulturbusiness und der kommerziell ausgerichteten Vergabe von Literaturpreisen.

Die enge Verflechtung von Literatur und Presse manifestiert sich daher deutlich: Seit den frühen 1980er Jahren haben sich auf dem Gebiet der Literatur zahlreiche Autorinnen und Autoren fest etabliert, die ursprünglich aus dem Bereich des Journalismus kommen und die seitdem beide Sparten gleichzeitig bedienen. Stellvertretend für viele Schriftsteller mit großer Medienpräsenz sind zu nennen: JAVIER MARÍAS, ANTONIO MUÑOZ MOLINA, JAVIER CERCAS, ROSA MONTERO und MARUJA TORRES, die zu den langjährigen Kolumnisten von *El País* zählen und dort auch einige ihrer literarischen Werke publizieren. Auch die mit der Publikation ihres enorm erfolgreichen erotischen Romans *Las edades de Lulú* (1989) schlagartig bekannt gewordene ALMUDENA GRANDES (*1960) zeichnet sich durch eine große Medienpräsenz aus. Die Anwältin, Dramatikerin und bekannteste Feministin Spaniens, LIDIA FALCÓN (*1935), ist ebenfalls journalistisch tätig.

Journalismus und Literatur

Ein mit zahlreichen Literaturpreisen ausgezeichneter Bestsellerautor, Mitglied der *Real Academia Española* (seit 2003) und zugleich Reporter und Kolumnist ist ARTURO PÉREZ-REVERTE (*1951). Er ist der zurzeit meistgelesene spanische Autor, der neben seiner Tätigkeit u. a. als Kriegsberichterstatter bis 1994 auch zahlreiche Bestseller publiziert hat, darunter den Kriminalroman *La tabla de Flandes* (1990), die Serie historischer Romane um den im *Siglo de Oro* lebenden Capitán Ala-

ARTURO PÉREZ-REVERTE

triste sowie u.a. den Abenteuerroman *La carta esférica* (2000). Sein 2006 erschienener Roman *El pintor de batallas* findet ein begeistertes Echo bei Kritikern und Lesern.

„Frauen"

Bislang war es üblich, den schreibenden Frauen in Spanien ein eigenes Kapitel unter dem Stichwort „Frauenliteratur" zu widmen. Eine solche Heraushebung aus dem und zugleich Marginalisierung der Frauen im Literaturbetrieb ist inzwischen obsolet. Auch wenn das journalistische und literarische Schaffen von Frauen lange um die Überwindung der patriarchalen Strukturen der franquistischen Gesellschaft, um die Unterdrückung der weiblichen Sexualität und um die weibliche Identitätsproblematik kreiste oder – dies ist eines der aktuellsten Themen in Spanien – die Gewalt in Ehe und Partnerschaft (*violencia de género*) behandelt, so haben sich die Autorinnen inzwischen gleichberechtigt neben ihren männlichen Kollegen als Journalistinnen, Dramatikerinnen, Lyrikerinnen und Romanautorinnen etabliert. Dies belegen auch die zahlreichen Literaturpreise, die in den letzten Jahren an Autorinnen verliehen wurden. Die folgende Aufstellung soll belegen, dass die Schriftstellerinnen den Buchmarkt erobert haben und die literarische Landschaft maßgeblich mitgestalten: 1989 gewinnt SOLEDAD PUÉRTOLAS (*1947) mit *Queda la noche* den *Premio Planeta*; mit demselben Preis folgen ihr 1998 CARMEN POSADAS (*1953) mit *Pequeñas infamias*, 1999 ESPIDO FREIRE (*1974) mit *Melocotones helados*, 2000 MARUJA TORRES (*1943) mit *Mientras vivimos*, 2001 ROSA REGÁS (*1933) mit *La canción de Dorotea*, 2004 LUCÍA ETXEBARRIA (*1966) mit *Un milagro en equilibrio* und 2005 MARÍA DE LA PAU JANER (*1966) mit *Pasiones romanas*. LUCÍA ETXEBARRIA hat bereits 2001 den *Premio Primavera de Novela* mit *De todo lo visible y lo invisible* gewonnen; ROSA MONTERO gewann diesen Preis 1997 für *La hija del caníbal*. CLARA SÁNCHEZ (*1955) gewann 2000 den *Premio Alfaguara de Novela* mit *Últimas noticias del paraíso*. Dramatikerinnen und Dichterinnen ließen sich hinzufügen.

Literatur

Amell/Castaneda (1988), Bierbach/Rössler (1992), Zavala/Díaz-Diocaretz (1996, 1998), Spitzmesser (1999), López de Abiada/Neuschäfer/López Bernasocchi (2001), Neuschäfer (2002, [4]2004, 2006), Belmonte Serrano (2003), Castillo Gómez/Montero García (2003), Alvarez (2004), Winter ([4]2004), Arias Careaga (2005), Mainer (2005).

2 Die spanische Literatur seit 1975

1 Die Erzählprosa

Tendenzen der Erzählprosa

Tendenzen

Der Roman ist seit 1975 die erfolgreichste Gattung; Lyrik und Theater fristen im Vergleich zu den Verkaufszahlen der Romane eher ein Schattendasein. Die spanische Erzählprosa nach 1975 ist von unterschiedlichen Tendenzen geprägt. Im vorangegangenen Kapitel ist bereits auf die Romanproduktion vieler Schriftstellerinnen und Schriftsteller hingewiesen worden, die auch nach FRANCOS Tod auf dem Buchmarkt präsent bleiben. Zum Teil setzen diese Autoren – wie z. B. MARSÉ und JUAN GOYTISOLO – ihre kritische Auseinandersetzung mit dem Franquismus fort. Andere Autoren schreiben im Sinne thematischer und ästhetischer Neuorientierungen weiter, so etwa ANA MARÍA MATUTE, die sich mit dem Mittelalter beschäftigt (s. S. 86), CARMEN MARTÍN GAITE, die sich mit den Modalitäten der Erinnerung und des Erinnerns befasst, und MIGUEL DELIBES, der 1998 mit *El hereje* – einem Roman über die Unterdrückung der protestantischen Bewegung in Spanien im 16. Jh. – eines der besten Werke der *nueva novela histórica* geschrieben hat (s.u.). Auch der bereits erwähnte ARTURO PÉREZ-REVERTE (s. S. 143f.), der zahlreiche historische Romane und Romanzyklen verfasst hat, gehört seit Jahren zu den angesehensten und zugleich kommerziell überaus erfolgreichen Schriftstellern.

Novela policíaca

Eine erst um 1975 entstehende Tendenz und zugleich Modegattung der spanischen Erzählprosa ist der Kriminalroman (*novela policíaca, novela negra*), der während der *transición* aufkommt und dessen Hauptvertreter MANUEL VÁZQUEZ MONTALBÁN und EDUARDO MENDOZA sind, die mit ihren Kriminalromanen *Tatuaje* (1974) und *La verdad sobre el caso Savolta* (1975) diese Gattung begründen. Als Gattung ist der Kriminalroman nicht durch den Franquismus „vorbelastet“, da es während der FRANCO-Diktatur keine Tradition dieser Gattung gegeben hat. Hinzu kommt, dass die franquistische Zensur darüber zu wachen hatte, dass das vom Regime propagierte (Schein-)Bild eines glücklichen Spaniens ohne Kriminalität bewahrt wurde. VÁZQUEZ MONTALBÁN knüpft mit seinen Kriminalromanen, deren Protagonist der barceloneser Privatdetektiv Pepe Carvalho ist, an die US-amerikanische Krimi-Tradition eines RAYMOND CHANDLER oder DASHIELL HAMMET an; zugleich etabliert VÁZQUEZ MONTALBÁN den Kriminalroman aber als ein Genre, das eine kritische Sicht auf die verschiedenen sozialen, ökonomischen und politischen Bereiche der sich im Wandel befindlichen Gesellschaft ermöglicht. Im moralischen Dickicht der unterschiedlichen sozialen Schichten und der verschiedenen Berufsgruppen ermittelnd, enthüllen Pepe Carvalhos Recherchen und scharfsinnigen Kommentare die

Konflikte, Probleme und Missstände der spanischen Gesellschaft im Übergang von der Diktatur zur Demokratie.

Typisch für den spanischen Kriminalroman ist auch, dass Polizisten oder gar der gesamte Polizeiapparat noch ehemalige Vertreter des franquistischen Unterdrückungsapparates sind und daher eine negative Rolle besetzen und die Ermittlungen der Privatdetektive behindern. Diese scheitern dann auch nicht selten an den verfilzten Strukturen von Polizei, Politik und Wirtschaft.

Neben VÁZQUEZ MONTALBÁN und MENDOZA wenden sich nach 1975 zahlreiche Autoren dem Kriminalroman zu – darunter JUAN MADRID (*1947), dessen Detektiv Toni Romano einige Fälle löste, und auch JUAN MARSÉ (*El aire de un crimen*, 1980).

Nueva novela histórica

Im Zuge der nur langsam und spät beginnenden Aufarbeitung des Spanischen Bürgerkriegs und der FRANCO-Diktatur entsteht die *nueva novela histórica* (neuer historischer Roman), die sich jedoch nicht nur auf die beiden genannten Epochen beschränkt. Es lässt sich inzwischen ein Wandel im Umgang mit den nationalen Traumata Bürgerkrieg und Diktatur erkennen: Waren die frühen Romane, auch die unter FRANCO verfassten, noch stark von der Traumatisierung betroffen, so zeigen etwa die späteren Romane, wie z.B. die ANTONIO MUÑOZ MOLINAS, bereits die zeitliche und psychologische Distanz zum Bürgerkrieg und der Diktatur. MUÑOZ MOLINA kommt generell eine Vorreiterrolle zu, denn sein 1991 erscheinender Roman *Los jinetes polacos* begründet die *nueva novela histórica*.

In den Vordergrund tritt nun die Forschungsarbeit der Protagonisten, die zumeist aber zur Einsicht in die Unmöglichkeit der vollständigen Rekonstruktion der geschichtlichen Ereignisse führt.

In den neueren Romanen – etwa RAFAEL CHIRBES' (*1949) *La larga marcha* (1996) und *La caída de Madrid* (2000) sowie JAVIER CERCAS' (*1962) Verkaufserfolg *Soldados de Salamina* (2001) – scheint die ideologische Spaltung in die *dos Españas*, die sich noch in den Romanen MARSÉS und BENETS' nachweisen lässt, auf versöhnliche Art überwunden; CERCAS stellt, was ein Tabubruch ist, den Bürgerkrieg aus der Perspektive eines Falangisten – des Schriftstellers RAFAEL SÁNCHEZ MAZAS – dar. Einen enormen internationalen Erfolg feiert auch CARLOS RUIZ ZAFÓN (*1964) mit seinem Roman *La sombra del viento* (2001), der wochenlang die Bestsellerlisten anführt und 2002 von *La Vanguardia* zum Buch des Jahres gekürt wird.

Auch die Aufarbeitung des Bürgerkriegs und der Diktatur aus weiblicher Sicht ist inzwischen erfolgt, wie die Romane *Luna Lunera* (1999) von ROSA REGÁS (*1933) und *La voz dormida* (2002) von DULCE CHACÓN (1974–2003) eindrücklich belegen.

Auch die *transición* ist zum Romangegenstand geworden, so etwa in *Francomoribundia* (2003) von JUAN LUIS CEBRIÁN (*1944), dem Mitbegründer und langjährigen Herausgeber von *El Páis*.

Literatur

Navajas (1987), de Toro/Ingenschay (1995), Felten/Prill (1995), Pulgarín (1995), Albert (1999b), Langa Pizarro (2000), Pereiro (2002), Alonso (2003), Sobejano (2003), Valls Guzmán (2003), Albert (2004), Luengo (2004), Winter (2006).

Manuel Vázquez Montalbán

Biografie und Bedeutung

Der 2003 verstorbene Manuel Vázquez Montalbán gehört seit Beginn der 1970er Jahre zu den einflussreichsten spanischen Intellektuellen und Schriftstellern. Sein sehr umfangreiches und vielfältiges Werk – es umschließt zahlreiche Romane, Lyrikbände, Theaterstücke, Essays, Reportagen, Zeitungsartikel und Biografien sowie Kochbücher – zeugt von einem soziopolitischen Engagement und einer kritischen Sicht auf die Entwicklungen der spanischen Gesellschaft während der Diktatur, im Übergang zur Demokratie und bis zu seinem Tod. Mit seiner Romanfigur Pepe Carvalho, dem barceloneser Detektiv, erreicht Vázquez Montalbán nicht nur in Spanien, sondern auch international ein breites Lesepublikum.

Manuel Vázquez Montalbán wird 1939 in Barcelona geboren. Sein Vater war Mitglied der kommunistischen Partei PSCU (*Partit Socialista Unificat de Catalunya*) und kämpfte im Spanischen Bürgerkrieg. 1939 wird er zu 20 Jahren Gefängnis verurteilt, dann nach fünf Jahren freigelassen. Während seines Journalistik-Studiums ab 1956 in Barcelona und Madrid ist Vázquez Montalbán Mitglied der linksradikalen Studentengruppierung FLP (*Frente de Liberación Popular*). Ab 1961 ist er zunächst als Journalist der Tageszeitung *Solidaridad Nacional* in Barcelona tätig, dann bei weiteren Zeitungen, darunter *Siglo XX*, deren kritischer Inhalt die Zensurbehörde auf den Plan ruft. 1962 wird er aufgrund seiner politischen Aktivitäten und seines Eintritts in den PSUC zu drei Jahren Haft verurteilt, er kommt aber nach etwa einem Jahr wieder frei. Als Schriftsteller wird er 1969 durch die Publikation seiner *Crónica sentimental de España* bekannt. In den Folgejahren verfasst er einige kulturkritische Werke, in denen er mittels surrealistisch-esperpentischer Verfahren seiner *escritura subnormal* die neokapitalistische Ausrichtung der spanischen Gesellschaft und die konservativ-konventionelle Lesehaltung des bürgerlichen Publikums attackiert.

Die Einsicht in die begrenzte Wirkung dieser Schreibweise veranlasst Vázquez Montalbán zu einem Genrewechsel, der ihm in der Folgezeit zu literarischem Ruhm verhilft: 1974 erscheint der erste Pepe Carvalho-Krimi *Tatuaje*, dem 1977 *La soledad del manager* folgt. Mit dem dritten Band, *Los mares del sur*, gelingt ihm 1979 der auch internationale Durchbruch.

1977 wird Vázquez Montalbán Delegierter des IV. Kongresses des PSUC, 1980 wählt man ihn in dessen Exekutivkomitee. Neben seiner Schriftstellertätigkeit arbeitet Vázquez Montalbán auch weiterhin journalistisch und engagiert sich politisch, so anlässlich des NATO-Beitritts Spaniens, des Golf-Kriegs und Kosovo-Kriegs.

Zahlreiche Literaturpreise, darunter der *Premio Planeta* (1979), der *Premio Nacional de Narrativa* (1991), der *Premio de la Crítica* (1994) und der *Premio Nacional de las Letras Españolas* (1995) sowie internationale Literaturpreise wie der *Prix International de Littérature Policière* (1981), der *Deutsche Krimi-Preis* (1986, 1989, 1991) und der *Europäische Literaturpreis* (1992) belegen VÁZQUEZ MONTALBÁNS überaus großen Erfolg als Schriftsteller und Gesellschaftskritiker.

Lyrik

Der Erfolg seiner Kriminalromane um Pepe Carvalho, seine dezidiert politische, journalistische und essayistische Tätigkeit und sein kritischer Umgang mit den Möglichkeiten historischer Rekonstruktion haben sein lyrisches Werk ein wenig in den Hintergrund gerückt. Seit der Publikation der Lyriksammlung *Una educación sentimental* (1967) und seiner Aufnahme als Dichter in die spektakuläre Anthologie *Nueve novísimos poetas españoles* (1970) von JOSÉ MARÍA CASTELLET (s. S. 123) hat VÁZQUEZ MONTALBÁN kontinuierlich an seinem lyrischen Werk gearbeitet, das er 1986 und 1996 unter dem Titel *Memoria y deseo* publiziert und in dem thematisch die Liebe und die Sicht des „Besiegten“ dominieren.

Serienheld Pepe Carvalho

Pepe Carvalho aus Barcelona arbeitet als Privatdetektiv, nachdem er als CIA-Agent und Präsidentenattentäter (*Yo maté a Kennedy*, 1972) tätig war. Zwischen 1974 und 2000 ist Pepe Carvalho zahlreichen Verbrechen auf der Spur. Verschiedene Charaktereigenschaften und Verhaltensweisen des Serienhelden tragen zu seiner Beliebtheit beim Publikum bei. Er agiert als abgebrühter Einzelgänger, dessen sexuelle Abenteuerlust und machistisches Verhalten nicht nur die Beziehung zu Charo, seiner langjährigen Geliebten, beeinträchtigen. Pepes Hauptinteresse gilt den kulinarischen Entdeckungen, die er während seiner Ermittlungen oder zuhause im Kochtopf macht und die in Form von Kochrezepten in die Romane integriert sind – und die 1989 in dem Band *Recetas de Carvalho* erscheinen. Ein weiteres Charakteristikum ist, dass Pepe seinen Kamin mit Büchern anzündet und mit diesen Bücherverbrennungen seine kulturkritische Haltung ausdrückt.

Als desillusionierter Ex-Marxist steht Pepe Carvalho auch symptomatisch für den *desencanto*, der weitere Teile der spanischen Intellektuellen während der friedlichen, nicht auf dem Bruch, sondern dem paktierenden *consenso* sich vollziehenden *transición* von der Diktatur zur Demokratie erfasst (s. S. 139). In *Los mares del sur* (1979) geht es explizit um den *desencanto* der Linken. Insofern sind seine Ermittlungen nicht primär auf die Klärung von Verbrechen gerichtet, sondern auf die Bloßlegung und kritische Kommentierung soziopolitischer Zustände der spanischen Gesellschaft. Dies belegen Romane wie *Sabotaje olímpico* (1993), in dem es um die Olympischen Spiele in Barcelona im Jahre 1992 geht, oder der Roman *El premio* (1996), in dem VÁZQUEZ MONTALBÁN den von Marktgesetzen regierten Literaturbetrieb und die Verleihung von Literaturpreisen kritisiert, die ausschließlich den finanziellen Zwecken der Verlage dienen. In dem Carvalho-Roman *El hombre de mi vida* (2000) ist der Detektiv aus Buenos Aires zurückgekehrt; in dem postum publizierten zweibändigen *Milenio Carvalho* (2004) zieht VÁZQUEZ MONTALBÁN nach 30 Jahren Detektivarbeit durch Carvalho Bilanz.

Memoria und politischer Widerstand

Ab Mitte der 1980er Jahre beschäftigt VÁZQUEZ MONTALBÁN sich in einer Reihe von Romanen auch mit der Frage der Erinnerung an die Vergangenheit und des politischen Widerstands. Der erste Roman dieser Folge ist *El pianista* (1985), in dem drei markante historische Momente der Geschichte Spaniens im Zentrum stehen und die in rückschreitender Folge mit der Biografie des Klavierspielers Albert Rosell verknüpft sind. Der Roman beginnt im Jahr 1983, das auf den Wahlsieg des PSOE folgt und den *desencanto* der ursprünglich in der antifranquistischen Opposition beheimateten Intellektuellen zeigt. Ein zufälliges Treffen und Gespräch zwischen Rosell und einem der Intellektuellen macht deutlich, dass die Bedeutung der Erinnerung an den Bürgerkrieg und die Nachkriegszeit von der jüngeren Generation nicht erkannt wurde und damit ein wesentlicher Bestandteil der spanischen Geschichte verloren gehen wird; der zweite Teil spielt im Jahr 1946, in dem die psychologischen, materiellen und wirtschaftlichen Folgen des Bürgerkriegs und der *posguerra* noch spürbar sind und in dem Rosell nach langer Zeit wieder Klavier spielt und dabei die Kraft der Erinnerung versinnbildlicht; der letzte Teil geht zurück ins Jahr 1936, in dem der Bürgerkrieg begann und Rosell auf Seiten der Republik im Spanischen Bürgerkrieg kämpfte.

Galíndez

Von herausragender Bedeutung ist der mit zahlreichen Literaturpreisen ausgezeichnete Roman *Galíndez* (1990), in dem der – am Ende scheiternde – Versuch einer Rekonstruktion historischer Ereignisse im Zentrum steht. Der Titel des Romans verweist auf den baskischen Exilpolitiker JESÚS GALÍNDEZ, der im Spanischen Bürgerkrieg auf Seiten der Republik stand und nach FRANCOS Sieg ins Exil in die Dominikanische Republik und dann in die USA gegangen war. Als GALÍNDEZ eine Studie über das Terrorregime des Diktators TRUJILLO einreichen wollte, ließ TRUJILLO GALÍNDEZ ermorden. Dieser historische Fall und die Frage nach den Motiven politischen Widerstands sind das Thema einer Doktorarbeit, welche die amerikanische Forscherin Muriel Colbert verfassen will. Der Roman führt nun vor, wie die Forschungen von Muriel verlaufen, welche Schwierigkeiten sie bei der Materialsuche und bei der Bewertung des aus unterschiedlichen Quellen stammenden, teils widersprüchlichen Materials hat und wie ihre Forschungen durch die Interventionen von CIA-Agenten behindert werden. Es durchkreuzen sich dabei unterschiedliche Handlungs-, Raum- und Zeitebenen, was ein typisches Merkmal moderner Geschichtsromane ist. Der Roman *Galíndez* ist daher sowohl als Absage an den traditionellen biografischen Roman als auch als Absage an den traditionellen Geschichtsroman zu lesen: Es geht nämlich nicht um eine lückenlose, kohärente und chronologische Darstellung von historischen Ereignissen und Lebenswegen, sondern um die – letztlich scheiternden – Bemühungen, eine solche Darstellung herzustellen. Damit verweist VÁZQUEZ MONTALBÁN auf die Problematik, Vergangenes überhaupt objektiv und umfassend rekonstruieren zu können. Auch die Erinnerungen der Figur Galíndez, die im Roman erzählt werden, sollen nicht als die tatsächlichen Erinnerungen der historischen Persönlichkeit gelesen werden, sondern als Gedanken und Erinnerungen, wie er sie möglicherweise hatte. Um diese Unterscheidung für die Leserschaft nachvollziehbar zu machen, wählt der Autor in solchen Textpassagen die zweite Person Singular.

Die Verwendung solcher postmodernen Erzählverfahren ist jedoch nicht der Ausdruck eines beliebigen Spiels mit geschichtlichem Material. Das Ende des Romans zeigt vielmehr, dass VÁZQUEZ MONTALBÁN den Geschichtsroman für eine politisch engagierte Haltung nutzbar macht: Die politische Bedeutung, welche dem historischen GALÍNDEZ zukommt, und die politische Brisanz von Muriels Versuchen, seine ethisch-moralisch-politische Motivation für den Kampf gegen diktatorische Regimes – das FRANCOS und das TRUJILLOS – herauszuarbeiten, werden sichtbar, als Muriel am Ende des Romans im Auftrag von CIA-Agenten ermordet wird.

Autobiografía del general Franco

Auch der Roman *Autobiografía del general Franco* (1992) zeigt das Scheitern eines Rekonstruktionsversuchs historischer „Wahrheit“, in diesem Fall des Lebenswegs FRANCOS. VÁZQUEZ MONTALBÁN rekurriert in der Figurenkonstellation zudem auf die Spaltung Spaniens in die *dos Españas*, die im vorliegenden Band schon vielfach thematisiert wurden: Der kommunistische Schriftsteller Marcial Pombo erhält den Auftrag, als Ghostwriter die Autobiografie General FRANCOS zu verfassen und dabei – der franquistischen Rhetorik entsprechend – die beschönigende Sicht auf das Leben des *Caudillo* zu verwirklichen. Mit anderen Worten: Als Kommunist und damit „Besiegter“ soll Marcial nun das Leben FRANCOS aus der Sicht der „Sieger“ darstellen. Dieser unüberbrückbare Zwiespalt schlägt sich in Marcials schriftstellerischer Arbeit nieder: Statt den monologischen franquistischen „Diskurs der Sieger“ mit den bekannten Versatzstücken franquistischer Rhetorik fortzuschreiben (s. S. 79), unterbricht er den Textfluss immer wieder, indem er die Sicht der „Besiegten“ und Opfer einfügt und damit die psychologischen und gesellschaftlichen Folgen des Bürgerkriegs und der franquistischen Repression zu einer Art Gegendiskurs etabliert. Dieser Gegendiskurs entlarvt den „Diskurs der Sieger“ in seiner schönfärberischen und mythisierenden Intention als Lüge. Durch die Gegenüberstellung von Rede und Gegenrede, von „Diskurs der Sieger“ und „Diskurs der Besiegten“ entsteht ein Modell von dialogischer oder gar polyphoner Auseinandersetzung, dessen Verhinderung gerade eines der Ziele der franquistischen Zensur war.

Der Zeitpunkt der Publikation von *Autobiografía del general Franco* ist überaus geglückt, denn der Roman erscheint – wie viele weitere FRANCO-Biografien auch – in dem Jahr, in dem sich das Geburtsjahr des *Caudillo* zum hundertsten Mal jährt. Insofern ist die Diskussion, welches Bild des Diktators FRANCO der Nachwelt zu überliefern ist, von großer Aktualität: Das Vorhaben von Marcials Verleger, alle aus der Sicht der Opfer geschriebenen Passagen zu tilgen, ist nicht nur Ausdruck einer Verneinung objektiver Geschichtsschreibung, sondern auch des Mundtotmachens der Opfer der Diktatur. Dieser kritische Umgang mit der Frage, welches Bild von FRANCO in die Geschichtsbücher eingehen soll, ist in den 1990er Jahren im Zuge der Aufarbeitung der Diktatur von großer Brisanz.

Literatur

Colmeiro (1996), Spitzmesser (1999), Bodenmüller (2002), Buschmann (2005).

EDUARDO MENDOZA

Biografie

EDUARDO MENDOZA (*1943) stammt aus Barcelona. Er studiert Jura und arbeitet als Anwalt, bis er Spanien verlässt und von 1973 bis 1982 als Übersetzer bei der UNO in New York, dann auf internationalen Konferenzen arbeitet. 1975 gelingt ihm mit *La verdad sobre el caso Savolta* der Durchbruch. Seine Romane sind in zahlreiche Sprachen übersetzt und mit vielen Literaturpreisen ausgezeichnet. MENDOZAS teils unrealistisch-esperpentische, fantasievolle Romane sind vom parodistisch-ironischen Umgang mit unterschiedlichen Gattungstraditionen geprägt und belegen, dass er an die experimentelle Erzählkunst der 1960er und 1970er Jahre anknüpft.

La verdad sobre el caso Savolta

MENDOZA erhält 1975 für seinen ersten Roman, *La verdad sobre el caso Savolta*, den *Premio de la Crítica* – kurz vorher, noch zu FRANCOS Lebzeiten, verhinderte ein Verbot der Zensur die Publikation des Romans. Der Roman spielt während des Ersten Weltkriegs, konkret von 1917 bis 1919, in Barcelona und zeigt die anarchistische Bewegung (s. S. 8) sowie dubiose Waffengeschäfte. Ausgangspunkt ist der 1927 in New York stattfindende Prozess gegen Javier Miranda, der aufgrund der Fragen des Richters die Ereignisse der Jahre 1917 bis 1919 und die Geschichte der Firma Savolta rekonstruiert. Miranda und der skrupellose und machthungrige Firmenchef Lepprince hatten 1917 zwei Auftragsmörder angestellt, um die Anführer der streikenden Arbeiter ausschalten zu lassen. Dies bildet den Beginn einer Mordserie, bis das

Unternehmen Savolta ruiniert ist. Der mit der Aufklärung der Morde beauftragte Kommissar Vázquez wird vom Fall abgezogen, um nicht weiter zu ermitteln. Jedoch teilt er kurz vor seinem Tod Miranda „la verdad sobre el caso Savolta“ mit: Lepprince war der Drahtzieher aller Morde, um seinen illegalen Waffenhandel zu vertuschen.

Der Roman ist Kriminalroman und Großstadtroman in einem, da ein Kriminalfall gelöst und ein facettenreiches Panorama der Großstadt entworfen werden. Die Spannung erzeugenden Rückblicke, Handlungsfragmente und integrierten Zeitungsartikel und Briefe schaffen absichtlich ein Chaos, das der Leser ordnen muss. *La verdad sobre el caso Savolta* gehört zu den erfolgreichsten und wichtigsten Romanen der spanischen Gegenwartsliteratur.

El misterio de la cripta embrujada

Der parodistisch angelegte Kriminalroman kreist um die Ermittlungen des namenlosen und der Unterschicht entstammenden Ich-Erzählers, der aufgrund einer Straftat für ein Jahr in einer psychiatrischen Anstalt inhaftiert ist. Er erhält von Kommissar Flores und der Leiterin einer Ordensschule den Auftrag, das Verschwinden zweier Mädchen aus gutem Hause aufzuklären. Als „Lohn“ für die erfolgreiche Detektivarbeit wird ihm seine Freilassung in Aussicht gestellt. Als er aber herausfindet, dass der angesehene Vater eines der verschwundenen Mädchen in Wirklichkeit ein skrupelloser Drogenhändler ist und in einen Mordfall verwickelt ist, lässt die Polizei den Detektiv fallen und verweigert ihm die versprochene Freilassung. MENDOZA vermischt hier Elemente des Schauerromans (eine gruselige Krypta, das rätselhafte Verschwinden der Mädchen) mit denen des Kriminalromans.

In *El laberinto de las aceitunas* (1982) setzt MENDOZA seinen parodistischen Umgang mit der Gattung Krimi fort. Erneut ermittelt der Ich-Erzähler auf Geheiß des Kommissars Flores, doch trotz der erfolgreichen Lösung des Falls wird er wieder in die psychiatrische Anstalt gebracht.

La ciudad de los prodigios

Dieser sehr erfolgreiche Roman steht in der Tradition der *novela picaresca* des *Siglo de Oro*. Der aus der Provinz stammende arme Bauer Onofre Bouvila gelangt auf der Suche nach Arbeit nach Barcelona. Sein gesellschaftlicher Aufstieg ist verknüpft mit der Geschichte Barcelonas zwischen den zwei Weltausstellungen von 1888 und 1929. Ohne Arbeit und Unterkunft findet Onofre Anschluss an eine anarchistische Gruppe, für die er Flugblätter verteilt. Von da an beginnt sein unaufhaltsamer sozialer Aufstieg zum reichsten und mächtigsten Bürger Spaniens.

Die ironisch-parodistische Gestaltung des Geschichtsromans basiert auf der Spannung zwischen wahren, teils aber auch verzerrten Ereignissen und der ins Fantasievolle tendierenden Darstellung der Figuren.

Weitere Werke

Der schon im Sommer 1990 in *El País* als Fortsetzungsroman erschienene Science-Fiction-Roman *Sin noticias de Gurb* (1991) ist eine spielerische und komische Satire auf Sitten, Gebräuche und Lebensformen des vom Konsum geprägten Großstadtlebens. In *La aventura del tocador de señoras* (2001) tritt erneut der verrückte Detektiv aus *El misterio de la cripta embrujada* und *El laberinto de las aceitunas* auf – diesmal als Frisör –, der nach Jahrzehnten aus dem Irrenhaus kommt und ins Barcelona des Jahrtausendwechsels geworfen wird. *El último trayecto de Horacio Dos* (2002) ist ebenfalls eine fantasievolle und parodistische Gattungsmischung (u.a. Bordtagebuch, Abenteuerroman) über eine irrwitzige Expedition.

Weitere Werke

Gil Casado (1990), Schwarzbürger (1998), Spitzmesser (1999), Knutson (1999, 2002), Saval (2005).

Literatur

Rosa Montero

Rosa Montero (*1951) stammt aus Madrid, wo sie Psychologie und Journalismus studiert. Sie ist eine der bedeutendsten Journalistinnen Spaniens und eine der meistgelesenen Gegenwartsschriftstellerinnen. Seit 1976 arbeitet sie für *El País* (s. S. 138). Sie hat zahlreiche Preise für ihre journalistische Arbeit und ihre Interviews erhalten. Ihre besten Interviews sind in den Bänden *España para tí siempre* (1976) und *Cinco años de país* (1982) erschienen. 1997 wird ihr der *Premio Primavera de Novela* für ihren Roman *La hija del caníbal* verliehen.

Biografie und Bedeutung

Der Durchbruch als Schriftstellerin gelingt Montero 1979 mit *Crónica del desamor.* Sie ist damit eine der ersten Frauen, die noch in der *transición* den von den Männern dominierten Literaturmarkt für die Frauen öffnen und zugleich erobern. *Crónica del desamor* ist eine ursprünglich journalistisch geplante Arbeit über die Situation der Frau im nachfranquistischen Spanien und zugleich eine Chronik des *desencanto*, der auch die Emanzipationsbewegung der Frau erfasst. Die Bedeutung des Buchs liegt darin, dass es einen kritischen Blick auf die Rolle der Frau in der spanischen Gesellschaft vermittelt und zugleich Tabus (Sexualität, Verhütung, Abtreibung, Vergewaltigung) bricht.

Monteros dritter Roman *Te trataré como a una reina* (1983) behandelt die Gewalt, der Frauen in einer noch patriarchalisch geprägten Gesellschaft ausgesetzt sind. Diese männlich dominierte Perspektive findet ihre Bestätigung in fiktiven, in den Roman integrierten Zeugenaussagen und Artikeln über einen Kriminalfall, während die Romanhandlung die tatsächlichen Umstände zeigt: Der gewalttätige und neurotische Beamte Antonio wird aus Rache für sein handgreifliches und frauenfeindliches Verhalten von der Nachtclubsängerin Bella aus dem Fenster seiner Wohnung gestoßen, so dass er – ein passionierter ‚Parfum-Createur' – durch den Sturz die Fähigkeiten seiner Nase verliert, wobei die Zerstörung seines Riechorgans – psychologisch gedeutet – seine Kastration symbolisiert.

Hauptwerke

MONTERO kontrastiert hier also einen männlichen, dominanten Diskurs – indem Antonio in der Presse als das Opfer eine wahnsinnigen und gewalttätigen Frau erscheint – mit einem verdrängten, weiblichen Diskurs. Auch in *Amado amo* (1988) geht es um die Demontage patriarchaler Gesellschaftsstrukturen, doch stehen die Folgen einer kapitalistischen Gesellschaftsordnung im Vordergrund.

La hija del caníbal (1997) verbindet die detektivische Aufklärung eines Entführungsfalls mit der Biografie eines Anarchisten, die dazu dient, dem spanischen Publikum die Geschichte des Anarchismus bekannt zu machen.

In ihrem historischen Roman *Historia del Rey transparente* (2005), der im 12. Jahrhundert spielt, geht es um die von der Protagonistin Leola erzählte eigene Lebensgeschichte als Bauernmädchen, das die Rüstung eines gefallenen Ritters anlegt und von da an gegen Gewalt gewappnet ist.

Literatur

Kreis (1992), Harges (2000), Gatzemeier (2006).

ANTONIO MUÑOZ MOLINA

Biografie und Bedeutung

Der 1956 in Úbeda geborene ANTONIO MUÑOZ MOLINA studiert Kunstgeschichte und Journalismus in Madrid und Granada, wo er sein Studium abschließt. Seit seinem literarischen Durchbruch mit *Beatus ille* im Jahre 1986 veröffentlicht MUÑOZ MOLINA in beinahe jährlichem Rhythmus Romane. 1988 erhält er den *Premio de la Crítica* sowie den *Premio Nacional de Literatura*; 1991 folgen für *El jinete polaco* der *Premio Planeta* und erneut der *Premio Nacional de Literatura.* Seit 1995 ist er Mitglied der *Real Academia Española.* Neben seiner Schriftstellertätigkeit ist MUÑOZ MOLINA auch weiterhin journalistisch tätig; für seine Artikel-Sammlungen erhält er 2003 den *Premio González Ruano de Periodismo* und den *Premio Mariano de Cavia.* Seit 2006 leitet MUÑOZ MOLINA das *Instituto Cervantes* in New York.

MUÑOZ MOLINA ist der Begründer der *nueva novela histórica,* die sich mit der Aufarbeitung des Bürgerkriegs und der FRANCO-Diktatur befasst. Zugleich ist er einer der erfolgreichsten aktuellen Romanciers, dessen Werk nicht nur aufgrund der Thematik, sondern auch aufgrund der narrativen (postmodernen) Besonderheiten seiner Romane – Gattungsmischungen, intertextuelle und intermediale Verflechtung, eine starke metafiktionale Komponente – höchste Anerkennung findet.

Beatus ille

Der mit dem *Premio Ícaro* ausgezeichnete Roman *Beatus ille* (1986) spielt im Jahr 1969 und beschreibt die Forschungen des Madrider Studenten Minaya: Minaya reist in das andalusische Dorf Mágina, in dem er Nachforschungen über den Schriftsteller Jacinto Solana anstellt, einen Vertreter der 27er-Generation, der in RAFAEL ALBERTIS

Zeitschrift *El Mono Azul* publizierte (s. S. 33), für die Republik kämpfte, dann verhaftet wurde, 1945 freikam und bei Minayas Onkel Manuel wohnte, bis er 1947 von der *Guardia Civil* erschossen wurde. Zugleich ist Minaya auf der Suche nach Solanas verschollenem Roman *Beatus ille*. Während Minayas Aufenthalt im Haus seines Onkels Manuel in Mágina muss er nicht nur die komplexen Beziehungen zwischen Manuel, dessen Mutter Doña Elvira, der Hausangestellten Inés und dem Bildhauer Eugenio Utrera enträtseln. Seine Suche nach Dokumenten, das Rekonstruieren von historischen Ereignissen, das Aufnehmen von Erinnerungen der Figuren, das Auffinden angeblicher Fragmente des Romans *Beatus ille* und die Aufdeckung der Ermordung von Manuels Ehefrau Mariana im Jahre 1937 lassen Minayas literaturwissenschaftliche Forschungen immer mehr zur kriminalistischen Spurensuche werden. Schließlich findet Minaya heraus, dass Solana immer noch versteckt im Hause Manuels lebt und dass es den Roman *Beatus ille* nie gegeben hat.

Minayas Vorstellung, sich dem Bürgerkrieg und der *posguerra* anhand von bruchstückhaften Erinnerungen, Legenden und Textfragmenten zu nähern und aus diesem heterogenen Material ein objektives Bild zu erstellen, scheitert und erweist sich am Ende gar als reine Fiktion, so wie auch der Roman MUÑOZ MOLINAS reine Fiktion ist. Die *mise en abyme* – d.h. das Buch im Buch, hier dargestellt anhand der fiktionsimmanenten Suche nach dem inexistenten Roman *Beatus ille*, während der Leser einen Roman desselben Titels in den Händen hält – verweist in einem metafiktionalen Gestus auf diese Unmöglichkeit, geschichtliche Ereignisse sowie menschliche Verhaltensweisen objektiv und eindeutig zu rekonstruieren und darzustellen. Gleichzeitig will der Roman aber dazu anregen, den Versuch einer solchen Rekonstruktionsarbeit wenigstens zu unternehmen, um den Bürgerkrieg und die *posguerra* dem Vergessen zu entreißen.

Weitere Romane

MUÑOZ MOLINAS zweiter Roman, *El invierno en Lisboa* (1987), der im selben Jahr mit dem *Premio Nacional de Literatura* ausgezeichnet wird, ist inhaltlich und formal dem US-amerikanischen Krimi verpflichtet und stellt eine Mischung aus Liebesroman, Kriminalroman und Künstlerroman dar. Auch *Beltenebros* (1989) ist ein Roman, der die Grenzen zwischen Gattungen und Medien überwindet: Als Spionage- und Kriminalroman konzipiert, enthält er zahlreiche intermediale und intertextuelle Verweise auf Gangsterfilme, Hollywoodstars und -regisseure, auf den *Quijote*, indem die metafiktionale Komponente des Romans im Spiel um Schein und Sein, Täuschung und *desengaño* aufscheint, und schließlich auf *Amadís de Gaula*, dem die Figur Beltenebros (Fürst der Finsternis) entnommen ist.

El jinete polaco

Mit *El jinete polaco* (1991) begründet MUÑOZ MOLINA die dem Bürgerkrieg und der *posguerra* gewidmete *nueva novela histórica*. Kristallisationspunkt ist erneut Mágina, in dem die Biografien der Protagonisten konvergieren. Die weitgespannte Handlung ist in drei Lebensgeschichten gegliedert, die in der Biografie des Protagonisten Manuel zusammenlaufen. Der erste Teil enthält die Erinnerungen Manuels an seine Kindheit in Mágina, die er zusammen mit Nadia Galaz in deren New Yorker Wohnung anhand von Erinnerungen und Fotos rekonstruiert. Der zweite Teil enthält die Lebensgeschichte des Kommandanten Galaz, der ebenfalls aus Mágina stammt und der während des Bürgerkriegs auf Seiten der Republik stand und ein Überlaufen seiner Truppe zu den Franquisten verhinderte. Nach Ende des Kriegs musste er ins Exil in die USA, wo er heiratete und seine Tochter Nadia geboren wurde. Als Galaz mit Nadia nach Spanien zurückkehrte, verliebte sie sich in einen Untergrundaktivisten und wurde verhaftet. Galaz kehrte in die USA zurück, wo er stirbt. Nach seinem Tod trifft Nadia sich mit Manuel und zeigt ihm die Fotos und das titelgebende Gemälde, was den Beginn ihrer gemeinsamen Vergangenheitsrekonstruktion markiert. Der dritte Teil ist Manuels Berufsleben gewidmet, das ihn nach Madrid führt, wo er Nadia Galaz kennenlernt. Er war es, mit dem sie zwei Jahrzehnte zuvor eine Liebesbeziehung hatte, an die er sich aber nicht mehr erinnert. In New York versuchen beide, ihre Vergangenheit zu rekonstruieren. Manuel kehrt schließlich nach Mágina zurück und hofft, dass Nadia ihm folgt.

Die Rekonstruktion der Vergangenheit von *preguerra*, Bürgerkrieg und *posguerra* erfolgt aus der Perspektive eines Mannes, der Kindheit, Jugend und Studienzeit in der FRANCO-Diktatur verbracht hat und sein Wissen über die Vorkriegszeit und den Krieg nur über die Erzählungen seiner Großeltern und Eltern vermittelt bekommt. Die politischen, ökonomischen und psychologischen Folgen des Bürgerkriegs in einer andalusischen Kleinstadt werden auf diese Weise eindringlich geschildert.

Weitere Werke

Diese Erinnerungsarbeit setzt MUÑOZ MOLINA in *Ardor guerrero* (1995) fort. Sein Roman *Sefarad* (2001) ist eine großangelegte Darstellung des Schicksals der Juden seit ihrer Vertreibung von der Iberischen Halbinsel im Jahre 1492 bis zum Holocaust. V*entanas de Manhattan* (2004) ist eine Hommage an New York.

Literatur

Oropesa (1999), Spitzmesser (1999), Molero de la Iglesia (2000), Arnscheidt (2005).

JAVIER MARÍAS

Biografie

Nach der Präsentation seines Romans *Corazón tan blanco* (1992) durch Marcel Reich-Ranicki im „Literarischen Quartett“ ist JAVIER MARÍAS (*1951) zu einem international gefeierten Schriftsteller avanciert. Der Sohn des Philosophen JULIÁN MARÍAS verbringt die ersten Lebensjahre in den USA, wo sein Vater als Professor lehrt. MARÍAS studiert Literaturwissenschaft und Philosophie. 1971 publiziert er seinen ersten Roman *Los dominios del lobo*. Von 1983 bis 1985 ist MARÍAS Dozent in Oxford, später dann in den USA, in Venedig und ab 1987 in Madrid. Er ist auch als Übersetzer tätig; seine Übersetzung des *Tristram Shandy* von LAURENCE STERNE wird mit dem *Premio Nacional de Traducción* ausgezeichnet. Im Juni 2006 wird er in die *Real Academia Española* gewählt.

Werke

Der Roman *Los dominios del lobo* (1971) steht unter dem Einfluss des US-amerikanischen Kinos und zeigt den Menschen als einsamen und gefährlichen Wolf in einigen amerikanischen Großstädten. Den Bezug zum Film kündigt MARÍAS Reflexion über die Interrelation von Realität und Fiktion an. *Travesía del horizonte* (1972) ist vordergründig eine Parodie des Abenteuerromans, jedoch verweist die Konstruktion des unabgeschlossenen Textes auf die Ungewissheit und Unmöglichkeit der „travesía del horizonte". Das Zusammenfallen von Traum und Wirklichkeit, von Erinnern und Erleben steht auch in *El hombre sentimental* (1986) im Vordergrund, dargestellt anhand eines einsamen Opernsängers, dessen Versuche einer Kontaktaufnahme zum „wirklichen Leben" scheitern.

Todas las almas

Der Titel des Romans *Todas las almas* (1989) verweist auf eine der Universitäten in Oxford, hat aber auch einen autobiografischen und intertextuellen Hintergrund (u.a. GOGOLS *Tote Seelen*). Der in 17 Kapitel strukturierte Roman kreist um die Versuche des Protagonisten, seine Erinnerungen an die als Dozent in Oxford verbrachten Jahre festzuhalten. Dabei wird deutlich, dass die Perspektiven sich inzwischen verschoben haben, dass Erlebtes und Imaginiertes unterschiedlicher Zeitebenen und Räume sich gegenseitig durchdringen und überlagern. Die Verfügbarkeit, Wiederholbarkeit und zugleich Veränderbarkeit von Erlebtem und Imaginiertem, die schließlich nicht mehr auseinander gehalten werden können, kennzeichnen auch das Entstehen von literarischen Texten. Insofern sind MARÍAS Texte auch als intertextuell vernetzte, palimpsestartige Gebilde zu lesen, als mögliche Varianten erinnerter Erlebnisse, die sich schließlich doch wieder auflösen und so neu kombinieren lassen. Die Bezüge zu einigen englischen Schriftstellern und ihren Werken sowie die literaturwissenschaftlichen Recherchen über unbekannte Autoren öffnen den Roman für ein experimentelles Schreiben, das explizit intertextuell ist.

Corazón tan blanco

Die Verknüpfung von Erinnerung und Identitätsproblematik steht im Zentrum von *Corazón tan blanco* (1992). Der Roman beginnt mit der lange zurückliegenden Schilderung des Selbstmords von Teresa, der zweiten Ehefrau von Ranz, dem Vater des Ich-Erzählers Juan. Nur langsam und äußerst widerwillig tastet sich Juan an das Geheimnis dieses Selbstmords heran, dessen Gründe er eigentlich nicht wissen will, dessen Auswirkungen aber sein Leben und das seines Vaters tiefgreifend prägen. Im Laufe des Romans werden Juans Hochzeitsreise mit Luisa, sein Berufsleben, seine Dienstreisen als Dolmetscher und seine Beobachtungen beschrieben, bis er am Schluss ein Gespräch zwischen Luisa und seinem Vater belauscht und dabei das Motiv des Selbstmords erfährt: Ranz hatte seine erste Ehefrau ermordet, um Teresa heiraten zu können; als Teresa aber erfahren hat, dass sie der Grund für den Mord ist, nimmt sie sich das Leben. Der Titel des Romans ist ein Zitat aus SHAKESPEARES *Macbeth* und bezieht sich auf die Frage von Schuld und Unschuld.

Im Zentrum stehen die von MARÍAS subtil ausgeleuchteten Seelenzustände, Stimmungen und Ängste des komplizierten Protagonisten, der in seinen Monologen seinen dunklen Vorahnungen freien Lauf lässt und so beständig auf die Auflösung des geheimnisvollen Selbstmords zugetrieben wird. Dabei bleibt Juan der im Verborgenen Lauschende und Beobachtende, der sich zusammen mit dem Leser Schritt für Schritt an den Moment der Auflösung herantastet.

Mañana en la batalla piensa en mí

Auch der Romantitel *Mañana en la batalla piensa en mí* (1994) ist ein SHAKESPEARE-Zitat. Ausgangspunkt ist der plötzliche Tod der Geliebten in den Armen des Ich-Erzählers. Während der Ich-Erzähler in *Corazón tan blanco* um ein Geheimnis kreist, vor dessen Klärung er angstvoll zurückweicht und das er doch lüften will, so ist in diesem Roman der plötzliche Todesfall Anlass für den Protagonisten, sich einerseits in Schweigen zu hüllen, um das Geschehene zu verheimlichen; andererseits sucht er aber Indizien dafür, dass das höchst unwahrscheinliche und unfassbare Ereignis überhaupt stattgefunden hat. Im Akt des Erinnerns, so stellt er fest, wird das Gewesene wahr.

Tu rostro mañana

Mit *Tu rostro mañana* beginnt MARÍAS ein komplexes Romanprojekt, in dem der Protagonist Jaime Deza, der im englischen Geheimdienst beschäftigt ist, die Fähigkeit besitzt, die Zukunft sehen zu können; er erhält den Auftrag zu erforschen, wie sein Gesicht am folgenden Tag aussehen und wie ein Mensch sich in der Zukunft verhalten wird. Dabei geht es auch um den Einbruch des Fiktiven (Literatur, Film) in die Realität sowie um die Frage, wie das Fiktive die Realität beeinflusst. Die ersten beiden Bände sind erschienen: *Fiebre y lanza* (2002) und *Danza y sueño* (2004). Auch hier geht es um die zentrale Frage, warum Menschen viel reden, die Wahrheit aber nicht wissen wollen. Damit setzt MARÍAS seine Reflexion über die Opposition von Reden und Schweigen, über Fiktion und Realität, über Dichtung und Wahrheit fort, die sein Werk bestimmt und die er auch in *Negra espalda del tiempo* (1998) vertieft hatte.

Literatur

Toro ([2]1993), Grohmann (2002), Fernández (2003), Andrés-Suárez/Casas (2005), Pozuelo Yvancos (2005).

Weitere Autorinnen und Autoren

Die aus Barcelona stammende ESTHER TUSQUETS (*1936) studiert Geschichte in Barcelona und Madrid und leitet von 1960 bis 2000 den Verlag Lumen. Sie ist auch journalistisch tätig und seit 1978 durch ihren Roman *El mismo mar de todos los veranos* auch als Schriftstellerin bekannt. Zusammen mit *El amor es un juego solitario* (1979) und *Varada tras el último naufragio* (1980) bildet der genannte Roman eine Trilogie, in der die Protagonistinnen eine Identitätskrise durchleben, wobei TUSQUETS insbesondere literarisch vermittelte Weiblichkeitsentwürfe einer kritischen Revision unterzieht.

ESTHER TUSQUETS

Der in Valencia geborene JUAN JOSÉ MILLÁS (*1946) studiert Philosophie und Literaturwissenschaft in Madrid. Sein erster Roman erscheint 1975. Im Jahr 1988 gelingt ihm mit *El desorden de tu nombre* der Durchbruch. MILLÁS ist auch journalistisch tätig, wofür er 1999 einen Journalistenpreis erhält, und schreibt für *El País*. 2002 wird ihm für seinen Roman *Dos mujeres en Praga* der *Premio Primavera de Novela* verliehen.

JUAN JOSÉ MILLÁS

In *El desorden de tu nombre* determiniert ein imaginärer Roman das Leben der in einer Dreiecksbeziehung stehenden Romanfiguren. Auf metafiktionaler Ebene reflektiert der Roman über Fakt und Fiktion, Leben und Imagination, wobei das Leben schließlich von der Fiktion überholt wird.

JUAN MANUEL DE PRADA (*1970) macht bereits mit seiner ersten Veröffentlichung, dem Kurzprosawerk mit dem provokanten Titel *Coños* (1995), von sich reden. Der Durchbruch gelingt ihm – auch international – mit *Las máscaras del héroe* (1996). Der Roman umspannt die Jahre vom Beginn des 20. Jhs. bis in die *posguerra*. Der in zwei Teile gegliederte Roman widmet sich anhand der Lebensläufe zweier Hauptfiguren – Fernando Navales und der Schriftsteller Pedro Luis Gálvez – im ersten Teil der Darstellung des Künstlerlebens der 98er-Generation, der Modernisten und der 27er-Generation, während der zweite Teil eher im politischen Ambiente spielt, da Navales in den Dienst JOSÉ ANTONIO PRIMO DE RIVERAS und dessen *Falange* tritt (s. S. 57). Zahlreiche Figuren sind reale Personen (VALLE-INCLÁN, PÍO BAROJA, JOSÉ ANTONIO PRIMO DE RIVERA), und auch die Darstellung der soziopolitischen Zustände der behandelten Epoche lassen das große Faktenwissen des Autors erkennen.

JUAN MANUEL DE PRADA

Mit *Las esquinas del aire. A la busca de Ana María Martínez Sagi* (2000) knüpft PRADA an die für die 1980er und 1990er Jahre in Spanien typische Gattungsmischung an: Der Roman enthält die literaturwissenschaftlichen, teils sogar kriminalistisch anmutenden Forschungen des Protagonisten über die vergessene Schriftstellerin und Journalistin ANA MARÍA MARTÍNEZ SAGI (1907–2000). Textbeispiele aus dem Werk der Autorin, der Gang der Forschungen über ihr Leben und Werk, die Darstellung des literarischen Lebens der 1920er und 1930er Jahre und die Rehabilitation dieser Autorin im Sinne der Gender Studies verbinden sich in diesem Roman in eindrucksvoller Weise.

2003 erhält PRADA den *Premio Primavera de Novela* für seinen Roman *La vida invisible*, der 2004 auch mit dem *Premio Nacional de Literatura* ausgezeichnet wird.

Literatur

López de Abiada/Bernasocchi (2003).

2 Die Lyrik

Tendenzen

Post-novísimos

Neben der Dichtung der *novísimos* (s. S. 123) – darunter PERE GIMFERRER, MANUEL VÁZQUEZ MONTALBÁN und LEOPOLDO MARÍA PANERO – etabliert sich ab Anfang der 1980er Jahre eine neue Dichtergeneration, die mit dem Begriff *postnovísimos* bezeichnet wird. Diesen Begriff hat der Lyriker LUIS ANTONIO DE VILLENA (*1951) geprägt, als er 1986 eine Anthologie mit diesem Titel publiziert, um die Dichter des *posfranquismo* zu lancieren und in der Postmoderne zu situieren. Zeichen der *postnovísimos* ist eine Hinwendung zu direkter, persönlicher Dichtung, zur Wahrnehmung etwa der Stadt oder alltäglicher Dinge, zur Erotik, zu einer an intertextuellen und intermedialen Bezügen reichen Poesie sowie eine neuerliche Verwendung klassischer lyrischer Formen und Strukturen. Vertreten sind in der genannten Anthologie u.a. BLANCA ANDREU und LUIS GARCÍA MONTERO.

BLANCA ANDREU

BLANCA ANDREU (*1959) ist die bekannteste Vertreterin einer neosurrealistischen Dichtung. Sie studiert in Madrid Spanische Philologie und arbeitet als Journalistin und Redakteurin beim Fernsehen. Mit ihrer Gedichtsammlung *De una chica de provincia que se vino a vivir en un Chagall* (1981) wird sie schlagartig bekannt und mit dem angesehenen Lyrik-Preis *Adonais* ausgezeichnet. Ihr Dichten zeichnet sich durch eine metaphernreiche Sprache aus, mit der sie rauschhafte Traumbilder entstehen lässt. Sprachgewaltig kreist sie um die Themen Liebe und Tod, aber auch den Drogenkonsum. Das Symbol des Pferdes verweist nicht nur auf die Bilder CHAGALLS, der im Titel genannt ist, sondern deutet auch auf Drogen hin (*caballo* bedeutet auch ‚Stoff'). Der Band *El sueño oscuro* (1994) versammelt ihre zwischen 1980 und 1989 entstandenen Gedichte.

LUIS GARCÍA MONTERO

In Granada versammelt sich um RAFAEL ALBERTI (s. S. 33f.) eine Gruppe von Dichtern, die sich explizit auf die Lyrik der 1950er Jahre von JOSÉ HIERRO und BLAS DE OTERO und eine realistische Dichtung beziehen. Aus dieser Gruppe ragt LUIS GARCÍA MONTERO (*1958) heraus, der mit ALBERTI befreundet war, über dessen Werk promovierte und dessen Werke im Verlag Aguilar edierte. GARCÍA MONTEROS Dichtung ist stark intertextuell ausgerichtet, insbesondere BAUDELAIRE und LORCA klingen häufig an.

Die bekannteste Gedichtsammlung ist das *Diario cómplice* (1987), das 57 Gedichte und 19 Kurzprosatexte aus einer Briefsammlung enthält und die Chronologie einer Liebesbeziehung nachzeichnet. Die autobiografisch fundierten Gattungen Tagebuch und Brief erlauben Einblicke in das Gefühlsleben des lyrischen Ichs, in dessen Wahrnehmung sich Erleben und Imaginieren unweigerlich verbinden. GARCÍA MONTERO verweist aber immer auf den rein fiktionalen Status seiner Lyrik. Die Großstadt und Granada (*Rimado de ciudad*, 1984; *La intimidad de la serpiente*, 2003) sind weitere Motive seiner Dichtung. 1992 erhält er den *Premio Adonais*, 1995 folgt der *Premio Nacional de Poesía* für *Habitaciones separadas* (1995). 2006 erscheinen seine gesammelten lyrischen Werke im Verlag Tusquets.

Weitere Dichterinnen und Dichter

In der 1985 von RAMÓN BUENAVENTURA herausgegebenen und überaus erfolgreichen Anthologie *Las diosas blancas* sind 22 Lyrikerinnen versammelt, die zwischen 1950 und 1965 geboren sind. Die Anthologie ist repräsentativ für die starke Präsenz von Dichterinnen in der aktuellen spanischen Lyrik. LUISA CASTRO (*1966) ist seit der Publikation von *Los versos del eunuco* (1987) als Lyrikerin bekannt. Der baskische Intellektuelle und Professor JON JUARISTI (*1951) integriert selbst die Probleme des Baskenlands in seine bisweilen ironisch-sarkastische Dichtung. Der Dichter, Romancier und Essayist FELIPE BENÍTEZ REYES (*1960) hat neben zahlreichen Preisen auch den *Premio Nacional de Literatura* für *Vidas improbables* (1994) erhalten. Den *Premio Nacional de Poesía* gewinnt 2002 CARLOS MARZAL (*1961) mit *Metales pesados*. Einen großen Erfolg feiert KIRMEN URIBE (*1970) mit seinem ersten Lyrikband *Mientras tanto dame la mano* (2002), mit dem er den *Premio de la Crítica* gewinnt und Finalist des *Premio Nacional de Poesía* ist.

ANA ROSSETTI

Erotische Dichtung

Die 1950 in San Fernando bei Cádiz geborene ANA ROSSETTI ist die herausragendste Dichterin der letzten Jahrzehnte und gehört zu den erfolgreichsten aktuellen spanischen Lyrikern. Thematisch ist das Werk der Dichterin von Sehnsucht, Begehren, Liebe, sexueller Vereinigung und Religion geprägt. In ihrem ersten Lyrikband *Los devaneos de Erato* (1980) besticht die barock-modernistische sprachliche Gestaltung ihrer erotischen Gedichte. Ihre folgenden Bände, darunter *Devocionario* (1986), für den sie den *Premio Rey Juan Carlos de Poesía* erhält, führen ihre erotische Dichtung fort.

In einer metaphernreichen Sprache verbindet sie auf eine – vor dem Hintergrund der franquistischen, national-katholischen Sozialisation – ikonoklastische Weise die erotisch aufgeladene Symbolik (Blumen, Stoffe) mit der Verwendung religiöser Symbole, Elemente der katholischen Liturgie und Heiligenfiguren. So überblendet sie etwa die respektvolle Andacht vor Heiligenstatuen und religiösen Symbolen mit dem erotischen Begehren einer Frau, das durch das Betrachten derselben Heiligenfiguren ausgelöst wird. Aber auch Werbe-Ikonen wie die männlichen Models, welche enge Jeans oder Unterhosen tragen (so das Gedicht „Calvin Klein, underdrawers“ der Sammlung *Yesterday*, 1988), werden Objekte des weiblichen Begehrens. So steht in ROSSETTIS Dichtung Heiliges neben Profanem, Hochkultur (Anspielungen auf klassische Werke der Literatur) neben Populärkultur (Zitate aus Popmusik und Werbung, Comic und Film), was den betont intertextuellen und intermedialen Charakter ihres Dichtens belegt.

Mit ihrer erotischen Dichtung, in der das weibliche Begehren sich unverblümt und selbstbewusst artikuliert, bricht ROSSETTI zahlreiche Tabus – womit sie letztlich auch auf die repressive Sexualmoral des Franquismus reagiert – und stellt sich quer zu literarischen Traditionen, in denen die Frau, wie etwa in der petrarkistischen Dichtung, idealisiert wurde oder als Objekt der männlichen Begierde diente. Zugleich vollzieht sie damit eine Umkehrung der Blickrichtung und eine Vertauschung der Rollen von Subjekt und Objekt.

2004 erscheint ihr Werk unter dem Titel *La ordenación (retrospectiva 1980–2004)*.

Literatur

Sánchez Pascual (1992), Fröhlicher et al. (2001), Torés (2002), Siebenmann/López ([5]2003), Robbins (2004).

3 Das Theater

Überblick: Das spanische Theatersystem nach 1975

Transición

Die Befreiung von den Zwängen der Zensur lässt nach 1975 auf einen Aufschwung des Theaters hoffen; diese Hoffnungen erfüllen sich jedoch nicht. Es kommt vielmehr zu einer Krise des Theaters, da neben wirtschaftlichen Problemen des Theaterwesens auch das Interesse des Publikums am Theater fehlt.

Strukturwandel

Die Gründung des *Instituto Nacional de las Artes Escénicas y de la Música* (INAEM) im Jahre 1978 sowie die Kulturpolitik der Sozialisten nach 1982 führen zu einem fundamentalen Strukturwandel der Theaterlandschaft. Ergebnisse der Bemühungen um eine Theaterreform sind die Dezentralisierung, die staatliche Subventionierung sowie die Gründung von folgenden Theatern: 1978 das *Centro Dramático Nacional* (CDN) im *Teatro María Guerrero*, das sich spanischen und ausländischen Dramen des Welttheaters widmet; 1984 das *Centro Nacional de Nuevas Tendencias Escénicas* (CNNTE) in der *Sala Olimpia*, das sich neuen jungen Autoren und einem experimentellen Theater widmet; 1986 die *Compañía Nacional de Teatro Clásico* (CNTC) im *Teatro de la Comedia in der Calle del Príncipe*, das nach dem Vorbild der französischen *Comédie-Française* und der *Royal Shakespeare Company* als spanisches Nationaltheater zur Pflege des Theaters des *Siglo de Oro* konzipiert wird.

Von Bedeutung ist auch das 1983 gegründete *Centro de Documentación Teatral* (CDT), das auch von 1983 bis 1992 die wichtige Theaterzeitschrift *El Público* herausgibt.

Dezentralisierung

Im Zuge der Dezentralisierung des Staates nach dem Franquismus sowie aufgrund von entsprechenden Erlassen der sozialistischen Regierung (1983, 1985, 1992) wird auch die Dezentralisierung des Theaterwesens durch die Eröffnung von neuen Theatern in der Provinz, die Renovierung dortiger alter Theatergebäude und die Förderung von Gastspielreisen sowie Theaterfestivals staatlich subventioniert. Trotz dieser Bemühungen um eine Dezentralisierung bleiben Madrid und Barcelona jedoch die Schwerpunkte des spanischen Theaterwesens: Madrid wegen der erwähnten Nationaltheater und Barcelona wegen der dort ansässigen unabhängigen Gruppen wie *El Joglars* und *Els Comediants*, die während des Franquismus gegründet wurden, sowie die 1979 gegründete und inzwischen auch international gefeierte Gruppe *La Fura dels Baus*.

Neues Publikum

Die beschriebenen Bemühungen um eine Überwindung der Theaterkrise haben auch dazu beigetragen, neue Publikumskreise zu gewinnen. Dabei wird insbesondere ein junges Publikum angesprochen, indem aktuelle Themen (Beziehungsprobleme, Arbeitslosigkeit, Drogen usw.) auf der Bühne behandelt werden.

Aktuelle Situation

Auch wenn die Situation der offiziellen und in besonderem Maße der privaten Theater aufgrund von Sparzwängen und Etatkürzungen nach wie vor angespannt geblieben ist, so lässt sich doch insgesamt eine positive Entwicklung des Theaterwesens seit 1975 feststellen: Junge Autoren engagieren sich für ein ästhetisch anspruchsvolles, innovatives, multimediales und experimentelles Theater.

Literatur

Cabal/Alonso de Santos (1985), Floeck (1997: 14–32), Oliva (2004), Vilches de Frutos (2004: 17–30).

Tendenzen des spanischen Theaters seit 1975

Autoren der Franco-Ära

Die Dramatiker, die während der Franco-Diktatur ihre Stücke geschrieben haben, setzen ihre Arbeit auch nach 1975 fort. Buero Vallejo bleibt bis zu seinem Tod im Jahre 2000 auf der Bühne präsent, zuletzt mit dem Bürgerkriegsstück *Misión al pueblo desierto* (1999). Auch Sastre setzt seine dramatische Arbeit mit der *tragedia compleja* fort, die er in metaliterarischen Stücken über bekannte Schriftsteller weiterentwickelt. Martín Recuerda und Rodríguez Méndez behandeln in ihren Stücken der 1980er und 1990er Jahre die Probleme der modernen Konsumgesellschaft. Auch einige wenige der Stücke von Dramatikern des *Nuevo Teatro Español* werden mit Erfolg aufgeführt. Insgesamt bleiben diesen Autoren jedoch eine Breitenwirkung und eine wirkliche Integration in das Theaterwesen versagt.

Generación Neorrealista

Ganz anders verläuft die Aufführungsgeschichte einer Gruppe von jungen Dramatikerinnen und Dramatikern, die als *Generación Neorrealista* bezeichnet wird und die das Theater der 1980er und 1990er Jahre dominiert. Erstmals in der Theatergeschichte Spaniens schreiben nun auch viele Frauen für das Theater, darunter die Feministin Lidia Falcón (*1935), Carmen Resino (*1941), Concha Romero (*1945), Paloma Pedrero (*1957), María Manuela Reina (*1958) und Ana Diosdado (*1938), deren erste Werke jedoch schon Anfang der 1970er Jahre entstanden sind und die in den 1980er Jahren zur erfolgreichsten und bekanntesten spanischen Dramatikerin avanciert. Die bekanntesten Dramatiker sind José Sanchis Sinisterra (*1940), José Luis Alonso de Santos (*1942) und Fermín Cabal (*1948).

Ästhetik

Bei allen ästhetischen Unterschieden verbinden folgende Aspekte die Werke der Dramatikerinnen und Dramatiker der *Generación Neorrealista*: die Aufgabe eines kämpferischen politischen Theaters, das eine soziopolitische Mission erfüllen soll, was zu einer Entideologisierung des Theaters führt, jedoch einen kritischen Blick auf die Gesellschaft nicht ausschließt; eine Hinwendung zum Alltagsleben und zu alltäglichen Problemen vorzugsweise der Jugendlichen; die Marginalisierung in Großstädten; Hoffnungslosigkeit, Arbeitslosigkeit, Beziehungsprobleme, Jugendkriminalität, Gewalt und Drogenkonsum.

Ästhetisch wendet sich die *Generación Neorrealista* von den experimentellen Dramenformen des *Nueva Teatro Español* ab und versucht, das Publikum mittels einer realistischen Ästhetik und mittels einer Jugend- und Umgangssprache zu erreichen. Die grundsätzlich realistische Ästhetik dieses weitgehend aristotelischen Theaters schließt jedoch intertextuelle und intermediale Verfahren nicht aus: Bewusst werden die Möglichkeiten der neuen Medien (Film, Fernsehen) integriert, um das Ineinander verschiedener Bewusstseinsebenen (Träume, das Unbewusste, Sehnsüchte, Rauschzustände) sichtbar zu machen.

Einflüsse der Postmoderne – u. a. durch Intermedialität, Intertextualität und Metatheatralität – sind auch im aktuellen spanischen Theater nachweisbar.

Themen

In den 1980er und 1990er Jahren dominieren verschiedene Themen. Bei Paloma Pedrero stehen Beziehungsprobleme von Paaren und Identitätskonflikte der Frau im Vordergrund (*La llamada de Lauren*, 1987; *Besos de lobo*, 1987), während Ana Diosdado z. B. die Folgen von Konsum und Werbung, aber auch Identitätsprobleme der Frau behandelt (*Usted también podrá disfrutar de ella*, 1975; *Camino de plata*, 1990).

Als weiteres Thema wird die Drogenproblematik z. B. in Cabals *Caballito del diablo* (1981), in Alonso de Santos' *Bajarse al moro* (1985) und auch in Rodríguez Méndez' *La marca de fuego* (1986) auf eindringliche Weise dargestellt.

500-Jahr-feier

Ein weiterer Themenschwerpunkt ist die *Conquista* Amerikas, die sich 1992 zum 500. Mal jährt. Sanchis Sinisterra hat in der *Trilogía americana* (1977–1991) die Entdeckung und Eroberung Amerikas einer kritischen und mythenzerstörenden Revision unterzogen. Jéronimo López Mozo (*1942) betrachtet die *Conquista* aus der Perspektive der Malinche in *Yo, maldita india* (1990). Manuel Martínez Mediero (*1939) stellt die Eroberung und Expedition Vasco Núñez de Balboas in *¡¡¡Tierraaa aaa laaa vistaaa!!!* (1991) dar. Martín Recuerda lässt seine Protagonisten aus *La Trotski* (1984) auch 1995 in *La Trotski descubre las Américas* im Kontext der Entdeckung agieren.

Bürgerkrieg und Diktatur

Versuche der Vergangenheitsbewältigung von Bürgerkrieg und Franco-Diktatur finden auch im Drama statt, so etwa in Cabals *Fuiste a ver a la abuela???* (1979), Alonso de Santos' *El albúm familiar* (1982) und Fernando Fernán Gómez' *Las bicicletas son para el verano* (1982). Das bekannteste und auch eindringlichste Drama über den Bürgerkrieg ist Sanchis Sinisterras *¡Ay, Carmela!* (1986); Carlos Saura hat das Stück 1989 mit Carmen Maura in der Hauptrolle verfilmt.

José Sanchis Sinisterra

José Sanchis Sinisterra (*1940) studiert Philologie und engagiert sich als Student bereits im Universitätstheater von Valencia, für das er ab Anfang der 1960er Jahre schreibt und Stücke adaptiert. 1977 gründet er das *Teatro Fronterizo*, dessen Ziel das Ausloten der Grenzen des Theaters als Text, als Aufführung und als Zuschauerwahrnehmung ist. Besonders Brecht und Beckett beeinflussen seine Theaterarbeit, die stark intertextuell ausgerichtet ist. Sanchis Sinisterra ist auch derjenige Gegenwartsdramatiker, dessen Arbeit am intensivsten von theatertheoretischen Reflexionen geprägt ist, so dass seine Stücke eine exponierte metatheatralische Komponente aufweisen. Mit dem Drama *Ñaque o de piojos y actores* (1980), in dem sich diese metatheatralische Komponente etabliert, wird er bekannt.

SANCHIS SINISTERRA gilt als einer der bedeutendsten spanischen Gegenwartsdramatiker.

¡Ay, Carmela!

Sein bekanntestes Drama ist das schon erwähnte Bürgerkriegsstück *¡Ay, Carmela!* (1986), das den Untertitel „Elegía de una guerra civil en dos actos y un epílogo" trägt und das SANCHIS SINISTERRA anlässlich des 50. Jahrestags des Beginns des Bürgerkriegs verfasst hat. Die beiden Varieté-Schauspieler Carmela und Paulino spielen während des Bürgerkriegs vor einer Truppe von franquistischen Soldaten, der auch gefangene Soldaten der Internationalen Brigaden (s. S. 60) zusehen dürfen. Als Carmela erfährt, dass die Gefangenen erschossen werden sollen, solidarisiert sie sich mit ihnen – und der Zweiten Republik – und wird auf der Bühne von FRANCOS Anhängern erschossen. Paulinos Bemühungen während der Aufführung, Carmela durch unterwürfiges Verhalten den Franquisten gegenüber zu retten, scheitern. Im Epilog trägt Paulino das Blauhemd der *Falange (camisa azul)*, als die tote Carmela ihm erscheint und die Notwendigkeit der Memoria einfordert: *„Pues para hacer memoria. [...] Sí: para contarnos todo lo que pasó, y por qué, y quién hizo esto, y qué dijo aquél ...[...] Para recordarlo todo."*

Das Drama steht in Spanien am Anfang eines Erinnerungsprozesses, der nur langsam beginnt. Carmelas imaginäre Rückkehr zu Paulino symbolisiert den Kampf gegen das Vergessen.

Trilogía americana

SANCHIS SINISTERRA hat an den drei Dramen, welche die *Trilogía americana* bilden und sich thematisch mit der *Conquista* beschäftigen, mehrere Jahre gearbeitet: Der erste Teil, *Naufragio de Álvar Núñez o La herida del otro* ist zwischen 1978 und 1991 entstanden; *Lope de Aguirre, traidor* (1977–1986) ist 1986 vom *Teatro Fronterizo* uraufgeführt worden; der dritte Teil, *El retablo de Eldorado* (1977–1984) ist schon 1985 vom *Teatro Fronterizo* uraufgeführt worden. SANCHIS SINISTERRAS Ziel ist es, den Konstruktcharakter unseres Geschichtsbildes (die angebliche historische und objektive „Wahrheit") freizulegen und dabei den Mythos der *Conquista* durch Infragestellungen und Gegendarstellungen zu zerstören. Ästhetische Verfahren, um dies zu erreichen, sind z.B. die Vermischung von verschiedenen Raum- und Zeitebenen, Anachronismen und die Zerstörung der Linearität der Handlung. Das bevorzugte Mittel dieser Geschichtsrevision ist die Intertextualität, indem der Dramatiker verschiedene Aussagen seiner Figuren – es sind zum Teil die Opfer der *Conquistadores*, die berichten – und historische Texte der *Conquista* aus ihrem ursprünglichen Kontext herausnimmt, neu kombiniert und dadurch einen anderen und neuen Blick auf die Ereignisse ermöglicht.

Generación Bradomín

Ab Mitte der 1980er Jahre etabliert sich eine Generation von jungen Dramatikerinnen und Dramatikern, die als *Generación del Premio Marqués de Bradomín* bezeichnet wird. Dieser Theaterpreis wird 1984 ins Leben gerufen und ein Jahr später erstmals verliehen. Die jungen Autorinnen und Autoren haben jedoch große Schwierigkeiten, auf den Bühnen Spaniens aufgeführt zu werden. Viele von ihnen entstammen der *Real Escuela Superior de Arte Dramático y Danza* (RESAD). Einige bekannte Dramatikerinnen und Dramatiker dieser *Generación Bradomín* sind ALFONSO PLOU (*1964), JUAN MAYORGA (*1965), der seit 1986 in Spanien lebende Argentinier RODRIGO GARCÍA (*1964), YOLANDA PALLÍN (*1965), BORJA ORTIZ DE GONDRA (*1965), ITZIAR PASCUAL (*1967) und EVA HIBERNIA (*1973).

Großen Anklang findet das Projekt *Trilogía de la juventud*, das JOSÉ RAMÓN FERNÁNDEZ (*1962) und YOLANDA PALLÍN zusammen mit dem Regisseur JAVIER GARCÍA YAGÜE (*1961) realisiert haben: In drei Teilen steht die Jugend vom Spanischen Bürgerkrieg bis heute im Zentrum. Der erste Teil mit dem Titel *Las manos* (1999) spielt in der *posguerra; Imagina* (2001) zeigt das von Tabus bestimmte Leben während der Diktatur, und der dritte Teil *24/7* (2002) führt die Jugend im Zeitalter der multimedialen Kommunikation vor, die ununterbrochen, d. h. 24 Stunden am Tag und 7 Tage in der Woche mit einer virtuellen Welt konfrontiert ist.

Literatur

Aznar Soler (1990), Ragué-Arias (1996), Floeck (2000, 2002, 2003, 2004), Luengo (2002), Oliva (2004), Sosa (2004), Romera Castillo (2005), Bauer-Funke (2006).

Literaturverzeichnis

1. Bibliographien

INEICHEN, GUSTAV/HOLTUS, GÜNTER (Hg.) (1965ff.): *Romanische Bibliographie (Supplement zur „Zeitschrift für Romanische Philologie")*, Tübingen u. a.: Niemeyer.

MLA (= Modern Language Association) (1963ff.): *International Bibliography of books and articles on the Modern Language and Literature,* New York.

SIMÓN DÍAZ, JOSÉ (1955–1994): *Bibliografía de la literatura hispánica,* Madrid: CSIC.

SIMÓN DÍAZ, JOSÉ ([3]1980): *Manual de bibliografía de la literatura española,* Madrid: Gredos.

STROSETZKI, CHRISTOPH (Hg.) (1988ff.): *Bibliographie der Hispanistik in der Bundesrepublik Deutschland, Österreich und der deutschsprachigen Schweiz,* Frankfurt/M.: Vervuert.

2. Geschichte, Kulturgeschichte, Literaturgeschichte, Nachschlagewerke, ausgewählte Forschungsliteratur

ABELLA, RAFAEL (2004a): *La vida cotidiana durante la Guerra Civil. La España republicana,* Barcelona: Planeta.

ABELLA, RAFAEL (2004b): *La vida cotidiana durante la Guerra Civil. La España nacional,* Barcelona: Planeta.

ABELLÁN, JOSÉ LUIS (Hg.) (1976–1978): *El exilio español de 1939,* 6 Bde., Madrid: Taurus.

ABELLÁN, JOSÉ LUIS (1979ff.): *Historia crítica del pensamiento español,* 5 Bde., Madrid: Espasa-Calpe.

ABELLÁN, MANUEL L. (1980): *Censura y creación literaria en España (1939–1976),* Barcelona: Península.

ACEREDA, ALBERTO (1997): „*Tiempo de silencio:* El lenguaje como subversión", in: *Ojáncano: Revista de Literatura Española* 12, S. 43–55.

ALBERT, MECHTHILD (1996): *Avantgarde und Faschismus: Spanische Erzählprosa (1925–1940),* Tübingen: Niemeyer [span. (2003): *Vanguardistas de camisa azul. La trayectoria de los escritores Tomás Borrás, Felipe Ximénez de Sandoval, Samuel Ros y Antonio de Obregón entre 1925 y 1940,* Madrid: Visor Libros].

ALBERT, MECHTHILD (1999a): „Spiele in der Krypta. Zur Kaffeehausästhetik der spanischen Avantgarde im „Café Pombo"", in: RÖSSNER, S. 406–419.

ALBERT, MECHTHILD (1999b): „La Guerra Civil y el franquismo en la novela desde 1975", in: *Iberoamericana* 23, S. 38–67.

ALBERT, MECHTHILD (2004): „Zur Bedeutung der weiblichen Memoria im aktuellen spanischen Roman", in: *Hispanorama* 104, S. 12–21.

ALBERT ROBATTO, MATILDE (1977): *La creación literaria de Juan Goytisolo,* Barcelona: Planeta.

ALBORG, CONCHA (1984): *Temas y técnicas en la narrativa de Jesús Fernández Santos,* Madrid: Gredos.

ALBORNOZ, AURORA DE (1981): *José Hierro,* Madrid: Júcar.

ALBORNOZ, AURORA DE/DOMÉNECH, RICARDO/GULLÓN, RAMÓN/SANZ VILLANUEVA, SANTOS (1976): *El exilio español de 1939, IV: Cultura y literatura,* Madrid: Taurus.

ALCALÁ GALVE, ÁNGEL (2004): *Testigo, víctima, profeta. Los trasmundos literarios de Ramón J. Sénder.* Madrid: Pliegos.

ALFAYA, JAVIER (2005): „Releer *Nada*", in: *Revista de Occidente* 290–291, S. 180–189.

ALONSO, DÁMASO (1950): *Poesía española. Ensayo de métodos y límites estilísticos,* Madrid: Gredos.

ALONSO, SANTOS (2003): *La novela española en el fin de siglo* (1975–2001), Madrid: Mare Nostrum Comunicación.

Altisent, Marta E. (1985/1986): „Un narratario insólito: Platero. Diálogo interior y presencia del narrativo en *Platero y yo*", in: *Explicación de textos literarios* 14, S. 89–103.

Alvar, Manuel (1986): *Juan Ramón Jiménez y la palabra poética,* Río Piedras: Ed. Univ. Puerto Rico.

Álvarez, Asunción u. a. (2004): *La memoria de los olvidados. Un debate sobre el silencio de la represión franquista,* Valladolid: Ámbito.

Amell, Samuel (1984): *La narrativa de Juan Marsé, contador de aventis,* Madrid: Playor.

Amell, Samuel/García Castaneda, Salvador (Hg.) (1988): *La cultura española en el Posfranquismo. Diez años de cine, cultura y literatura en España (1975–85),* Madrid: Playor.

Amorós, Andrés (1972): *La novela intelectual de Ramón de Pérez de Ayala,* Madrid: Gredos.

Andrés-Suárez, Irene/Casas, Ana (Hg.) (2005): *Javier Marías. Grand séminaire de Neuchâtel.* Coloquio internacional Javier Marías 10–12 de noviembre de 2003, Madrid: Arco/Libros.

Arias Careaga, Raquel (2005): *Escritoras españolas (1939–1975). Poesía, novela, teatro,* Madrid: Ed. del Laberinto.

Arnscheidt, Gero (2005): *Schreiben für den Markt: Der Erfolgsautor Antonio Muñoz Molina im spanischen Kulturbetrieb,* Frankfurt/M.: Vervuert.

Ascunce Arrieta, José Ángel (1997): „La poesía social. Años 50 en adelante", in: Serna, Mercedes/Franco, Vicente/Ascunce Arrieta, José Ángel: *La poesía de posguerra (1),* in: Fuente, Ricardo de la: *Historia de la literatura española,* 47.1, Gijón: Júcar, S. 115–253.

Ascunce Arrieta, José Ángel (Hg.)(1999): *Once ensayos en busca de un autor: Alfonso Sastre,* Hondarribia: Argitaletxe Hiru.

Asholt, Wolfgang (1986): „Juan Goytisolo, *Señas de identidad*", in: Roloff/Wentzlaff-Eggebert, S. 379–397.

Aznar Soler, Manuel (1990): *„Grenztheater* als Metatheater. José Sanchis Sinisterras *Teatro Fronterizo*: von *Ñaque* bis *¡Ay, Carmela!*", in: Floeck (1990), S. 233–255.

Aznar Soler, Manuel (Hg.) (2000): *Las literaturas del exilio republicano de 1939. Actas del II Congreso Internacional,* Actas VI-I und VI-2, Barcelona: Gexel.

Aznar Soler, Manuel (2003): *Los laberintos del exilio: Diecisiete estudios sobre la obra literaria de Max Aub,* Sevilla: Renacimiento.

Barbero, Teresa (1974): *Gabriel Miró,* Madrid: E.P.E.S.A.

Barrajón Muñoz, Jesús María (2003): „Nieva, Arrabal y el teatro de vanguardia", in: Huerta Calvo, S. 2821–2854.

Bauer-Funke, Cerstin (2006): „(Re)Construcción de la historia y de la identidad cultural en el teatro posfranquista de José María Rodríguez Méndez", in: Winter, S. 57–77.

Bauer-Funke, Cerstin (2007): *Die Generación Realista. Studien zur Ästhetik des Oppositionstheaters der Franco-Diktatur,* Frankfurt/M.: Klostermann.

Belmonte Serrano, José (Hg.) (2003): *Sobre héroes y libros: La obra narrativa y periodística de Arturo Pérez-Reverte,* Murcia: Nausícaä.

Berg, Walter Bruno (1988): *„Esperpento de los cuernos de Don Friolera"*, in: Roloff/Wentzlaff-Eggebert, S. 325–339.

Bernecker, Walther L. ([3]1997): *Spaniens Geschichte seit dem Bürgerkrieg,* München: Beck.

Bernecker, Walther L./Dirscherl, Klaus (Hg.) ([4]2004): *Spanien heute: Politik, Wirtschaft, Kultur,* Frankfurt/M.: Vervuert.

Bernhard, Katrin L. (2001): *Zensurbedingte Strategie oder ästhetisches Kon-*

zept? Das dramatische Werk von Antonio Buero Vallejo im franquistischen und demokratischen Spanien, Frankfurt/M.: Lang.

Bertrand de Muñoz, Maryse (1982–1987): *La Guerra Civil Española en la novela. Bibliografía comentada*, 3. Bde., Madrid: Porrúa Turanzas.

Bertrand de Muñoz, Maryse (2001): *Guerra y novela. La guerra española de 1936–1939*, Sevilla: Alfar.

Bierbach, Christine/Rössler, Andrea (Hg.) (1992): *Nicht Muse, nicht Heldin. Schriftstellerinnen in Spanien seit 1975*, Berlin: Tranvía.

Biescas, José Antonio/Tuñón de Lara, Manuel ([2]1983): *España bajo la dictadura franquista (1939–1975)*, in: *Historia de España*, dirigida por Manuel Tuñón de Lara, Bd. 10, Barcelona: Editorial Labor.

Black, Stanley (2001): *Juan Goytisolo and the Poetics of Contagion: The Evolution of a Radical Aesthetic in the Later Novels*, Liverpool: Liverpool UP.

Bleiberg, Germán/Marías, Julián u.a. (Hg.) (1972): *Diccionario de la literatura española*, Madrid: Revista de Occidente.

Bobes Naves, María del Carmen (Hg.) (1980): *Homenaje a Ramón Pérez de Ayala*, Oviedo: Univ. de Oviedo.

Bodenmüller, Thomas (2002): „‚Memoria histórica' in postmodernen Zeiten: Manuel Vázquez Montalbáns Roman *Galíndez*", in: *Romanistische Zeitschrift für Literaturgeschichte/Cahiers d'Histoire des Littératures Romanes* 26, 3–4, S. 427–453.

Bonet, Juan Manuel (1995): *Diccionario de las vanguardias en España* (1907–1936), Madrid: Alianza.

Borrás, Angel A. (1975): *El teatro del exilio de Max Aub*, Sevilla: Univ. de Sevilla.

Brenan, Gerald (1978): *Die Geschichte Spaniens. Über die sozialen und politischen Hintergründe des Spanischen Bürgerkrieges*, Berlin: Krämer.

Bretz, Mary L. (1979): *La evolución novelística de Pío Baroja*, Madrid: Porrúa Turanzas.

Broggini, Nilda E. (1965): *„Platero y yo": Estudio estilístico*, Buenos Aires: Huemul.

Broué, Pierre/Témime, Émile (1982): *Revolution und Krieg in Spanien. Geschichte des Spanischen Bürgerkrieges*, 2 Bde., Frankfurt/M.: Suhrkamp.

Brown, Frieda S. u.a. (Hg.) (1989): *Rewriting the Good Fight. Critical Essays on the Literature of the Spanish Civil War*, East Lansing, Michigan: Michigan State Univ. Press.

Buschmann, Albrecht (2005): *Die Macht und ihr Preis: Detektorisches Erzählen bei Leonardo Sciascia und Manuel Vázquez Montalbán*, Würzburg: Königshausen & Neumann.

Cabal, Fermín/Alonso de Santos, José Luis (Hg.) (1985): *Teatro español de los 80*, Madrid: Fundamentos.

Cacho Viu, Vicente (2000): *Los intelectuales y la política. Perfil de Ortega y Gasset*, Madrid: Biblioteca Nueva.

Campos, Jorge (1981): *Introducción a Pío Baroja*, Madrid: Alianza.

Cano, José Luis (1974): *Poesía española contemporánea: Generaciones de posguerra*, Madrid: Guadarrama.

Cano, José Luis (1981): *Vicente Aleixandre*, Madrid: Ministerio de Cultura.

Cano Ballesta, Juan (1972): *La poesía española entre pureza y revolución (1930–1936)*, Madrid: Gredos.

Cantalapiedra, Fernando/Torres Monreal, Francisco (1997): *El teatro de vanguardia de Fernando Arrabal*, Kassel: Reichenberger.

Cardona, Rodolfo/Zahareas, Anthony N. (1970): *Visión del esperpento. Teoría y práctica en los esperpentos de Valle-Inclán*, Madrid: Castalia.

Castillo Gómez, Antonio/Montero García, Feliciano (2003): *Franquismo y memoria*

popular. Escrituras, voces y representaciones, Madrid: Siete Mares.
CELMA, MARÍA PILAR (2003): *Miguel Delibes: Homenaje académico y literario*. Valladolid: Univ. de Valladolid; Junta de Castilla y León.
CHARCHALIS, WOJCIECH (2005): *El realismo mágico en la perspectiva europea: El caso de Gonzalo Torrente Ballester*, New York: Peter Lang.
CIPLIJAUSKAITÉ, BIRUTÉ (1972): *Baroja: Un estilo*, Madrid: Insula.
COLLADO, PEDRO (1993): *Miguel Hernández y su tiempo*, Madrid: Vosa.
COLMEIRO, JOSÉ F. (1996): *Crónica del desencanto: La narrativa de Manuel Vázquez Montalbán*, Coral Cables: North-South Center, Univ. of Miami.
CRISPIN, JOHN (1983): *Quest for Wholeness: The Personality and Works of Manuel Altolaguirre*, Valencia: Albatros.

DAUS, RONALD (1971): *Der Avantgardismus Ramón Gómez de La Sernas*, Frankfurt/M.: Klostermann.
DEBICKI, ANDREW P. (1974): *Dámaso Alonso*, Madrid: Cátedra.
DENNIS, NIGEL (Hg.) (1988): *Studies on Ramón Gómez de la Serna*, Ottawa: Dovehouse.
DÍAZ NAVARRO, EPICTETO (2000): *La forma del enigma: Siete ensayos sobre la narrativa de Juan Benet*. Zaragoza: Univ. de Zaragoza.
DÍAZ-PLAJA, GUILLERMO (1965): *Las estéticas de Valle-Inclán*, Madrid: Gredos.
DÍAZ-PLAJA, GUILLERMO (1966): *Modernismo frente a 98*, Madrid: Espasa-Calpe.
DÍAZ-PLAJA, GUILLERMO (1975): *Estructura y sentido del Novecentismo español*, Madrid: Alianza.
DÍEZ BORQUE, JOSÉ MARÍA u. a. (Hg.) (1980): *Historia de la literatura española*, 4 Bde., Madrid: Taurus.
DÍEZ HOCHLEITNER, RICARDO (1976): *El desarrollo estético de la novela de Unamuno*, Madrid: Playor.
DÍEZ MEDIAVILLA, ANTONIO (2003): „Voluntad renovadora: Unamuno, Grau, Azorín", in: HUERTA CALVO, S. 2365–2392.
DI FEBO, GIULIANA/JULIÁ, SANTOS (2005): *El Franquismo*, Barcelona: Paidós Ibérica.
DOMÉNECH, RICARDO ([3]1999): *El teatro de Buero Vallejo. Una meditación española*, Madrid: Gredos.
DOMÉNECH RICO, FERNANDO/PERAL VEGA, EMILIO (2003): „Siglo XX (hasta 1939). Introducción", in: HUERTA CALVO, S. 2179–2200.

EDWARDS, GWYNNE (1983): *El teatro de Federico García Lorca*, Madrid: Gredos.
EGIDO, LUCIANO G. (1983): *Salamanca, la gran metáfora de Unamuno*, Salamanca: Univ. de Salamanca.
ELIZALDE, IGNACIO (1975): *Personajes y temas barojianos. Personalidad humana, personalidad literara, el problema de España, los curas, los anarquistas, la mujer vasca, Navarra en su obra*, Bilbao: Publicaciones de la Univ. de Deusto.
ETTE, OTTMAR/FIGUERAS, MERCEDES/JURT, JOSEPH (2005): *Max Aub – André Malraux: Guerra civil, exilio y literatura/Guerre civile, exil et littérature*, Madrid/Frankfurt/M: Iberoamericana/Vervuert.

FEAL DEIBE, CARLOS (2000): *Poesía y narrativa de Pedro Salinas*, Madrid: Gredos.
FELTEN, HANS/PRILL, ULRICH (Hg.) (1995): *La dulce mentira de la ficción. Ensayos sobre narrativa española actual*, Bonn: Romanistischer Verlag.
FERNÁNDEZ, ALVARO (2003): „Contar para olvidar. La política del olvido en *Corazón tan blanco*", in: *Nueva Revista de Filología Hispánica* 51, 2, S. 527–579.
FERNÁNDEZ, PELAYO H. (1976): *Bibliografía crítica de Miguel de Unamuno (1888–1975)*, Madrid: Porrúa Turanzas.
FERNÁNDEZ, PELAYO H. (Hg.) (1981): *Simposio internacional Ramón Pérez de Ayala (1880–1980)* Univ. of New Mexico, Gijón: Flores.

FERNÁNDEZ, PELAYO H. (1982): *Ideario etimológico de Ramón Pérez de Ayala*, Madrid: Porrúa Turanzas.

FERNÁNDEZ CIFUENTES, LUIS (1986): *Garciá Lorca en el teatro: la norma y la diferencia*, Zaragoza: Prensas Universitarias.

FERNÁNDEZ TORRES, ALBERTO (Hg.) (1987): *Documentos sobre el teatro independiente español*, Madrid: INAEM.

FERNÁNDEZ VARGAS, VALENTINA (1981): *La resistencia interior en la España de Franco*, Madrid: Istmo.

FLOECK, WILFRIED (1987): „Parodie und Gattungsbild. Bemerkungen zu Valles *esperpentos*". In: FLOECK, WILFRIED/STELAND, DIETER/TURK, HORST (Hg.): *Formen innerliterarischer Rezeption*, Wiesbaden: Harrassowitz, S. 281–299.

FLOECK, WILFRIED (1988): „Federico García Lorca: *La casa de Bernarda Alba*", in: ROLOFF/WENTZLAFF-EGGEBERT, S. 370–384.

FLOECK, WILFRIED (Hg.) (1990): *Spanisches Theater im 20. Jahrhundert. Gestalten und Tendenzen*, Tübingen: Francke.

FLOECK, WILFRIED (1997): *Spanisches Gegenwartstheater I. Eine Einführung*, Tübingen: Francke.

FLOECK, WILFRED (2000): *„¿Juego posmoderno o compromiso con la realidad extraliteraria? El teatro de José Sanchis Sinisterra"*, in: FRITZ, HERBERT/PÖRTL, KLAUS (Hg.): *Teatro contemporáneo español posfranquista: Autores y tendencias*, Berlin: Tranvía, S. 47–54.

FLOECK, WILFRIED (2002): „Teatro y cultura de la memoria reciente. Reconstrucción histórica y búsqueda de identidad en *Trilogía de la Juventud I*", in: FRITZ, HERBERT/PÖRTL, KLAUS (Hg.): *Teatro contemporáneo español posfranquista II: autores y tendencias*, Berlin: Tranvía, S. 56–72.

FLOECK, WILFRIED (2003): „Historia, posmodernidad e interculturalidad en la Trilogía Americana de José Sanchis Sinisterra. Los géneros literarios históricos en el periodo de la posmodernidad", in: FLOECK, WILFRIED (2003): *Estudios críticos sobre el teatro español del siglo XX*, Tübingen/Basel: Francke, S. 203–234.

FLOECK, WILFRIED (2004): „¿Entre posmodernidad y compromiso social? El teatro español a finales del siglo XX", in: FLOECK, WILFRIED/VILCHES DE FRUTOS, MARÍA FRANCISCA (Hg.): *Teatro y Socidad en la España actual*, Frankfurt/M./Madrid: Vervuert/Iberoamericana, S. 189–207.

FOARD, DOUGLAS W. (1989): *The Revolt of the Aesthetes. Ernesto Giménez Caballero and the Origins of Spanish Fascism*, New York: Lang.

FOSTER, DAVID W. (1973): *Unamuno and the Novel as Expressionistic Conceit*, Hato Rey: Inter American Univ. Press.

FOX, INMAN (1976): *La crisis intelectual del 98*, Madrid: Edicusa.

FRANZBACH, MARTIN (1993): *Geschichte der spanischen Literatur im Überblick*, Stuttgart: Reclam.

FRÖHLICHER, PETER/GÜNTERT, GEORGES/IMBODEN, RITA CATRINA/GUIL, ITZÍAR LÓPEZ (Hg.) (2001): *Cien años de poesía*, Bern u.a.: Lang.

GABRIELE, JOHN P. (1990): *Divergencias y unidad: perspectivas sobre la Generación del 98 y Antonio Machado*, Madrid: Orígenes.

GABRIELE, JOHN P. (Hg.) (1999): *Nuevas perspectivas sobre el 98*, Frankfurt/M.: Vervuert.

GALERSTEIN, CAROLYN L. (Hg.) (1986): *Women Writers of Spain. An annotated bio-bibliographical guide*, New York: Greenwood Press.

GARCÍA DE LA CONCHA, VÍCTOR (1987–1992): *La poesía española de 1935 a 1975*, 4 Bde., Madrid: Cátedra.

GARCÍA LORENZO, LUCIANO (Hg.) (1981): *Documentos sobre el teatro español contemporáneo*, Madrid: Sociedad General Española de Librería.

García Lorenzo, Luciano (Hg.) (1999): *Aproximación al Teatro Español Universitario (TEU)*, Madrid: CSIC.

García Posada, Miguel (1981): *Lorca: Interpretación de „Poeta en Nueva York"*, Madrid: Akal.

García Ruiz, Víctor (2003): „Alta comedia y comedia de evasión: Pemán, Calvo Sotelo, Ruiz Iriarte y otros", in: Huerta Calvo, S. 2731–2756.

Gatzemeier, Claudia (2006): „El corto invierno de la anarquía: *La hija del caníbal* de Rosa Montero", in: Winter, S. 93–100.

Geist, Anthony L. (1980): *La poética de la generación del 27 y las revistas literarias: de la vanguardia al compromiso* (1918–1936), Barcelona: Labor.

Gibson, Ian (2003): *Vida, pasión y muerte de Federico García Lorca (1898–1936)*, 2 Bde., Barcelona: Folio.

Gil Casado, Pablo (1968): *La novela social española (1920–1971)*, Barcelona: Seix Barral.

Gil Casado, Pablo (1990): *La novela deshumanizada española (1958–1988)*, Barcelona: Anthropos.

Glenn, Kathleen M. (1981): *Azorín*, Boston: Twayne.

Glenn, Kathleen M./Rolón-Collazo, Lissette (2003) (Hg.): *Carmen Martín Gaite: Cuento de nunca acabar/Never-Ending Story*, Boulder: Society of Spanish and Spanish-American Studies.

González de Garay Fernández, María Teresa/Sastre, Juan Aguilera (Hg.) (2001): *El exilio literario de 1939. Actas del Congreso Internacional celebrado en la Universidad de La Rioja del 2 al 5 de noviembre de 1999*, Univ. de La Rioja: Gexel.

González López, Emilio (1971): *El arte narrativo de Pío Baroja. Las trilogías*, New York: Las Américas.

Gracia, Jordi (1994): *Crónica de una deserción. Ideología y literatura en la prensa universitaria del franquismo (1940–1960) (Antología)*, Barcelona: PPU.

Gracia, Jordi (2004): *La resistencia silenciosa. Fascismo y cultura en España*, Barcelona: Anagrama.

Gracia Ifach, María de (1975): *Miguel Hernández, rayo que no cesa*, Barcelona: Plaza y Janés.

Grohmann, Alexis (2002): *Coming into One's Own: The Novelistic Development of Javier Marías*. Amsterdam: Rodopi.

Gruber, Doris (2003): *Literarische Konstruktion und geschlechtliche Figuration: Das Erzählwerk Carmen Martín Gaites und Juan Goytisolos im Kontext des Frankismus*, Berlin: Tranvía.

Gubern, Román (1981): *La censura. Función política y ordenamiento jurídico bajo el franquismo (1936–1975)*, Barcelona: Ediciones Península.

Gullón, Germán (1985): „Contexto ideológico y forma narrativa en *La familia de Pascual Duarte*. En busca de una perspectiva lectorial", in: *Hispania* 68, S. 1–8.

Gullón, Ricardo (1987): *Espacios poéticos de Antonio Machado*, Madrid: Cátedra.

Gullón, Ricardo (Hg.) (1988): *Antonio Machado*, Madrid: Taurus.

Gullón, Ricardo (Hg.) (1993): *Diccionario de literatura española e hispanoamericana*, 2 Bde., Madrid: Alianza.

Gumbrecht, Hans Ulrich (1990): *„Eine" Geschichte der spanischen Literatur*, 2 Bde., Frankfurt/M.: Suhrkamp.

Harges, Mary C. (2000): *Synergy and Subversion in the Second Stage Novels of Rosa Montero*, New York: Peter Lang.

Harretche, María Estela (2000): *Federico García Lorca: Análisis de una revolución teatral*, Madrid: Gredos.

Harretche, María Estela (2003): „García Lorca", in: Huerta Calvo, S. 2455–2502.

Härtinger, Heribert (1997): *Oppositionstheater in der Diktatur. Spanienkritik im*

Werk des Dramatikers Antonio Buero Vallejo vor dem Hintergrund der franquistischen Zensur, Wilhelmsfeld: gottfried egert verlag.

Haubrich, Walter (1995–2005): *Spaniens schwieriger Weg in die Freiheit. Von der Diktatur zur Demokratie*, 4 Bde., Berlin: Tranvía.

Helfer, Benedikt Maria (1998): *Die Gesellschaftskritik des Rafael Sánchez Ferlosio*, Frankfurt/M.: Peter Lang.

Henn, David (1974): *Camilo José Cela. La colmena*, London: Grant & Cutler.

Herzberger, David K. (1989): „Juan Benet and the Civil War: History Made of Fiction", in: Brown, S. 27–43.

Herzberger, David K. (1995): *Narrating the Past. Fiction and Historiography in Postwar Spain*, Durham u.a.: Duke Univ. Press.

Heydenreich, Titus (1986): „Sender: *Réquiem*", in: Roloff/Wentzlaff-Eggebert, S. 350–364.

Huarte Morton, Fernando/Ramírez Ovelar, Juan Antonio (1998): *Bibliografía de Dámaso Alonso*. Madrid: Gredos.

Huerta Calvo, Javier (Hg.) (2003): *Historia del teatro español*, 2 Bde., Madrid: Gredos.

Huerta Calvo, Javier/Peral Vega, Emilio (2003): „Benavente y otro autores", in: Huerta Calvo, S. 2271–2310.

Huerta Calvo, Javier/Peral Vega, Emilio/Uraiz Tortajada, Hector (2005): *Teatro Español (de la A a la Z)*, Madrid: Espasa.

Iglesias Feijoo, Luis (1982): *La trayectoria dramática de Antonio Buero Vallejo*, Santiago de Compostela: Univ. de Santiago de Compostela.

Ilie, Paul (1978): *La novelística de Camilo José Cela*, Madrid: Gredos.

Ilie, Paul (1981): *Literatura y exilio interior. Escritores y sociedad en la España franquista*, Madrid: Fundamentos.

Ingenschay, Dieter/Neuschäfer, Hans-Jörg (Hg.) (²1993): *Aufbrüche. Die Literatur Spaniens seit 1975*, Berlin: Tranvía [span: (1994): *Abriendo caminos. La literatura española desde 1975*, Barcelona: Lumen].

Iniesta Galván, Antonio (2002): *Esperar sin esperanza. El teatro de Antonio Buero Vallejo*, Murcia: Univ. de Murcia.

Johnson, Roberta (1981): *Carmen Laforet*, Boston: Twayne.

Johnson, Roberta L. (1985): *El ser y la palabra en Gabriel Miró*, Madrid: Fundamentos.

Jordan, Barry (1990): *Writing and Politics in Franco's Spain*, London/New York: Routledge.

Juan i Tous, Pere (1989): *Die gefesselte Hoffnung: „El árbol de la ciencia" von Pío Baroja und der Geist der Jahrhundertwende*, Frankfurt/M.: Vervuert.

Juliá, Santos (⁵2006): *Historias de las dos Españas*, Madrid: Taurus.

Juliá, Santos (Hg.) (2006): *República y guerra en España, 1931–1939*, Madrid: Espasa.

Jurado Morales, José (2003): *La trayectoria narrativa de Carmen Martín Gaite*, Madrid: Gredos.

Kaal, Gisbert (1979): *Vom Modernismo zur Groteske. Untersuchung zur Lyrik von Ramón del Valle-Inclán*, Frankfurt/M.: Lang.

Knetsch, Gabriele (1999): *Die Waffen der Kreativen. Bücherzensur und Umgehungsstrategien im Franquismus (1939–1975)*, Frankfurt/M.: Vervuert.

Knutson, David (1999): *Las novelas de Eduardo Mendoza: La parodia de los márgenes*, Madrid: Pliegos.

Knutson, David (2002): *Eduardo Mendoza: A New Look*, New York: Peter Lang.

Koppenfels, Martin von (1998): *Einführung in den Tod: García Lorcas New Yorker*

Dichtung und die Trauer der modernen Lyrik, Würzburg: Königshausen & Neumann.

KREIS, KARL-WILHELM (1990): *Zur Ästhetik des Obszönen. Arrabals Theater und die repressive Sexualpolitik des Franco-Regimes*, Hamburg: Krämer.

KREIS, KARL-WILHELM (1992): „Die Generation der Verlorenen. Zur Psychopathologie der Geschlechterbeziehungen im Erzählwerk Rosa Monteros", in: BIERBACH/RÖSSLER, S. 191–204.

KULENKAMPFF, BARBARA-SABINE (1979): *Theater in der Diktatur. Spanisches Experimentiertheater unter Franco*, München: Kitzinger in Kommission.

KÜSTER, LUTZ (1989): *Obsession der Erinnerung: das literarische Werk Jorge Semprúns*, Frankfurt/M.: Vervuert.

LABANYI, JO (1985): *Ironía e historia en Tiempo de silencio*, Madrid: Taurus.

LANDEIRA, RICARDO (1978): *An Annotated Bibliography of Gabriel Miró (1900–1978)*, Lincoln: Society of Spanish and Spanish-American Studies.

LANGA PIZARRO, MARÍA DE (2000): *Del Franquismo a la Posmodernidad de la novela española (1975–1999): Análisis y diccionario de autores*, Alicante: Univ. de Alicante.

LARUBIA PRADO, FRANCISCO (1999): *Unamuno y la vida como ficción*, Madrid: Gredos.

LARUBIA PRADO, FRANCISCO (2005): *Una encrucijada española: ensayos críticos sobre Miguel de Unamuno y José Ortega y Gasset*, Madrid: Biblioteca Nueva.

LASAGABASTER, JESÚS MARÍA (1978): *La novela de Ignacio Aldecoa. De la mímesis al símbolo*, Madrid: SGEL.

LÁZARO, JESÚS (Hg.) (1982): *Juan Goytisolo*, Madrid: Ministerio de Cultura.

LENTZEN, MANFRED (1966): *Carlos Arniches. Vom „género chico" zur „tragedia grotesca"*, Genf: Droz u. a.

LENTZEN, MANFRED (1985): *Der spanische Bürgerkrieg und die Dichter. Beispiele des politischen Engagements in der Literatur*, Heidelberg: Winter.

LEVINE, LINDA GOULD (1976): *Juan Goytisolo. La destrucción creadora*, México: Mortiz.

LITVAK, LILY (1990): *España 1900: modernismo, anarquismo y fin de siglo*, Barcelona: Anthropos.

LIVINGSTONE, LEON (1970): *Tema y forma en las novelas de Azorín*, Madrid: Gredos.

LONGHURST, CARLOS A. (1974): *Las novelas históricas de Pío Baroja*, Madrid: Guadarrama.

LÓPEZ, FRANCISCO (Hg.) (1989): *En torno a Antonio Machado*, Gijón: Júcar.

LÓPEZ ALONSO, ANTONIO (2002): *El Teatro del Pueblo de Casona y La Barraca de Lorca*, Sevilla: Publidisa.

LÓPEZ DE ABIADA, JOSÉ MANUEL/BERNASOCCHI, AUGUSTA (2003): *Juan Manuel de Prada. De héroes y tempestades*, Madrid: Verbum.

LÓPEZ DE ABIADA, JOSÉ MANUEL/NEUSCHÄFER, HANS-JÖRG/LÓPEZ BERNASOCCHI, AUGUSTA (Hg.) (2001): *Entre el ocio y el negocio: Industria editorial y literatura en la España de los 90*, Madrid: Verbum.

LÓPEZ ESTRADA, FRANCISCO (1972): *Perspectiva sobre Pío Baroja*, Sevilla: Univ. Secretariado de Publicaciones.

LÓPEZ LANDEIRA, RICARDO (1978): *Ramiro de Maeztu*, Boston: Twayne.

LOUGH, FRANCIS (Hg.) (2000): *Hacia la nueva novela. Essays on Spanish Avant-Garde Novel*, Bern u.a.: Peter Lang.

LUENGO, ANA (2002): „La memoria colectiva en el teatro español de la Transición: Una recuperación del pasado", in: FRITZ, HERBERT/PÖRTL, KLAUS (Hg.): *Teatro contemporáneo español posfranquista, II: Autores y tendencias*, Berlin: Tranvía, S. 47–55.

LUENGO, ANA (2004): *La encrucijada de la memoria. La memoria de la Guerra Civil*

española en la novela contemporánea, Berlin: Tranvía.
LYON, JOHN (1983): *The Theatre of Valle-Inclán*, Cambridge: Univ. Press.

MAIER-TROXLER, KATHARINA (2001): „Dámaso Alonso: Monstruos", in: FRÖHLICHER et. al., S. 237–246.
MAINER, JOSÉ-CARLOS (Hg.) (1980): *Historia y crítica de la literatura española. Modernismo y 98*. VI, Barcelona: Crítica.
MAINER, JOSÉ-CARLOS ([4]1987): *La Edad de Plata (1902–1939). Ensayo de interpretación de un proceso cultural*, Madrid: Cátedra.
MAINER, JOSÉ-CARLOS (1988): „1975–1985. Los poderes del pasado", in: AMELL/GARCÍA CASTANEDA, S. 11–26.
MAINER, JOSÉ-CARLOS (1989): *La corona hecha trizas (1930–1960)*, Madrid: PPU.
MAINER, JOSÉ-CARLOS (1998): „De Madrid a Madridgrado (1936–1939): La capital vista por sus sitiadores", in: ALBERT, MECHTHILD (Hg.): *Vencer no es convencer. Literatura e ideología del franquismo*, Frankfurt/M.: Vervuert, S. 181–198.
MAINER, JOSÉ-CARLOS (2005): *Tramas, libros, nombres. Para entender la literatura española 1944–2000*, Barcelona: Anagrama.
MAINER, JOSÉ-CARLOS/JULIÁ, SANTOS (2000): *La cultura de la transición 1973–1986. El aprendizaje de la libertad*, Madrid: Alianza.
MANGINI, SHIRLEY (1987): *Rojos y rebeldes. La cultura de la disidencia durante el franquismo*, Barcelona: Anthropos.
MANGINI, SHIRLEY (2001): „Infancia, memoria y mito en *Si te dicen que caí* y *El cuarto de atrás*", in: *Cuadernos Hispanoamericanos* 617, S. 31–40.
MARCH, MARÍA EUGENIA (1969): *Forma e idea de los Esperpentos de Valle-Inclán*, Chapel Hill: Univ. of North Carolina Press.
MARGENOT, JOHN B. (1997): *Juan Benet: A Critical Reappraisal of His Fiction*, West Cornwall: Locust Hill.
MARRA-LÓPEZ, JOSÉ RAMÓN (1963): *Narrativa española fuera de España (1939–1961)*, Madrid: Guadarrama.
MARRAST, ROBERT (1978): *El teatre durant la Guerra Civil espanyola. Assaig d'història i documents*, Barcelona: Institut del Teatre.
MARTÍN, FRANCISCO JOSÉ (1999): *La tradición velada: Ortega y el pensa-miento humanista*, Madrid: Biblioteca Nueva.
MARTINELL, EMMA (1997): *Al encuentro de Carmen Martín Gaite*, Univ. de Barcelona.
MARTÍNEZ CACHERO, JOSÉ MARÍA (1986): *Historia de la novela española entre 1936 y 1980. Historia de una aventura*, Madrid: Castalia.
MATAS, JULIO (1974): *Contra el honor. Las novelas normativas de Ramón Pérez de Ayala*, Madrid: Seminarios y Ediciones.
MATZAT, WOLFGANG (1984): „Die Modellierung der Großstadterfahrung in Celas *La colmena*", in: *Romanistisches Jahrbuch* 35, S. 278–302.
MEERTS, CHRISTIAN (1972): *Technique et vision dans „Señas de identidad" de Juan Goytisolo*, Frankfurt/M.: Klostermann.
MILLER, YVETTE ESPINOSA (1975): *La novelística de Gabriel Miró*, Madrid: Códice.
MOLERO DE LA IGLESIA, ALICIA (2000): *La Autoficción en España: Jorge Semprún, Carlos Barral, Luis Goytisolo, Enriqueta Antolín y Antonio Muñoz Molina*, Bern: Lang.
MONLEÓN, JOSÉ (1979): *„El Mono Azul". Teatro de urgencia y Romancero de la Guerra Civil*, Madrid: Ayuso.
MÜLLER, GERHARD (1986): *„Niebla"*, in: ROLOFF/WENTZLAFF-EGGEBERT, S. 289–307.

NANTELL, JUDITH (1986): *Rafael Alberti's Poetry of the Thirties: The Poet's Public Voice*, Athens: Univ. of Georgia Press.

Navajas, Gonzalo (1979): *La novela de Juan Goytisolo,* Madrid: Soc. General Española de Librería.

Navajas, Gonzalo (1987): *Teoría y práctica de la novela española posmoderna,* Barcelona: Del Mall.

Neuschäfer, Hans-Jörg (1988): „Federico García Lorca: *Bodas de sangre*", in: Roloff/Wentzlaff-Eggebert, S. 355–369.

Neuschäfer, Hans-Jörg (1991): *Macht und Ohnmacht der Zensur. Literatur, Theater und Film in Spanien (1933–1976),* Stuttgart: Metzler [span. (1994): *Adiós a la España eterna. La dialéctica de la censura. Novela, teatro y cine bajo el Franquismo,* Barcelona: Anthropos].

Neuschäfer, Hans-Jörg (Hg.) ([2]2001): *Spanische Literaturgeschichte,* Stuttgart u.a.: Metzler.

Neuschäfer, Hans-Jörg (2002): „Vergangenheitsbewältigung à la española. Über die Konjunktur der neuen Memorialistik und die Problematik ihrer Bewertung", in: *Tranvía 64,* S. 28–32.

Neuschäfer, Hans-Jörg ([4]2004): „Von der movida zum Kulturbusiness. Ein Blick in den Literaturbetrieb der Jahrtausendwende", in: Bernecker/Dirscherl, S. 607–630.

Neuschäfer, Hans-Jörg (2006): „La memoria del pasado como problema epistemológico: adiós al mito de las „dos Españas"", in: Winter, S. 145–153.

Nicholas, Robert L. (1987): *Unamuno, narrador,* Madrid: Castalia.

Oliva, César (1989): *El teatro desde 1936,* Madrid: Alhambra.

Oliva, César (2003): *El fondo del vaso. Imágenes de don Ramón M. del Valle-Inclán,* Valencia: Univ. de Valencia.

Oliva, César (2004): *La última escena. Teatro español de 1975 a nuestros días,* Madrid: Cátedra.

Oropesa, Salvador A. (1999): *La novelística de Antonio Muñoz Molina: Sociedad civil y literatura lúdica,* Jaén: Universidad de Jaén.

Ortega, José (1972): *Juan Goytisolo. Alienación y agresión en Goytisolo. „Señas de identidad" y „Reivindicación del Conde Don Julián",* New York: EliseoTorres & Sons.

Paco, Mariano de (2003): „Buero Vallejo", in: Huerta Calvo, S. 2757–2788.

Pariente, Ángel (2003): *Diccionario bibliográfico de la poesía española del siglo XX,* Sevilla: Renacimiento.

París, Carlos (1989): *Unamuno: Estructura de su mundo intelectual,* Barcelona: Anthropos.

Payne, Stanley G. (2005): *El colapso de la República. Los orígenes de la guerra civil 1933–1936,* Madrid: La Esfera de los Libros.

Pedraza Jiménez, Felipe B./Rodríguez Cáceres, Milagros (1980ff.): *Manual de la literatura española,* 12 Bde., Tafalla: Cénlit.

Peláez Martín, Andrés (2003): „El arte escénico en la Edad de Plata", in: Huerta Calvo, S. 2201–2238.

Pereiro, María Peregrina (2002): *La novela española de los noventa. Alternativas éticas a la Posmodernidad,* Madrid: Pliegos.

Pérez, Janet (2000): *Camilo José Cela Revisited,* New York: Twayne.

Pérez-Ramos, Barbara (1982): *Intelligenz und Politik im Spanischen Bürgerkrieg (1936–1939),* Bonn: Bouvier.

Pörtl, Klaus (1966): *Die Satire im Theater Benaventes von 1896 bis 1907,* München: Hueber.

Pörtl, Klaus (Hg.) (1986): *Reflexiones sobre el Nuevo Teatro Español,* Tübingen: Niemeyer.

Pozuelo Yvancos, José María (2005): „*Tu rostro mañana,* de Javier Marías: Autoconciencia y sentido", in: *Revista de Occidente* 286, S. 124–136.

PREDMORE, RICHARD L. (1980): *Lorca's New York Poetry: Social Injustice, Dark Love, Lost faith*, Durham: Duke UP.

PRESTON, PAUL (2006): *The Spanish Civil War: Reaction, Revolution, and Revenge*, London: Harper Perennial.

PUCCINI, DARIO (1979): *La palabra poética de Vicente Aleixandre*, Barcelona: Ariel.

PULGARÍN, AMALIA (1995): *Metaficción historiográfica. La novela histórica en la narrativa hispánica posmodernista*, Madrid: Fundamentos.

RAGUÉ-ARIAS, MARÍA-JOSÉ (1996): *El teatro de fin de milenio en España (De 1975 hasta hoy)*. Barcelona: Ariel.

RAMOS ORTEGA, MANUEL JOSÉ (Hg.) (1995): *La literatura española alrededor de 1950. Panorama de una diversidad*, Cádiz: Servicio de Publicaciones de la Univ. de Cádiz.

RESINA, JOAN RAMON (Hg.) (2000): *Disremembering the Dictatorship: The Politics of Memory in the Spanish Transition to Democracy*, Amsterdam: Rodopi.

REY, ALFONSO (³1988): *Construcción y sentido de „Tiempo de silencio"*, Madrid: Porrúa Turanzas.

RIBEIRO DE MENEZES, ALISON (2005): *Juan Goytisolo: The Author as Dissident*, Woodbridge: Tamesis.

RICO, FRANCISCO (Hg.) (1980ff.): *Historia y crítica de la literatura española*, 9 Bde. (dazu laufende Supplementbände), Barcelona: Crítica.

RÍOS CARRATALÁ, JUAN ANTONIO (2003): „Arniches y el teatro cómico", in: HUERTA CALVO, S. 2393–2418.

RÍOS, JULIÁN (Hg.) (1975): *Juan Goytisolo*, Madrid: Fundamentos.

RISCO, ANTONIO (1977): *El demiurgo y su mundo: Hacia un nuevo enfoque de la obra de Valle-Inclán*, Madrid: Gredos.

RISCO, ANTONIO (1980): *Azorín y la ruptura con la novela tradicional*, Madrid: Alhambra.

ROBBINS, JILL (2004): *P/Herversions: Critical Studies of Ana Rossetti*. Lewisburg, PA: Bucknell UP.

RODRÍGUEZ PUÉRTOLAS, JULIO (1986–1987): *Literatura fascista española*, 2 Bde., Madrid: Akal.

RODRÍGUEZ RICHART, JOSÉ (Hg.) (1986): *Corona de amor y muerte. Alejandro Casona*, Madrid: Alcalá.

RODRÍGUEZ RICHART, JOSÉ (2003): „Casona y el teatro del exilio", in: HUERTA CALVO, S. 2665–2702.

ROLOFF, VOLKER (1986): *„La colmena"*, in: ROLOFF/WENTZLAFF-EGGEBERT, S. 330–349.

ROLOFF, VOLKER/WENTZLAFF-EGGEBERT, HARALD (Hg.) (1986): *Der spanische Roman vom Mittelalter bis zur Gegenwart*, Düsseldorf: Schwann-Bagel.

ROLOFF, VOLKER/WENTZLAFF-EGGEBERT, HARALD (Hg.) (1988): *Das spanische Theater vom Mittelalter bis zur Gegenwart*, Düsseldorf: Schwann-Bagel.

ROMERA CASTILLO, JOSÉ (Hg.) (2005): *Dramaturgias femeninas en la segunda mitad del siglo XX: espacio y tiempo*, Madrid: Visor.

ROMERO FERRER, ALBERTO (2003): „El género chico", in: HUERTA CALVO, S. 2031–2050.

ROMERO SAMPER, MILAGROSA (2005): *La oposición durante el franquismo. El exilio republicano*, Madrid: Encuentro.

RÖSSNER, MICHAEL (1999): „Das literarische Kaffeehaus in Madrid", in: RÖSSNER, S. 376–405.

RÖSSNER, MICHAEL (Hg.) (1999): *Literarische Kaffeehäuser – Kaffeehausliteraten*, Wien/Köln: Böhlau.

RUBIO, FANNY (2004): *Las revistas poéticas españolas (1939–1975)*, Alicante: Univ. de Alicante.

RUIZ RAMÓN, FRANCISCO (1978): *Estudios de teatro español clásico y contemporáneo*, Madrid: Fundación Juan March/Cátedra.

RUIZ RAMÓN, FRANCISCO (¹⁰1995): *Historia del teatro español*, 2 Bde., Madrid: Cátedra.

Russell, Dominique (2004): „‚Esta desgarrada incógnita': Monster Theory and *Hijos de la ira*", in: *Atenea* 24, 2, S. 73–90.

Sáenz de la Calzada, Luis (1998): *La Barraca. Teatro Universitario*, Madrid: Residencia de Estudiantes [1976].

Salinas, Soledad (2004): *El mundo poético de Rafael Alberti*, Madrid: Publ. de la Residencia de Estudiantes.

Sánchez Barbudo, Antonio (1981): *La obra poética de Juan Ramón Jiménez*, Madrid: Fundación Juan March.

Sánchez Barbudo, Antonio (1989): *Los poemas de Antonio Machado: Los temas: El sentimiento de la expresión*, Madrid: Lumen.

Sánchez Pascual, Ángel (1992): „Die Stimme der Poesie ist weiblich. Aspekte zeitgenösischer Lyrik von Frauen", in: Bierbach/Rössler, S. 205–221.

Sanz Villanueva, Santos (1980): *Historia de la novela social española (1942–75)*, 2 Bde., Madrid: Alhambra.

Sanz Villanueva, Santos (1984): *Historia de la literatura española. El siglo XX: La literatura actual*, Barcelona: Ariel.

Sanz, Santos (1977): *Lectura de Goytisolo*, Barcelona: Pozanco.

Saval, José V. (Hg.) (2005): *La verdad sobre el caso Mendoza*, Madrid: Fundamentos.

Schmigalle, Günther (Hg.) (1986): *Der Spanische Bürgerkrieg. Literatur und Geschichte*, Frankfurt/M.: Vervuert.

Schmolling, Regine (1990): *Literatur der Sieger. Der Spanische Bürgerkriegsroman im gesellschaftlichen Kontext des frühen Franquismus (1939–43)*, Frankfurt/M.: Vervuert.

Schwarzbürger, Susanne (1998): *La novela de los prodigios: Die Barcelona-Romane Eduardo Mendozas, 1975–1991*, Berlin: Frey.

Selva, Enrique (2000): *Ernesto Giménez Caballero: entre la vanguardia y el fascismo*, Valencia: Pre-Textos.

Semilla Durán, María Angélica (2005): *Le Masque et le masqué: Jorge Semprún et les abîmes de la mémoire*, Toulouse: PU du Mirail.

Serrano Alonso, Javier et al. (Hg.) (2000): *Literatura modernista y tiempo del 98. Actas del Congreso Internacional; Lugo, 17 al 20 noviembre de 1998*, Santiago de Compostela: Univ. de Santiago de Compostela.

Shaw, Donald L. (1975): *The Generation of 1898 in Spain*, London: Ernest Benn.

Sicot, Bernard (2003): *Exilio, memoria e historia en la poesía de Luis Cernuda (1938–1963)*, Madrid: Fondo de Cultura Económica.

Siebenmann, Gustav/López, Manuel José ([5]2003): *Spanische Lyrik des 20. Jahrhunderts*, Stuttgart: Reclam.

Sobejano, Gonzalo (2003): *Novela española contemporánea (1940–1995)*, Madrid: Mare Nostrum Comunicación.

Sosa, Marcela Beatriz (2004): *Las fronteras de la ficción. El teatro de José Sanchis Sinisterra*, Valladolid: Secret. de Publ.

Spires, Robert C. (1968): *Mode of Existence and the Concept of Morality in „La familia de Pascual Duarte"*, Athens OH.

Spitzmesser, Ana María (1999): *Narrativa posmoderna española: Crónica de un desengaño*, New York: Peter Lang.

Stanton, Edward F. (1978): *The Tragic Myth: Lorca and Cante Jondo*, Lexington: Univ. Press of Kentucky.

Strosetzki, Christoph (1988): „Carlos Arniches: *Del Madrid castizio*", in: Roloff/Wentzlaff-Eggebert, S. 299–308.

Strosetzki, Christoph (Hg.) ([2]1996): *Geschichte der spanischen Literatur*, unveränd. Aufl., Tübingen: Niemeyer.

Strosetzki, Christoph (2003): *Einführung in die spanische und lateinamerikanische Literaturwissenschaft*, Berlin: Schmidt.

Thomas, Hugh (1964): *Der Spanische Bürgerkrieg*, Frankfurt/M.: Ullstein.

Tietz, Manfred (1998): „Das narrative Werk von Gonzalo Torrente Ballester: Zwischen *realismo social* und ludischer Mythenkritik", in: Briesemeister, Dietrich/Schönberger, Axel (Hg.): *Ex nobili philologorum officio. Festschrift für Heinrich Bihler zu seinem 80. Geburtstag,* Berlin: Domus Editoria Europaea, S. 545–573.

Torés, Alberto (2002): *Poesía española (1975–2001). Memoria viva de la emoción poética,* Málaga: Aljaima.

Toro, Alfonso de ([2]1993): *„Todas las almas* – Fiktionale Autobiographie als Thematisierung der verwirrenden Fremdheit", in: Ingenschay/Neuschäfer, S. 133–142.

Toro, Alfonso de/Ingenschay, Dieter (Hg.) (1995): *La novela española actual. Autores y tendencias,* Kassel: Reichenberger.

Trapiello, Andrés (2002): *Las armas y las letras. Literatura y Guerra Civil (1936–1939),* Barcelona: Península.

Truxa, Sylvia (1982): *Die Frau im spanischen Roman nach dem Bürgerkrieg. Camilo José Cela, Carmen Laforet, Ana María Matute, Juan Goytisolo,* Frankfurt/M.: Vervuert.

Turner, David G. (1974): *Unamuno's Webs of Fatality,* London: Tamesis Books.

Tusell, Javier ([2]2000): *La transición democrática y el gobierno socialista,* Madrid: Alfaguara.

Ugarte, Michael (1999): *Literatura española en el exilio. Un estudio comparativo,* Madrid: Siglo XXI Editores.

Umbral, Francisco (1995): *Diccionario de literatura. España 1941–1995. De la Posguerra a la Posmodernidad,* Barcelona: Planeta.

Urrutia, Jorge (Hg.) (1999): *Antonio Machado hoy (1939–1989), Actas del Congreso Internat. Conmemorativo del Cincuentenario de la Muerte de Antonio Machado,* 4 Bde., Sevilla: Alfar.

Utrera Macías, Rafael (1998): *Azorín: periodismo cinematográfico,* Barcelona: Film Ideal.

Valls Guzmán, Fernando (2003): *La realidad inventada. Análisis crítico de la novela española actual,* Barcelona: Crítica.

Vásquez, Mary S. (Hg.) (1987): *Homenaje a Ramón J. Sender,* Newark: Juan de la Cuesta.

Verdú de Gregorio, Joaquín (1990): *Antonio Machado: Soledad, infancia y sueño,* Madrid: Fondo de Cultura Económica.

Vilanova, Antonio (1995): *Novela y sociedad en la España de la Posguerra,* Barcelona: Lumen.

Vilches de Frutos, María Francisca (2004): „Creación autorial y gestión teatral: una interrelación en la escena española contemporánea", in: Floeck, Wilfried/Vilches de Frutos, María Francisca (Hg.): *Teatro y Socidad en la España actual,* Frankfurt/M./Madrid: Vervuert/Iberoamericana, S. 17–30.

Villanueva, Darío (1973): *„El Jarama" de Sánchez Ferlosio. Su estructura y su significado,* Santiago de Compostela: Univ.

Vitale, Rosanna (1991): *El metateatro en la obra de Federico García Lorca,* Madrid: Pliegos.

Wellwarth, George E. (1972): *Spanish Underground Drama,* University Park: The Pennsylvania State Univ. Press.

Wentzlaff-Eggebert, Harald (1986): *„Tirano Banderas",* in: Roloff/Wentzlaff-Eggebert, S. 308–329.

Wentzlaff-Eggebert, Harald (1988a): „Valle-Inclán*: Divinas palabras",* in: Roloff/Wentzlaff-Eggebert, S. 309–324.

Wentzlaff-Eggebert, Harald (Hg.) (1988b): *Ramón del Valle-Inclán (1866–1936). Akten des Bamberger Kolloquiums vom 6.–8. November 1986,* Tübingen: Niemeyer.

Winter, Ulrich ([4]2004): „Spaniens Intellektuelle: Eine neue Diskussionskultur und die Debatte um Identitäten und ‚Erinnerungsorte‘ (1976–2002)“, in: Bernecker/Dirscherl, S. 631–655.

Winter, Ulrich (Hg.) (2006): *Lugares de memoria de la Guerra Civil y el franquismo. Representaciones literarias y visuales*, Frankfurt/M./Madrid: Vervuert/Iberoamericana.

Wittschier, Heinz Willi (1993): *Die spanische Literatur. Einführung und Studienführer. Von den Anfängen bis zur Gegenwart*, Tübingen: Niemeyer.

Wyers, Frances (1976): *Miguel de Unamuno. The Contrary Self*, London: Tamesis Books.

Zamora Vicente, Alonso (1969): *La realidad esperpéntica (Aproximación a „Luces de Bohemia“)*, Madrid: Gredos.

Zavala, Iris M./Díaz-Diocaretz, Myriam (Hg.) (1996): *Breve historia feminista de la literatura española (en lengua castellana). III La mujer en la literatura española. Modos de representación (desde el siglo XVIII a la actualidad)*, Barcelona: Anthropos.

Zavala, Iris M./Díaz-Diocaretz, Myriam (Hg.) (1998): *Breve historia feminista de la literatura española (en lengua castellana). V La literatura escrita por mujer (desde el siglo XIX hasta la actualidad)*, Barcelona: Anthropos.

Personenregister

Sachregister